老师没讲过的语文课

吴桐祯 著

人民日报出版社

图书在版编目（CIP）数据

老师没讲过的语文课 / 吴桐祯著．—北京：人民日报出版社，2017.2
ISBN 978-7-5115-4454-4

Ⅰ．①老… Ⅱ．①吴… Ⅲ．①中学语文课－教学研究
Ⅳ．① G633.302

中国版本图书馆 CIP 数据核字（2017）第 012634 号

书　　名：	老师没讲过的语文课
作　　者：	吴桐祯
出 版 人：	刘华新
责任编辑：	谢广灼
封面设计：	秦志超
出版发行：	人民日报出版社
社　　址：	北京金台西路 2 号
邮政编码：	100733
发行热线：	（010）65369527　65369846　65369509　65369510
邮购热线：	（010）65369530　65363527
编辑热线：	（010）65369521
网　　址：	www.peopledailypress.com
经　　销：	新华书店
印　　刷：	大厂回族自治县彩虹印刷有限公司
开　　本：	710mm×1000mm　1/16
字　　数：	278 千字
印　　张：	19.5
印　　次：	2017 年 3 月第 1 版　2025 年 4 月第 3 次印刷
书　　号：	ISBN 978-7-5115-4454-4
定　　价：	46.00 元

如有印装质量问题，请与本社调换，电话（010）65369463

序 言

本书共收录了356个问题，解释和辨析了约500个词语（主要是词）。所解释和辨析的这些词语的来源，分为两种情况：一是有人把其中的某些词语误解误用了；二是有人用"望文生义"的方法解释不了其中的某些词语，因而向笔者提问，要求帮他说明究竟。笔者除对这356个问题作了回答之外，拟对产生这些问题的原因做以下分析。

一、关于汉字是表意文字的说明

汉字虽是表意文字，但并不是像有些人想象的那样，"通过对汉字字形所反映出来的造字意图的分析，就可以推测出词的各种意义"。把话说得再明白一些，就是完全用"望文生义"的方法去"理解"词义，是行不通的。行不通的原因之一，就是忽略了"词义的复杂性和细微性"。前面提到"某些词语被误解误用"了，其原因也是误解误用者采取了"望文生义"的方法去解释和运用词语。

二、对"词义的复杂性与细微性"进行分析

据笔者所知,对"词义复杂性和细微性"的分析,各位专家各有不同的说法。笔者的下列分析所根据的仅是本书中所收的词,范围较窄,所以有很大的局限性,不宜与其他"说法"相提并论。下面将从词义特征的两重性、词义演变的复杂性以及词汇的演变几个方面来谈这个问题。

(一)"词义的复杂性"

首先,"词义的复杂性"是词义的特征决定的。何谓词义?词义就是词的意义。它的特征是什么?它的特征就是具有概括性和具体性。词义是概括了某一类客观对象所共同具有的特点,同时舍去了为个别对象所具有的具体特征,因而获得了表示某一类客观对象的意义的资格。如"车"的词义所概括的是不同车个别特征的共同特征,即"靠轮子滚动运行的陆路交通工具"。但古代帝王的"车"却不称其为"车"而称"轩驾",卿大夫的"车"则称"轩冕"。这又说明了"车"的词义有具体性。概括性与具体性对立统一地凝聚于词义这一现象中,即决定了"词义的复杂性"。

词义还有一个特征就是"每一个词都既有本义又有引申义和比喻义"。这也决定了"词义的复杂性"。如"君"这个词,其本义为"古代具有土地,掌管治理、能发号施令的人",可指最高统治者、诸侯和卿大夫。其引申义则可泛指"主宰者(心者,形之君也)";又用作"战国时赐予功臣和贵族等的一种封号(当此之时,齐有孟尝,赵有平原,楚有春申,魏有信陵,此四君者,皆明智而忠信)";也用作"动词",指"统治(君国不能壹民,而求宗庙社稷之无危,不可得也)"。行文至此,我们可以想到:用"望文生义"的方法,对有的词确实可以推测出其本义,但是对词的引申义与比喻义的得知则是无能为力的。

其次,"词义的复杂性"与"民族性与个人性"有关。词义属于语言的范畴,每一个民族都有自己的语言,也都有为本民族社会共同约定俗成的

词义。如汉语的"西风"一词，人们读到它时会想起它有"季节风"之外的"寒秋萧瑟"义，会想起"碧云天，黄花地，西风紧，北雁南飞，晓来谁染霜林醉"的意境。但是对英国人来说，他们想起的可能不是"寒秋萧瑟"而是"温暖、和煦"的意义。在不同民族中，由于个人文化修养、经历、语言环境之不同，词义也具有个人性。例如不同人对"幸福"一词含义的理解就会有所不同。

再次，"词义的复杂性"还和"词义色彩的丰富性与模糊性"有关：

1. 词义的丰富性

（1）一词含两意。如"操心"（见本书）。

（2）借用义。

（3）语境义（见本书中的"寻常""物色"）。"物色"这个词分入"词义色彩的丰富性"也未为不可。因为它也含有浓厚的感情色彩。它既表示"要请人"又表示"要请的人必须是优秀人才"之意。

（4）偏义复词。由两个字组成，只有一个字表示意义，另一个字只作陪衬（"挑拨是非"的"是非"，此词只用"非"；"忘路之远近"的"远近"，只用"远"）。

（5）词中因为用了通假字而使今人对词义感到费解（见书中"造次"等）。

2. 词义色彩的丰富性

（1）尊称、敬辞。不用另举例，还说"君"这个词，它一身五任"尊称""敬辞"。如"下对上的敬辞（'狡兔有三窟，仅得免其死耳；今君有一窟，未得高枕而卧也，请为君复凿二窟。'这是下级冯谖对上级孟尝君说的话）"；"上对下的敬辞（'君言当击，甚与孤合。'这是皇上对臣子说的话）"；"对人的尊称，相当于您（正是江南好风景，落花时节又逢君）"；"尊称父母，后特指父亲（家人有严君焉，父母之谓也）"；"妻称夫（同是被逼迫，君尔妾亦然）"；"尊称有道德的人（君子）"。

（2）谦词。

（3）褒义词，贬义词。

3. 词义色彩的模糊性

（1）外交辞令。外交辞令出于礼节性的需要，其语义表达（用词的词义）有时要比日常用语模糊一些，婉转一些。

（2）婉辞。日常生活中有些词语不宜直说，会采取公认的模糊词义的方法。由于模糊的词义是众所周知的，所以也不致产生误解，只是徒增"词义的复杂性"而已（见本书中的"晏驾"）。

4. 古今词义有异同

（1）古今基本相同，不赘述。

（2）古今词义完全不同。如"找"的古义是"拨水前进"。"去"的古义是"离开"。"抢"的古义是"迅速地碰撞"。"叔"的古义是"拾取"。这"完全不同"的部分，也是造成"词义复杂性"的因素之一。

（3）既有区别又有联系。如"劝"，先秦指"鼓励"，汉魏以后指"善言规劝"。"给"先秦指"供给"，后来指"给予"。"再"先秦指"第二次、两次"，表示动作的数量，如今不表示数量而表示行为的重复，意义同古代的"复"。

最后，词义古今义的划界有许多层次，也是造成词义复杂性的因素之一。原因是：在分析古今词义异同时，"古"与"今"是个历史概念。先秦为古，两汉为今；两汉为古，六朝为今。总之比较复杂，只请读者注意到这样一点，"古与今不是一刀分开的"。笔者在这里所谈的"古义""今义"的时段，是就一个词的发展的两头说的，大部分未能指出"变化的确切年代"，特此说明。

（二）"词义的细微性"

"词义的细微性"本可以列为"词义的复杂性"的表现形式之一，但笔者觉得汉语词义的细微性太突出了（可由本书的"这些词语有区别"为证），有强调之必要，故单把它列出一条。本书中已列出"复合词词义的辨析",下面再举两个单纯词的辨析。

（1）"好"。此词在"秦氏有好女,自名为罗敷"中是"貌美"的意思;在"蜀客到江南,常忆吴山好"中是"美"的意思;在"好心得好报"中则是"善"的意思。

（2）"水"。在"天下大水四,谓之四渎（大河）,河、江、淮、济是也"中,是"河流"的意思;在"万水千山""跋山涉水"中,是"江河湖海的总称";在"上善若水,水利万物而不争"中,是"水这种物质";在"中秋晴,主来年水"中指"雨";在"这是水货"中又指"假的"。

（三）"词义演变的复杂性"也是造成"词义的复杂性"的原因之一

词义和语言中的其他成分一样,一旦形成总是相对稳定的。但它又不是一成不变的。随着时代的变化,人们认识的改变等原因,词义也会发生变化和发展。

1. 词义范围的变化

一般认为词义的变化有三种情况:扩大、缩小和转移。因此词义范围的变化,也构成了词义的复杂性。为了不与本书重复,拟举一些新例。

（1）扩大。如"菜",古代仅指蔬菜,不包括肉类等。现代汉语扩大了范围,肉类、蛋类等也包括在"菜"的范围内了。"雄",古代指"鸟父也",仅指"鸟的雄性",现代汉语则扩大为指"生物中能产生精细胞的"。"匠",古代仅指木匠,现代汉语则扩大为指"一切匠人"。"睡",古代仅指"坐着打瞌睡",今日"卧床睡"等一切"睡"都包括在内。"洗",古代只指"洗脚",今日"洗"的范围扩大了。"河"古代仅指"黄河","江"仅指"长江",如今全扩大了。

关于"词义范围的扩大",有一点需要强调,即"扩大"有特定的含义,仅指"词义是由一个小类上升为一个大类"才算是"扩大了"。如"脸"古代指"脸颊",今指"脸部",这算不算"扩大了"呢?不算。因为由"脸颊"到"脸部",这仅是"由局部到整体",不能算。

（2）缩小。如"宫"，秦以前不论身份所住的地方均称"宫"，今日则需讲"阔气程度"，大概仅剩下"皇上住的地方了"。"妃"指"女性配偶"，今指"皇妃"。"诏"指"告诉"，今指"上告下"。"金"指"金属总称"，今指"黄金"。

（3）转移。词义由一个范围转向了另一个范围。如"汤"指"热水"（赴汤蹈火），今指"吃饭喝的汤"。"史"指"纪事者也"，即文职官员，后指"记事的人"，今指"历史"。"狱"指"诉讼"，今指"监狱"。"兵"指"兵器"，今指"士兵"。"烈士"指"志士"，今指"为革命献身的人"。"坟"指"土堆"，今指"坟墓"。"树"指"种植"（十年树木），今指"树木"。

2. 词义轻重的变化

（1）由轻到重。如"诛"，古代指"责备"，后引申为"惩罚"，今指"杀戮"（天诛地灭）。"诬"指"说话夸大其词"，后引申指"欺骗"，今指"捏造事实冤枉人"。"恨"指"遗憾"（寡人得见此人与之游，死不恨也），今指"仇恨"。

（2）由重到轻。"购"指"悬重金以求得其物（如人头）"，今指"一般的购买"。"取"指"捕获到猎物或抓住俘虏割下猎物或俘虏的左耳"（割左耳的目的，是为计数以报战功领赏），今指"一般的取得"。

3. 词义色彩的变化

（1）由褒到贬。如"爪牙"，古代指"得力助手"，今指"替凶恶的人跑腿的人"（"爪牙"是武将，在开国时期南征北战最吃香。建国后，国家安定下来了，由于多是文官执政，"爪牙"逐渐被冷落以至成了跑腿的人）。

（2）由贬到褒。如"深刻"，古代指严峻苛刻（办案的人给犯人定案，上报呈文怕被打回来。所以把呈文写得非常"深刻"），今指"深切透彻"。"锻炼"古代指"玩弄法律诬陷人"，今指"通过体育活动保持身体健康"。

（3）由中性到褒义。"祥"古代指"吉凶的征兆",今指"吉兆"。"君子"古代可称一般的人,今日称呼好人。

（4）由中性到贬义。如"小醜（丑）"古代指"不重要的人",今指"令人厌恶的人"。"卑鄙"古代指地位低下没见过世面的人,并无贬义,今指"语言行为恶劣的人"。

（5）由贬义到中性。如"交通",古代指"勾结",今指"各种运输事业的总称"。

（四）词汇的演变

提到"词义的演变",不能回避的一个问题就是"词汇也有演变"。

"词义的演变"告诉我们：在阅读古代文献时一定不要用"已经演变了的今义去解释尚未演变的古义"。如"妻子"不可理解为"妻子一人",而要理解为"妻子儿女"。"乡人"不可理解为"乡下人",而要理解为"同乡人"。"敌"不要理解为"敌人",而要理解为"匹敌、相等"。"行李"不可理解为"外出所携带的物品",而要理解为"外交使节"。

同理,"词汇也有演变"。语言是随着社会的产生和发展而产生和发展的,并随着社会的死亡而死亡。社会之外是没有语言的。因此要了解语言及其发展规律,就必须把语言同社会发展的历史,同创造这种语言的人民密切地联系起来。有些词汇在人民当家做主的今天已完全不适用,但在某些人的表述中时有出现。如有一位电视台的主持人称某地的人民群众为"子民"。电视直播,还听见一位主持人对某市市长说："你是这个市的'父母官'。""子民""父母官"这一类的词,即使对于要靠说话吃饭,"说话要讲求'俏皮'一些"的人来说,也不该用了。它要消亡就任其消亡吧。当然,你阅读古籍和近代作品还可能见到这一类的词和许多已经消亡了的词,那又是另一回事了。

三、对书中"本义"一词的说明

由于书中所说的"本义"不敢保证准是"词的原始意义",所以笔者在本书中尽量采取了"从甲骨文写起,根据甲骨文字形所反映出来的造字意图来推测词的本义"的方法。之所以采取这种方法,是因为语言的产生远早于文字,在原始的文字没有产生的语言中,一个词的原始意义是无从查考的。相对地说,从甲骨文等古字义中推测出的意义再加上文献资料证实运用了这些字义,那么这"有文字可考"又有"文献资料证实"的意义,应该是离"词的原始意义"最靠近的了。这就是本书许多词都是从甲骨文等古字写起的原因。限于笔者的水平,书中一定有许多不妥之处,望予指正。

吴桐祯
2016年12月

目 录

第一章 这些词语有文化　　001

1. "百姓"和"黎民"有区别吗？　　002
2. "版图"只指疆域图吗？　　002
3. 宝物称"宝贝"与"贝"壳曾做钱币用有关吗　　003
4. "纸卷火药"为何称"爆竹"？　　004
5. "陛下"是台阶的"下面"何以是尊称？　　005
6. "伯乐"是姓伯名乐吗？　　005
7. "博士"在我国一直是学位名称吗？　　006
8. 为什么称办事不踏实为"不靠谱儿"？　　006
9. 为何把人的整体形象不佳称为"不扬"？　　007
10. "蟾桂""蟾蜍""玉兔""蟾兔"为何都可指月亮？　　007
11. 称"爱叨唠的妇女"为"长舌妇"恰当吗？　　008
12. 为什么"垂丹青"表示的是"忠贞名节传流后世"？　　009
13. 为什么"立春"也叫"打春"？　　010
14. "滑稽通俗的诗"为什么叫"打油诗"？　　010

15. "大恩"为什么是"雨露之恩"？　　　　　　　　　　　　　011
16. "大夫"不是官名吗，今天为什么用来称呼医生？　　　　011
17. "大手笔"只指"写重要的文章"吗？　　　　　　　　　012
18. "戴绿帽子"为什么是污辱之词？　　　　　　　　　　　012
19. 为什么用"丁是丁，卯是卯"形容对事情认真？　　　　013
20. "豆蔻"是植物，何以能指少女？　　　　　　　　　　　014
21. 为什么"杜康""青州""平原"可代指酒？　　　　　　014
22. 为什么企业分配盈余叫"分红"？　　　　　　　　　　　015
23. "夫人"为什么是尊称，而"妇人""妻"不是尊称？　　015
24. "扶桑"为什么可代指"日出之处"？　　　　　　　　　016
25. "共和万岁"的"共和"是"谁与谁和？"　　　　　　　016
26. 为何"貌美"用"面如冠玉"形容？　　　　　　　　　　017
27. 为什么用"贵降"问人家的生日？　　　　　　　　　　　017
28. "红颜"仅指年青女子吗？　　　　　　　　　　　　　　018
29. "怙恃"和"椿萱"都指代父母吗？　　　　　　　　　　018
30. 百姓为什么把难于办到的事用"黄河清"作比？　　　　019
31. 为什么祖居称"籍贯"？　　　　　　　　　　　　　　　019
32. 问时间为什么问"几点了"？　　　　　　　　　　　　　020
33. "家法"为何是"竹板子"？　　　　　　　　　　　　　020
34. "教员""公务员"的"员"可以解释为"人"吗？　　　021
35. 报大恩为什么用"结草"这样的小事？　　　　　　　　022
36. 只有"女英雄"才能用"巾帼"指称吗？　　　　　　　022
37. 太阳为什么又名"金乌"？　　　　　　　　　　　　　　023
38. "吃得多""贪得多"都可谓"鲸吞"吗？　　　　　　　024
39. "口头禅"是人总挂在嘴边的话吗？　　　　　　　　　　024
40. "冷板凳"是怎样的板凳？　　　　　　　　　　　　　　025
41. 为什么对"一无所能"者却称"龙套"？　　　　　　　　025
42. 新官上任为什么叫"履新"？　　　　　　　　　　　　　026

43. "媒人"为什么叫"月老"也叫"冰人"? 026
44. 为何将不懂某一专业者称为"门外汉"? 027
45. "门下""门徒""门生"是用"门"代指老师吗? 028
46. "梦周公"与"打瞌(kē)睡"同义吗? 028
47. "年龄"的"别称"来源各是什么? 029
48. 为何可用"妻室"指"妻子"? 030
49. "钦差""钦赐"为何都与皇上有关? 030
50. 古装电视剧中为什么用"青蚨"指"钱"? 031
51. "孺子牛"是指甘心让孺子骑的牛吗? 031
52. "生齿"为何可指"人口"? 032
53. 回家看望妻子兄弟为什么不能称"省亲"? 032
54. 为什么"不忘故土"可用"首丘"指代? 033
55. "数奇"为什么指命运不好? 034
56. 为什么称"私下的积蓄"为"私房钱"? 034
57. 为什么用"台甫"问人姓名是对人表示尊敬? 035
58. 为什么把父亲的教导称为"庭训"? 036
59. 儿童唱的歌为何叫"童谣"? 037
60. 何谓"脱屣"? 038
61. "亡命徒"是"不要命的人"吗? 038
62. 为什么称"变旧法,行新政"为"维新"? 039
63. 人身上刺的花纹可称之为"刺字""文身"吗? 039
64. 给飞机"洗尘"与给人"洗尘"相同吗? 040
65. "戏弄"源于"戏剧演出"吗? 041
66. "下马威"是褒义词吗? 041
67. 为什么可称呼"心"为"心地"? 042
68. "丫髻"是"丫环""丫头"专有的发型吗? 042
69. "压轴儿"与"后出场"有什么关系? 043
70. 为什么把"阳关道""独木桥"并提? 044

71. "应声虫"是真虫子的名称吗? 044
72. 为什么"应应卯"是"敷衍了事"? 045
73. "勇气"分"大勇""小勇"吗? 045
74. 为什么称"有胆量有骨气"为"有种"? 046
75. 为什么"书信"可用"鱼书"代指? 047
76. 为什么称道士之死为"羽化"? 048
77. 为什么称僧人之死为"圆寂"? 048
78. 为什么妻称自己的配偶为"丈夫"? 049
79. 为什么旧时用"执牛耳"称领头人? 050
80. "中华"可简称"华"吗? 051
81. 对人说吉祥话为什么叫"祝词"? 051
82. 为什么用"拙笔"作谦词? 051
83. 为什么用"子弟"称"后辈人"? 052
84. 今天还称"百姓"为"子民"合适吗? 053
85. 运动员在场外待用可称"作壁上观"吗? 054

第二章 这些词语有讲究 055

86. "安详"既可形容老人又可形容小儿吗? 056
87. "翱翔"是"直飞"吗? 056
88. 为何"鳌头"可比喻取得第一名? 057
89. 如何理解"奥妙"? 057
90. 可用"拔萃"形容身高吗? 058
91. "把持"为何有"专断独揽"之意? 059
92. 可以把"摆布"理解为贬义词吗? 060
93. "败北""败类"均是贬义词吗? 061
94. "班师"为何有"返回"义? 062

95. "斑斓"何来"灿烂多彩"义? 063
96. "帮派"的"帮"何以又有"辅助"义? 063
97. "悲歌"是"悲壮的歌"吗? 064
98. "悲观"可以解释为"悲哀地看"吗? 064
99. "奔波"是在水中走吗? 065
100. "奔放"都能形容什么? 065
101. "崩溃"有几种意义? 066
102. "逼真"是什么意思? 067
103. "毕竟"有"了结"的意思吗? 068
104. 为何"碧落"是天空? 068
105. 为什么"壁立"可形容贫穷? 069
106. 有"璧合"还有"擘谢"吗? 070
107. "鞭策"的对象有限制吗? 071
108. "彪炳"有虎皮的含义吗? 072
109. "缤纷"有"杂乱"的意思吗? 073
110. "冰雪"寒冷,为何还是褒义词? 074
111. "波及"有几种含义? 075
112. "不才"有几种含义? 076
113. "不测"可以理解为"不可知"吗? 077
114. 有愿在先,最后未能如愿完成,为何称"不果"或"未果"? 077
115. "布局"是由下棋引申而来吗? 078
116. "步骤"的"步"与"骤"同义吗? 079
117. "才俊"是既有才又长得漂亮吗? 080
118. "参观"的"参"是"看"的意思吗? 081
119. 为什么要慎用"残喘"这个词? 081
120. "惭愧"有"侥幸"义吗? 082
121. "粲然"只形容人"一笑"吗? 083
122. "苍生"只指百姓吗? 084

123. "藏拙"是贬义词吗？ 085

124. "操心"为什么有"特别费心"的意思？ 086

125. "侧目"是指"畏惧"还是指"怒恨"？ 087

126. "策划"是贬义词吗？ 087

127. "婵娟"有几种意义？ 088

128. "缠绵"是贬义词吗？ 089

129. "倡议"为何有"领先"的意思？ 090

130. "出色"与"颜色"有关吗？ 091

131. "垂青"可用来表示男女相爱吗？ 092

132. "纯粹"指的是一样东西还是两样东西？ 092

133. 为什么用"单位"表示计量事物的标准量？ 093

134. 为什么用"弹丸"形容地方很小？ 094

135. 为什么"当心"是"小心"的意思？ 095

136. "道理"的"道"和"理"意思相同吗？ 096

137. 为何"凋谢""感谢"都用到了"谢"？ 096

138. "鼎盛"是"兴盛"吗？ 097

139. "夺魁"的"魁"是锦标吗？ 098

140. "发迹"是贬义词吗？ 098

141. "发难"是"发动灾难"吗？ 099

142. "干预"有"牵涉"的意思吗？ 100

143. "革命"是"革"旧时代、旧事物的"命"吗？ 101

144. "姑息"为什么有"无原则地宽容"的意思？ 101

145. "股票"的"股"与大腿有关系吗？ 102

146. "关键"是机关最要害的部位吗？ 102

147. "官僚"的"官"与"僚"同义吗？ 103

148. "冠军"与军队有什么关系？ 104

149. 为什么用"桂冠"指"光荣称号"？ 105

150. 为什么应酬之语用"寒暄"代指呢？ 105

151. "豪杰""自豪"与"豪猪"有关系吗? ... 106

152. "喝彩"叫好的"彩"是"精彩"吗? ... 107

153. "和平"为何有止息争斗之意? ... 107

154. "滑稽"的字面义是引人发笑吗? ... 108

155. "话柄"中的"话"如何能有"柄"? ... 109

156. "荒唐"的字面义是"浮夸不切实际"吗? ... 109

157. "觊觎"可用于指对"女色"的"非分之想"吗? ... 110

158. "马"是"骄傲"动物吗? ... 111

159. "借问"为什么可解释为"请问"? ... 112

160. "口碑"为什么不能很"坏"? ... 112

161. 为什么可利用的借口叫"口实"? ... 113

162. 因为"傀儡"是木头人才用它指"徒有虚名"吗? ... 114

163. "狼狈"是贬义词吗? ... 114

164. "莅临"为什么是敬辞? ... 115

165. "凌驾"是贬义词吗? ... 116

166. "浏览"与"涉猎"为何均与水有关? ... 117

167. "流言"为何含贬义? ... 118

168. "垄断"和种地有关系吗? ... 119

169. "落成"是"建筑物落地成功"之意吗? ... 119

170. "名宿"的"宿"是"人"的意思吗? ... 120

171. 为什么"模范"有"榜样"的含义? ... 120

172. 为什么称"贪官"为"墨吏"? ... 121

173. "能耐"是能忍耐吗? ... 121

174. "盘桓"是什么意思? ... 122

175. "匹夫"是"赶牲口的人"吗? ... 122

176. "偏袒""袒护"为什么都与"裸露(袒)"有关? ... 123

177. "器重"的"器"指的是"贵重器物"吗? ... 123

178. "牵强"与"附会"同义吗? ... 124

179. 为什么用"乔迁"祝贺人搬家? 125
180. 为什么称"才貌出众的人"为"翘楚"? 125
181. 为什么"琴瑟"可比喻"和好"? 126
182. "区域"是怎样成为"一定范围"的? 127
183. 为什么用"桑榆"比作黄昏? 128
184. "摄政"的"摄"是"代理"还是"辅佐"? 128
185. "深造"的"造"是学习吗? 129
186. "时髦"是外来语吗? 130
187. "食言"是"把话吃了"吗? 130
188. "市集"又称"市井",与"井"何干? 131
189. "事业"是近代才出现的词吗? 132
190. "衰落"为什么用"式微"表示? 133
191. 为什么用"硕果"指仅存的难得之物? 133
192. "素质"能"拷问"吗? 134
193. "饕餮"二字只指贪食而且不能分开用吗? 134
194. "提携"有"合作"的意思吗? 135
195. "体裁"和"裁衣裳"有关系吗? 136
196. "铜臭"为何是贬义词? 136
197. "痛楚"为何与"痛苦"同义? 137
198. "涂鸦"只比喻小孩的书法吗? 138
199. "往生"中有"生"为何还指"死"? 139
200. 为何"未来""没有"(未)都用到了"未"? 139
201. "问题"问的是"题"吗? 140
202. 带"齿"的"龌龊"为何与"不洁"挂上了钩? 140
203. "呜呼"既能表示赞美又能指"死"吗? 141
204. 为什么"物色"有"访求"的意思? 142
205. "牺牲"有"牛",何以是褒义词? 143
206. 为什么用"先河"指倡导在先的事物? 143

207. "**想象**"这个词是"因人想大象"而形成的吗? 144

208. 为什么"**消息**"可指"音信"? 144

209. "**小丑**"与相貌丑陋有关吗? 145

210. "**肖像**"指的是怎样的"像"? 146

211. "**选手**""**高手**"为何用"手"指人? 147

212. 为什么用"**八尺**"(**寻**)"**十六尺**"(**常**)代指"普通"? 147

213. "**牙齿**"的"牙"与"齿"同义吗? 148

214. 北京晚报说钱穆学问"**淹博**",对吗? 148

215. "**晏驾**"的字面义是"死"吗? 149

216. "**谚语**"是办丧事的人说的话吗? 150

217. "**扬言**"的使用有何限制? 151

218. "**义父**""**义足**"的"义"是假的意思吗? 151

219. "**艺人**"这个称呼含轻贱之意吗? 152

220. 为什么用枪自杀被称为"**饮弹**"? 152

221. 为什么"**踊跃**"一词可形容情绪热烈、争先恐后? 153

222. "**优伶**"与"**优秀人**"为何用同一"优"字? 154

223. "**尤物**"的"尤"是"最好"的意思吗? 154

224. "**舆论**"为什么是公众的言论? 155

225. "**伛**""**偻**"二词仅指驼背吗? 156

226. "**宇**""**宙**"是怎样组合成一个词的? 156

227. "**造次**"为什么是"仓促"的意思? 157

228. "**瞻仰**"的对象为什么有限制? 158

229. 为什么"招待""提倡""给人办事"等词语都可用"**张罗**"表示? 158

230. 为什么用"**折桂**"称得了冠军的人? 159

231. "**斟酌**"为什么有"考虑取舍"的意思? 160

232. "**知道**"的"知""道"是并列关系吗? 160

233. "**执著(执着)**"是贬义词吗? 161

234. "**桎梏**"为什么可比喻极度的束缚? 162

235. "致仕"为什么是"辞职"的意思? 163
236. 为什么用"中肯"的"肯"指要害之处? 163

第三章　这些词语有区别 165

237. "阿谀"与"逢迎"同义吗? 166
238. "安宁"与"安谧"有区别吗? 167
239. 怎样区分"暴发"与"爆发"? 168
240. "本义"与"本意"的区别是什么? 170
241. "变换"与"变幻"的区别是什么? 171
242. "标志"与"标示"有何区别? 171
243. "不孝"与"不肖"同义吗? 173
244. "部署"与"布置"有何不同? 174
245. "草率"与"轻率"有区别吗? 175
246. "刹时"(刹那)与"霎时"同义吗? 175
247. "成规"与"陈规"如何区分? 177
248. "成就"与"成果"的区别是什么? 178
249. "筹划"与"筹备"同义吗? 179
250. "出轨"与"出格"同义吗? 180
251. "处罚"与"惩罚"如何区别? 181
252. "传诵"与"传颂"同义吗? 182
253. "醇厚"与"淳厚"的区别是什么? 183
254. "篡改"与"窜改"有区别吗? 184
255. "敦促"与"督促"的区别是什么? 185
256. "发愤"与"发奋"同义吗? 186
257. "法制"与"法治"的区别是什么? 187
258. "反映"与"反应"的区别是什么? 188

259. "分辨"与"分辩"有何不同? 189
260. "肤浅"与"浮浅"同义吗? 190
261. "隔膜"与"隔阂"同义吗? 191
262. "公布"与"颁布"同义吗? 192
263. "功夫"与"工夫"同义吗? 193
264. "功勋"和"功劳"有何不同? 194
265. "沟通"与"勾通"同义吗? 195
266. "姑且"与"暂且"为什么同义? 196
267. "观光"与"观景"有何不同? 197
268. "光临"与"光顾"有区别吗? 198
269. "国是"同"国事"吗? 199
270. "含义"与"寓意"有何不同? 200
271. "欢度"与"欢渡"应该用哪一个dù? 201
272. "贿赂"与"馈赠"的区别是什么? 202
273. "棘手""辣手"两个词都有吗? 203
274. 为什么不能把"嘉宾"写为"佳宾"? 204
275. "尖利"与"尖厉"的区别是什么? 205
276. "简洁"与"简捷"如何区别? 206
277. 为什么是"简练"而不是"简炼"? 207
278. "交会"与"交汇"同义吗? 208
279. "结余"与"节余"的区别是什么? 209
280. "截止"与"截至"的区别是什么? 210
281. "界限"与"界线"没区别吗? 211
282. "精练"与"精炼"同义吗? 212
283. "慷慨"与"大方"同义吗? 213
284. "考察"与"考查"有区别吗? 214
285. "老媪"与"老妪"有区别吗? 215
286. "连接"与"联接"同义吗? 216

287. 是"练字"还是"炼字"？ 216
288. "列席"与"出席"有何不同？ 217
289. "流传"与"留传"有区别吗？ 218
290. "密码"为何不写为"秘码"？ 219
291. "勉励"与"勉力"的区别是什么？ 220
292. "面世"与"面市"同义吗？ 221
293. "末流"与"下流"含义相同吗？ 222
294. "漠视"与"忽视"同义吗？ 223
295. "谋取"与"牟取"无差别吗？ 224
296. "奈何"与"奈……何"的不同点是什么？ 225
297. "年龄"与"年纪"有区别吗？ 226
298. "年轻""年青"有不同点吗？ 227
299. "凝结"与"凝聚"有何区别？ 228
300. "派生"与"衍生"的区别是什么？ 229
301. "披露"与"透露"有区别吗？ 230
302. "品味"与"品位"的区别是什么？ 231
303. "品行"与"品性"有区别吗？ 232
304. "启发"与"启迪"有区别吗？ 233
305. "启示"与"启事"同义吗？ 234
306. "启用"与"起用"可通用吗？ 235
307. "器量"与"器宇"同义吗？ 236
308. "前锋"等同于"前茅"吗？ 238
309. "倾听"与"聆听"有何不同？ 238
310. "清净"与"清静"有何区别？ 240
311. "曲解"与"误解"如何区分？ 240
312. "祛除"与"驱除"同义吗？ 242
313. "取消"与"取缔"同义吗？ 242
314. "全力"与"鼎力"用法相同吗？ 243

315. "权利"与"权益"同义吗? 245
316. "融化"与"溶化"的区别是什么? 246
317. "融洽"与"融合"的区别是什么? 246
318. "商榷"与"商议"有何区别? 248
319. "师父"与"师傅"有差别吗? 248
320. "时局"与"局势"的区别是什么? 249
321. "试验"与"实验"的区别是什么? 250
322. "收集"与"搜集"同义吗? 251
323. "舒服"与"舒畅"同义吗? 252
324. "熟悉"与"熟习"同义吗? 254
325. "树立"与"竖立"用法有别吗? 255
326. "题词"可以写成"提词"吗? 256
327. "挑战"与"挑衅"有同义的方面吗? 256
328. "停止"与"停滞"有区别吗? 257
329. 凡"同事"都可用"同袍"代指吗? 258
330. "推脱"与"推托"的区别是什么? 258
331. "蜕化"与"退化"可通用吗? 259
332. "威望"与"威信"有区别吗? 260
333. "违反"与"违犯"两个词哪个语义重? 261
334. "委屈"与"委曲"可通用吗? 262
335. "无聊"与"无赖"同义吗? 263
336. "希望"与"期望"的不同点是什么? 264
337. "泄露"与"泄漏"有什么不同? 265
338. "心机"与"机心"同义吗? 266
339. "欣赏"与"鉴赏"可通用吗? 267
340. "须臾"与"片刻"同义吗? 268
341. "需要"与"须要"同义吗? 270
342. "谣言"与"流言"的区别是什么? 270

343. "以至"与"以致"的用法有何不同? 272
344. "引荐"与"引见"的区别是什么? 273
345. "隐晦"与"隐讳"同义吗? 274
346. "优雅"与"幽雅"的区别是什么? 275
347. "预定"与"预订"有区别吗? 276
348. "原型"与"原形"有何区别? 278
349. "增值"与"增殖"的区别是什么? 279
350. "掌握"与"把握"有何不同? 279
351. "甄别"与"鉴别"有何不同? 281
352. "镇静"与"镇定"同义吗? 282
353. "震动"与"振动"的用法有何不同? 283
354. "质疑"与"置疑"的区别是什么? 284
355. "逐步"与"逐渐"有区别吗? 285
356. "遵守"与"恪守"的区别是什么? 287

第一章

这些词语有文化

1. "百姓"和"黎民"有区别吗?

从最早的文献上看,是有区别的。如《尚书·尧典》:"百姓昭明,协和万邦,黎民于变时雍(使百姓有明确的分工,统一无数的部落,黎民友善和睦)。"这个例子是在连接在一起的两句话中把"百姓"与"黎民"并提的。之所以并提,就是因为"百姓"与"黎民"是不同的两个概念:"百姓"指的是"禄而有土,仕而有爵者为百姓",也就是说,百姓是有俸禄有土地,做官有爵位的人;而"黎民"则是普通的人民大众。对这段话中的"百姓"有的书今译为"百官族姓",对"黎民"则不译,仍用"黎民"以示区别。再如《诗经·小雅·天保》:"群黎百姓,徧为尔德(大众百姓啊,都托你的福!)"此诗是写臣子向君王祝福的。诗中的"尔"即是君王,"群黎""百姓"是对举的。"群黎"即是黎民,"百姓"即是"有俸禄有土地的人"。那么这"百姓何以又指黎民了?"有一种说法是:"百姓指黎民是后来的事"。如《论语·宪问》:"修己以安百姓,尧舜其犹病诸(提高自己的修养而使老百姓都安乐,像尧舜这样的圣君恐怕还难以做到呢)。"此中的"百姓"即是。最早的时候黎民是无姓的,后来有姓了,所以"黎民"也称"百姓"了。

2. "版图"只指疆域图吗?

有的人理解"版图"这一词语时把"版"理解为"板",认为是作"图"的定语的,因此认为"版图"指的只是疆域图。确实是这样:当"图"与"版"搭配时,"版图"的"图"指的是"疆域图"而不是一般的图。但把"版图"的"版"理解为"板"则理解错了。"版图"其实是两件东西,"版"是户口册,"图"是疆域图。说"版"是户口册,有何根据呢?请见《周礼·天官·宫伯》:"宫伯掌王宫之士庶子,凡在版者,掌其政令,行其秩叙……""宫伯"是官名,是掌管卿大夫士有名

居延汉简中已载有个人户籍信息

籍的子弟的任用、俸禄和惩奖的。"士庶子"指的是卿大夫的正妻所生的儿子和妾所生的儿子。"版",《周礼注疏》注的是"名籍也,以板为之(户口册是用板制成的)。"因此上面这段引文的意思是:宫伯掌管着王宫中卿大夫子弟的情况,凡是在卿大夫户口册中的子弟宫伯要进行考核比较。此外在《周礼·天官·司会》的《周礼注疏》中对"版图"有比较全面的解释:"云版户籍也者,汉之户籍皆以版书之,故以汉法况。云图土地形象田地广狭者……土地之图有其形象,即是民之田地广狭多少皆在于图也('版'之所以指的是户口册是因为汉代的户口册都是用板书写而成的,所以在这里是用汉代的法打比方。说'图'指的是土地的形象田地的广度与狭度……土地图上的形象即指的是百姓的田地有多少都在图上标识着)。"

3. 宝物称"宝贝"与"贝"壳曾做钱币用有关吗

无关。"贝"壳在古代确实曾充当货币,既是货币当然宝贵。但是因此把宝物称"宝贝"解释为"贝与钱有关"则是误解了。《昭明文选》中的《海赋》有这样一句话:"岂徒积太颠之宝贝,与隋侯之明珠(岂止是积累太颠所得到的宝贝与隋侯得到的明珠)。"这句话的后面引《琴操》(汉蔡邕撰)中的话说明了"宝贝"的来历：纣王无道，囚禁文王于羑（yǒu）里。文王的臣子太颠在海中得到了一个大贝，就把大贝献给了纣王，这样文王才获释。由于这个大贝有救文王的作用，因此就称这个大贝为"宝贝"（在《海赋》中"太颠之宝贝"与"隋侯之明珠"是并列的。"隋侯之明珠"是专指，由此可见"太颠之宝贝"也是专指）。后来"宝贝"这个词的词义得到了扩展，不仅用"宝贝"指称一切宝物，甚至把它"儿化"后也用它称心爱的人。此外上文中还提到了"隋侯之明珠"。据《淮南子·览冥》注："隋侯，汉东之国，姬姓诸侯也。隋侯见大蛇伤断，以药敷之。后蛇于江中衔大珠以报之，因曰隋侯之珠。"综上所述"宝贝"之"贝"乃是"太颠之大贝"，"宝贝"则是因"太颠用大贝救文王"而得名，与"贝"曾做货币无关。

4. "纸卷火药"为何称"爆竹"？

"纸卷火药"称"爆竹"是后来的事。"爆竹"的较早传说见于《异闻录》："李畋（tián）居田中，邻人仲叟家为山魈所祟，畋令旦夕于庭中用竹著火，鬼乃逃遁。"从这段文字中可知"爆竹"起初乃是"用竹著火"，用火烧竹子毕剥作响来驱鬼的，不一定限于过年或节日才这样做。"爆竹用于过年"有文字可考的则见于南朝·梁·宗懔（lǐn）《荆楚岁时记》："正月一日……鸡鸣而起，先于庭前爆竹。"由此可知南朝时荆楚一代在过年时于院中用火烧竹，也是为了驱鬼避邪；又可知"爆竹"原来乃是短语"用火烧竹出声"，后来才变为名词。至于"纸卷火药"式的"爆竹"可见于宋·孟元老《东京梦华录·驾登宝津楼诸军呈百戏》："驾登宝津楼，诸军百戏呈于楼下……忽作一声如霹雳，谓之爆仗……烟火大起。"从此文中的"烟火大起"可知"爆竹"已变为用火药爆炸发声。虽然文中称"用火药发声的"为"爆仗"，但并未废除"爆竹"这个名称。直至今日对"纸卷火药"的"爆仗"亦可称为"爆竹"，甚至称"爆竹"的人要比称"爆仗"的人要多一些。

5. "陛下"是台阶的"下面"何以是尊称？

确实是这样，"陛"是"台阶"，"陛下"乃是"台阶之下"的意思。但自秦代以后此词语却专用来称呼皇帝了。如《史记·秦始皇纪》："自上古不及陛下威德。"此中的"陛下"即指的是"秦始皇"。那么这是怎么一回事呢？汉·蔡邕《独断》上对这个问题有说明："陛下者，陛，阶也，所由升堂也。天子必有近臣执兵陈于陛侧，以戒不虞。谓之陛下者，群臣与天子言，不敢指斥天子，故呼在陛下者而告之，因卑达尊之意也，上书亦如之（'陛下'中的'陛'是'台阶'，顺着台阶往上走可以进入殿堂。天子必定有侍奉他的近臣，拿着兵器守卫在台陛的两边以防止意外发生。称呼陛下的原因是因为群臣向天子禀报事情的时候不敢直呼天子本人让他知道有人在向他禀告，所以只是说'在台阶下的人进行禀告'，用这种说法既让天子知道有臣子在向他禀告事情，又体现了臣子对天子的尊敬之意。如对天子上书，书中也是用这种称呼法）。"从这段解释中可知：用"陛下"称呼"天子"乃是由"不敢指斥天子"而来。虽称天子为"陛下"，但不是指"天子在陛下"而是指"向天子禀告事情的人在陛下"。此外"阁下""殿下"也是循此例而来。"足下"另有典故，不在此列。

6. "伯乐"是姓伯名乐吗？

不是。据《庄子·马蹄》陆德明释文："伯乐姓孙名阳，善驭马。"也就是说伯乐本是善于驾车驭马的人。那么为什么书上都称他为"伯乐"而不称他为"孙阳"呢？这个问题请先看下列两段资料：一、《晋书·天文志上》："南河中五星曰造父，御官也。一曰司马或曰伯乐（南河中的五星叫作造父，是管理车马的官。其中有一星叫司马或者叫伯乐）。"二、《庄子·马蹄》陆德明释文引石氏《星经》："伯乐，天星名，主典天马。孙阳善驭，故以为名（伯乐是天星的名字，掌管天马。因为孙阳善于驾驭车马，因此就用伯乐这颗天星的名字当成了他的名字）。"上述两个资料对伯乐的说法虽小有差异但都表明了用"伯乐"称"孙阳"乃是出于对"孙阳"的尊敬。第二个资料明确地提出了用"伯乐"称孙阳是因为孙阳"善驭"，第一个资料虽未明确地说"伯乐""善驭"，但先说"五星曰造父"，这"造父"乃是古代善于驾驭车马的人。不仅人间有"造父"其人而且天上也有"造父"其星（见《论衡·命义》）。由于"伯乐"是"孙阳"的尊称，自然是"尊称"的名声在外而本名就被冷落了。

7. "博士"在我国一直是学位名称吗？

不是。博士在我国最早乃是通晓古今，能言善辩之人的称呼。如《战国策·赵策三》："赵王曰：'子南方之博士也。'"就是说"你是南方的通晓古今的人"。后来它成了学官名，始于战国，秦汉相承。汉文帝时在汉朝的中央教育机关——太学，设有专门讲授《诗经》《易经》《尚书》《礼记》《春秋》的教官，把这些教官称为博士。最开始立的是诗经博士，以后逐渐设立其他博士。历景帝、武帝诸朝代。到了晋朝设国子博士，唐朝设太子博士、太常博士、太医博士等。如《汉书·百官公卿表上》就有"博士，秦官，掌通古今，秩比六百石，员多至数十人"的记载，把"博士"的特长、俸禄和人数都写清楚了。"博士"一词还有个特殊的情况，就是用此词称呼从事某些服务行业的人。如《水浒传》第三回有"茶博士道：'客官吃甚茶'"的描述。显然是称茶馆的服务员为"博士"。

8. 为什么称办事不踏实为"不靠谱儿"？

"谱"是形声兼会意字。篆文从言普声，普也兼表普遍之意。本义为按事物的类别或系统分类编成的记录人物、世系及家族的书籍表册。如《西厢记》："郎之才望，亦不辱相国之家谱也。"这是崔莺莺在张君瑞中科举后给张的信中说的话，意思是："你现在高中了，你的才气名望不至于有辱我们相国之家的家谱。因为我们相国之家的家谱中所记录的人没有一个是白丁儿，都是有官位有地位的人。"在这里是用"家谱"代表一个家族的名声地位。此外"帝王谱""年谱"的"谱"亦是。由"书籍、表册"引申指"供人研习观摩示范而汇列成的样本、图形、符号"。如《棋经十三篇》："梁武帝下令众大臣三日内不议朝政，皆专心品定棋谱。"此中的"谱"即是。此中的"棋谱"为什么要"专心品定"呢？就是因为它有"示范作用"，"棋谱"把"在各种棋势下应如何走棋，最标准的走法是什么"都列出了。所以要专心品定它。再如"食谱"。"食谱"列出的是各种菜和主食的最优做法。只要按着"食谱"上说的做，就可以吃到美味佳肴了。正是因为如此，"谱"就引申出了"标准""最佳方案"的意思。所谓"靠谱"就是"接近办各种事的标准"，"不靠谱"就是"不标准、不可靠、让人不放心"。

9. 为何把人的整体形象不佳称为"不扬"？

"不扬"语出《左传·昭二十八年》："今子少不扬，子若无言，吾几失子矣。"意思是说：你稍稍有些不扬显，你如果不说话，我差一点儿就失去你。"其貌不扬"就是结合这段话中的"不扬"组成。联系这段话可知："其貌不扬"不是单指脸丑而是指人的总体形象不吸引人，不让人有好感。如果只是脸不好看，不宜用"不扬"形容。

10. "蟾桂""蟾蜍""玉兔""蟾兔"为何都可指月亮？

"蟾"是形声字。楷书从虫詹声。用作蟾蜍，本义为一种两栖动物。俗称癞蛤蟆，背部多呈黑绿色，体表有大小不等的疙瘩，内有毒腺，分泌出的白色乳状液体叫蟾酥，可入药。生活在泥穴、石下或草丛内，昼伏夜出，捕食昆虫、蜗牛等，对农业有益。如"日中有踆乌（传说太阳里的一种三

蟾蜍玉兔月轮

足乌），而月中有蟾蜍"。此中的"蟾"即是。由于传说月亮里有蟾蜍，故又用"蟾"指月亮。如"四郊阴霭（云气）散，开户半蟾升"。此中的"蟾"即是。

"桂"是形声字。篆文从木圭声。本义为"肉桂"，江南木，百药之长，果实椭圆形，紫红色。叶、小枝、碎皮和果实是提取芳香油的原料。树皮灰褐色，含挥发油，叫桂皮或桂肉，可入药，也可作调料。如"杂申椒与菌桂兮，岂惟纫夫蕙茝（申椒、菌桂比喻小人，蕙茝比喻贤人。喜欢小人哪里赶得上喜欢像佩戴蕙茝香草的贤人）。"此中的"桂"即是。相传月中有桂树，故又引申特指"月宫"。用例为："桂吐半轮迎此夜，蓂（míng，瑞草）开七叶应今朝。"此中的"桂"即是。"蟾桂"的"桂"即用的是此义。因此"蟾桂"（1）指"传说月中的蟾蜍、桂树"。用例为："古祠近月蟾桂寒，椒花坠红湿云间。"此中的"蟾桂"即是。（2）指"月亮"。用例为："出门聊一望，蟾桂向人斜。"此中的"蟾桂"即是。

玉兔，相传月中亦有它。如傅咸《拟天问》的"月中何有？玉兔捣药"。即说的是它在月中司捣药之职。辛弃疾《满江红·中秋》"著意登楼瞻玉兔"也是用"玉兔"代指月亮。正如上述，月中既有蟾蜍又有玉兔，因此也有人用蟾蜍、玉兔两物代指月亮。如《古诗十九首》"三五明月满，四五蟾兔缺"即是为了避免重复说"明月"而用"蟾兔"代指"明月"。

11. 称"爱叨唠的妇女"为"长舌妇"恰当吗？

不恰当。"长舌妇"语出《诗经·大雅·瞻卬》："妇有长舌，维厉之阶。乱匪降自天，生自妇人。匪教匪诲，时维妇寺。"据《毛诗正义》：

（1）"寺，近也"；"长舌，喻多言语也"；"厉，恶也；今王有此乱政非从天而下但从妇人出耳"。（2）"匪教匪诲，非有人教，王为乱"；"时维妇寺，语王为恶者是惟近爱妇人用其言故也"。因此这一段引文的意思是：（1）褒姒这个妇人有多言语的长舌，鼓动幽王实行大恶引起大的动乱。这大的动乱不是天上降下来的，是由褒姒出的坏主意引起的。（2）没有人教给幽王实行亡国之政啊！这亡国之政全是听了最接近他的那个妇人的话引起的。由此可知："长舌妇"应指因出坏主意而引起严重后患的人。"爱叨唠的妇女"多指一般妇女甚至是善良妇女，故不应以"长舌妇"这个贬义很重的词称之。

12. 为什么"垂丹青"表示的是"忠贞名节传流后世"？

"垂"本是个象形字。就其为物来说是花朵，就其形象来说是下垂，因此它有"耷拉"的意思。这就引申它又有"流传下去"的意思。"忠贞名节流传后世"的"流传后世"即是"垂"表示的意思，这是没有问题的。而问题是"忠贞名节"与"丹青"的关系。丹是颜色中的红色，青是颜色中的绿色。这两种颜色如何具有了"忠贞名节"的意义呢？原来这是用了"丹青"的比喻的缘故。"丹"是红色，这种颜色经历很长时间都不会变色。古语有云："丹（朱砂）可磨也而不可夺赤。"说的就是这一特点。"青"也一样。它这个绿色也是历久不变。由于"丹""青"都具有历久不变的特质，这样"丹青"就具有了"意志坚贞"的比喻。因此人们就用它这"意志坚贞"的比喻来表示"忠贞名节"了。如文天祥《正气歌》："时穷节乃见，一一垂丹青（到了危急的时刻，一个人的气节就会显露出来，接触的人会把他们崇高气节传留给后世）。"此中的"垂丹青"即是。关于"丹青"还有一说：认为"丹青"指绘画，在此诗中代指史册。这样"时穷节乃见，一一垂丹青"就解释为"在极其危困的关键时刻，才能显示此人的气节，而临难不屈的忠贞之士，将名垂千古，流芳百世。"

13. 为什么"立春"也叫"打春"?

称"立春"为"打春"是沿袭了旧时的说法。宋·孟元老《东京梦华录·立春》有这样的话:"立春前一日,开封府进春牛入禁中鞭春。开封、祥符两县,置春牛于府前,至日绝早,府僚打春(立春的前一天,开封府要把春牛送到皇宫中去鞭打春牛。开封、祥符两个县要把春牛在县衙前准备好,等到立春这一天的一大早,两县的官吏要进行打春牛)。"那么什么是"春牛"呢?据《后汉书·礼仪志上》,"春牛"乃是"土制的牛",最早是在十二月用来驱送寒气的。后来又用于立春日劝农耕,象征春耕开始。这"劝农耕"的方法是怎样的呢?即是官吏们用红绿彩鞭打牛身表示开始农作。由于这一些活动既取吉祥之意又非常形象,因而人们就把这"用红绿彩鞭打牛身"的活动称为"打春",而且还用"这一天的活动"代指这一天(节气)的名字。"立春"这一名词在《礼记·月令》中已出现。"打春"这一名词多流行在人的口头上。如宋·晁冲之《立春》:"自惭白发嘲吾老,不上谯门看打春(自己嫌自己白发苍苍太老了,因此不上谯门的高楼上去看打春的活动)。"这里的"看打春"即是立春的这一天去看官吏鞭打土牛象征春耕开始的活动。

14. "滑稽通俗的诗"为什么叫"打油诗"?

有人以为"打油诗"与"打油"的活动有关,其实毫无关系。"打油诗"的名字来源于唐朝的一个叫张打油的人。他作了一首《雪》诗,诗句是:"江山一笼统,井上黑窟窿,黄狗身上白,白狗身上肿。"把这样一首诗放在唐朝那一我国诗歌的鼎盛时期与人们心目中的唐朝诗歌比,自然会给人们造成巨大的反差,因此这首诗就单立出了一个"门户",人们称之为"俳(pái)谐体诗"。所谓"俳谐"体即"戏谑取笑的言词"体。当时为了叫得通俗一些,干脆就以诗作者的名字"打油"来为此诗体命名。自此以后凡以"戏谑取笑"为目的写的诗就称之为"打油诗"。由于张打油所作的这种诗没有诗意,因此"打油诗"也变成了作诗人的自谦之词。有些人作诗后谦称自己的诗没有诗意或在其他方面不符合诗律,也说自己作的是"打油诗"。此外,关于张打油是唐朝人的说法,《中原音韵作词十法》提出了不同的说法,此书认为张打油是元朝人。

15. "大恩"为什么是"雨露之恩"?

万物得到了雨露的滋润,可使万物蓬勃地生长。称别人的大恩为"雨露之恩"就是说别人对自己的恩情像雨露滋润万物的功绩那样大。语见《幼学琼林》:"恩深者,如雨露之恩。""雨露之恩"亦可单用"雨露"表示。如李白《送窦司马贬宜春》:"圣朝多雨露"。此中的"雨露"即指的是恩惠。

16. "大夫"不是官名吗,今天为什么用来称呼医生?

"大夫"确实是官名。查夏商周时期的历史可知:这个时期的官可分为"卿、大夫、士"三级,到了秦汉时期分得更细了,有"御史大夫""谏议大夫""光禄大夫"等。读《汉书·高帝纪》其中有这样的记载:"萧何为主吏,主进,令诸大夫曰'金不满千钱,坐之堂下。'(萧何担任功曹的职务,主持赋敛礼钱的工作。他向诸官员说:'奉献不满千钱的人,不能坐上座。')"从这个记载看,在汉代"大夫"一词又是有官位人的通称。但到了宋代,宋朝的医官另设官阶,分大夫、郎、医效等,从此"大夫"的"大"读为"dài",用"大(dài)夫"一词专称医生了。这个词的读音沿用至今(此说见洪迈《容斋三笔》卷十六)。

17. "大手笔"只指"写重要的文章"吗?

"大手笔"一语,因为涉及"大手笔""手笔"两个出处,因此"大手笔"可有两个方面的意义。"大手笔"语出《晋书·王珣传》:"珣梦人以大笔如椽与之。既觉,语人云:'此当有大手笔事。'俄而帝崩,哀册谥议,皆珣所草(王珣梦见一个人把一支如椽的大笔送给他。等到梦醒之后,他对人说:'我这个梦关乎到要有非常重要的文章让我写。'不久皇帝死了,有关治丧的文章文件以及加给皇上什么谥号的议论全由王珣书写,应验了梦中的大手笔事)。"此中的"大手笔"即指"写重要的文章"。"手笔"语出多处。如《后汉书·赵壹传》:"……而远辱手笔,追路相寻,诚足愧也(……从很远的地方写亲笔信来追路寻找我,实在让我感到惭愧)。"此中的"手笔"即指亲笔信。再如陆云《与兄平原书》:"令送苗君《登台赋》为佳手笔。"此中的"手笔"则指亲自写的诗文。再如《官场现形记》五十九回:"这是二舍妹,她自小手笔就阔,气派也不同。"此中的"手笔"又指"排场"。再如:《负曝闲谈》十五:"金慕暾又是个大手笔,整把银子撒出来,毫无吝色。"此中的"大手笔"即指"大排场"。至于"排场"为何用"手笔"表示?有两说:一说指给人钱时用笔开银票写的数字很大;一说指"手面很大"。

18. "戴绿帽子"为什么是污辱之词?

"戴绿帽子"是把原义引申又引申后所出现的词语。此词语的前身应为"戴绿头巾"即"戴绿帻(zé)"。据《汉书·东方朔传》中应劭的"注",称"绿帻"为"宰人服也"。"宰人"之服就是贱人之服。古代地位低下的仆人都戴绿头巾。为什么贱人戴绿头巾,这又与古代以黄为正色,绿为闲色有关。如《诗经·邶(bèi)风·绿衣》把"绿衣黄里"就视为"尊卑贵贱颠倒失序"的现象。"黄"为正色应该作衣裳面儿,"绿"

为闲色，应该放在不显眼的地方作衣裳里儿。如今把绿色的布作了衣裳面儿，把黄色的布作了衣裳里儿，就是尊卑颠倒了。正是因为这样看待"黄""绿"，因此在唐·封演《封氏见闻录》中就又载有这样的事："唐李封为延陵令，吏民有罪，不加杖罚，但责令裹碧头巾以示辱（唐代的李封作延陵令时，有小吏或百姓犯了罪，李封对犯罪人不用打板子的刑罚，只是让犯罪人头上裹绿头巾以表示羞辱）。"从这件事上也可以看出"戴绿头巾"是用来羞辱人的。至于今天污辱男子所用的"戴绿帽子"则与元明时期在妓馆工作的男子有关。那时在妓馆工作的男子头上也是裹青碧头巾以示卑贱。这"戴绿头巾"的卑贱形象又让人联想到"妻子与他人有不正当行为的男子"，于是这"戴绿头巾"就成了"妻子与他人有不正当关系者"的专名词。后来戴头巾的人少了，就把"戴绿头巾"改为"戴绿帽子"，一直到今天仍沿用这种叫法。

19. 为什么用"丁是丁，卯是卯"形容对事情认真？

"丁"是天干之一，"卯"是地支之一。推算农历时要用"天干""地支"推算。推算时"丁就是丁，卯就是卯"不能有半点儿差错。如有差错就会误事或误了农时造成损失。另外"丁""卯"与"钉铆"谐音。"钉"是家具器物的榫（sǔn）头，"铆"是接榫的凹入处，也叫"铆眼"。"钉"或"铆"哪一个都不能错，错了，一个器物就安装不上，所以"钉"必须是"钉"，"铆"必须是"铆"。由于"丁卯""钉铆"一点儿都不能错，后来就用"丁是丁，卯是卯"形容对事情认真，一点儿也不能马虎。如《红楼梦》第四十三回："我看你利害，明儿有了事，我也'丁是丁，卯是卯'的，你也别抱怨。"这是王熙凤对尤氏说的话。意思是：现在你这么利害，下回我也"丁是丁，卯是卯"。言外之意即我也认真地对付你。

20. "豆蔻"是植物,何以能指少女?

"豆蔻"确实是植物,多年生常绿草本,外形似芭蕉,又名草果,分肉豆蔻、红豆蔻、白豆蔻等,均可入药。红豆蔻生于南海诸谷中。因豆蔻少而美又有香气,故唐·杜牧《赠别》诗写道:"娉娉袅袅十三余,豆蔻梢头二月初(面容秀丽体态轻盈的十三岁少女,像二月初盛开鲜花的豆蔻)。"此中的"豆蔻"即是。后来人们就从杜牧诗中提炼出"豆蔻年华"作为成语,用以比喻十三四岁的少女。

21. 为什么"杜康""青州""平原"可代指酒?

"杜康"也叫"少康",是传说中发明酿酒的人。《说文解字·巾部》有"古者少康初作箕(jī)帚(zhǒu),秫(shú)酒"之语。曹操在《短歌行》中说"何以解忧,唯有杜康",就直接用"杜康"的名字代酒。因此今天人们也就用"杜康"代酒了。"青州""平原"都是地名,以这两个地名代酒出自《晋书》。东晋桓温有个主簿能辨酒味。他说好酒叫"青州从事"。因为青州有齐郡,"齐"与"脐"同音,而好酒喝下去其热度可达脐部,这样就用"青州"代好酒了。又说次酒叫"平原督

杜康造酒图

邮"。因为"平原"有"鬲县","鬲"与"膈"同音,而次酒喝下去其热度只达横膈膜,所以以"平原"代次酒。今天作广告为招引人,均用了这些人们不大知道又想知道的名词。

22. 为什么企业分配盈余叫"分红"?

"分红"一词与我国的一种风俗有关。这种风俗就是用"插金花,披红绸"来表示喜庆。如"状元及第"可"十字披红,跨马游街"即是一例。与此同时还给这"插金花,披红绸"表示喜庆起了一个名字叫"花红"。因此在有喜庆时赏给用人的钱物也叫"花红"。再后来凡是犒赏或是奖金,不一定是为喜庆而发的都叫"花红"了。如《水浒传》第四十四回:"前面两个小牢子,一个驮着许多礼物化红,一个捧着若干缎子采缯之物。"此中的"花红"即是钱。时至今日,"花红"的含义又扩展,不仅"分利润,分盈余"称为"分花红"而且有时又把"花"字去掉,只称"分红"了。如"年终分红""发红包"即是今日各企业常用的词。

23. "夫人"为什么是尊称,而"妇人""妻"不是尊称?

"夫人""妇人""妻"都是古代的称呼。这几个词成为"尊称"或不是"尊称"都是受了古代称呼的影响。在《礼记·曲礼下》中有这样的记载:"天子之妃曰后,诸侯曰夫人,大夫曰孺人,士曰妇人,庶人曰妻。"这些称呼发展到今天,"后"仍用于称呼皇帝之妻。"夫人"因原来是称呼诸侯之妻的,今天没有"诸侯"了,但因诸侯以前地位较高,所以今天就把"夫人"变成了"尊称",用来呼别人的妻子。"孺人"今日已不用。"妇人"是"士"的妻子,"士"在今天很难确定其界限,故"妇人"亦不专称某种人,而让她变成"已婚女子"的通用称呼。庶人是老百姓,故仍称其妻为"妻子"。地位高的人不愿自己显得特殊,也称自己的妻为"妻子"。

24. "扶桑"为什么可代指"日出之处"?

"扶桑"有三个义项:(1)植物(木槿)。(2)神话中海外的大树。(3)古国名。《梁书·扶桑国传》:"扶桑在大汉国东二万余里,地在中国之东,其土多扶桑木故以为名。"按其方向位置约相当于日本,故后来沿用为日本的代称。可代指"日出之处"的"扶桑"乃是它的第二个义项,即神话中海外的大树。据《淮南子·天文》:"日出于旸(yáng)谷,浴于咸池,拂于扶桑,是谓晨明(日从旸谷出来,在咸池沐浴,在扶桑大树上掠过,这就叫作天明)。"由于太阳在扶桑上掠过天才明亮,因此就把扶桑视为日出之处了。"扶桑"作为神话中海外大树的名字,并不自《淮南子》开始,在屈原的《离骚》中就已出现。如"饮余马于咸池兮,揔(zǒng)余辔乎扶桑(我在咸池这个地方饮马,在扶桑这棵树上拴马)",此中的"扶桑"即是。

25. "共和万岁"的"共和"是"谁与谁和?"

我们经常在报纸和电视上看到或听到"共和"一词,这引起人们追问"'共和'是'谁与谁和'?"看来追问的人对"共和"这个词有一些误解。"共和"是个有特指含义的词,不是"哪个人与哪个人相和"。周厉王时奴隶和自由民大暴动,厉王逃跑后一直至宣王执政,中间有14年没有君王执政。这没有君王执政的14年用的是"共和"来表示年号。这"共和"作为名称其由来有两说:一说是这14年中由召公和周公两个丞相执政,故号"共和"(见《史记·周本纪》);一说是厉王逃跑后,由共和伯代理政事,故号共和。共和元年是公元前841年,是中国历史上有正确纪年的开始(见《竹书纪年》《汉书古今人表注》)。"共和"作为名称虽有两说,但两说有一个共同点就是"没有君主执政"。《女人花》中欧阳秀所说的"共和万岁"就指的是"废除了帝制"的这一国家"政体"万岁(欧阳秀讲课时是袁世凯窃取了大总统权位,还没称帝)。此外还有"共和制"一词与君主制相对。"共和制"指"国家元首和国家权力机关定期由选举产生的一种政治制度"。

26. 为何"貌美"用"面如冠玉"形容?

"冠玉"语出《史记·陈平世家》:"平虽美丈夫,如冠玉耳,其中未必有也(陈平虽然是个美男子,和帽子上镶的玉一样。他的肚子里未必有真才实学)。"从上述可知:"冠玉"最早的意思侧重于指"徒有其表"。但由于"冠玉"引人注意(正迎人面),因此后人就用"冠玉"代指"脸长得美"了。

27. 为什么用"贵降"问人家的生日?

电视剧中见一位书生用"贵降"问一位老人的"生日是哪一天"。观众听了感到很新鲜,有的人还以为这是编剧别出心裁,新创的词。其实不是,编剧用这个词是有所本的,它的本就是屈原《离骚》:"惟庚寅吾以降。"这是屈原在说自己是寅年寅月寅日出生。后来人们就用这个典故造了"贵降"一词来尊称别人的生日。如《金瓶梅》第十四回:"因问大娘贵降在几时?月娘道:'贱日早哩!'"此中的"贵降"与"贱日"均指的是生日,只是"贱日"是谦词。编剧之所以在剧中用这种今日已不常说的词儿也是有目的的,其目的就在于刻画书生的文绉绉吧。
补充:"惟庚寅吾以降"的前一句是"摄提贞于孟陬兮"。"摄提",古代纪年的术语,相当于寅年。"孟陬",夏历正月,也即寅月;

屈原像

孟，开始，《尔雅》："正月为陬"。正月是一年的开始，故叫"孟陬"。"庚寅"，庚寅日。综合以上各条，因此屈原说自己是寅年寅月寅日降生。

28. "红颜"仅指年青女子吗？

"红颜"的本义乃是青春健美的容颜，因此用它来借指青年。既是借指青年，就不是仅指女青年，而是男女青年都可用。如李白《赠孟浩然》："红颜弃轩冕。"此句中的"红颜"就指的是男子。诗句的意思是：孟浩然从青年时代起就对做官不感兴趣。同是李白的作品，《长干行》中又有"八月蝴蝶黄，双飞西园草。感此伤妾心，坐愁红颜老"之句，意思是说：丈夫远行在外，妻子看到蝴蝶在西园双飞而感到伤心，为自己的青春流逝而感叹。在这里"红颜"又是指女子了。但此词发展到今天，指代对象似有变化，已见不到用"红颜"来指代男子了。人们常说的"红颜薄命""自古红颜多薄命"都是指的女子命运不好。

29. "怙恃"和"椿萱"都指代父母吗？

"怙（hù）恃（shì）"语出《诗经·小雅·蓼（liǎo）莪（é）》："无父何怙，无母何恃（没有父亲依靠谁，没有母亲依靠谁）。"后因用"怙恃"作为父母的代称。由于"怙恃"是由"没有依靠"转化来的，故"怙恃"虽可代指父母但多用于"怙恃俱失""失怙""失恃"方面，不正面用。"椿萱"语出《庄子·逍遥游》"上古有大椿者，八千岁为春，八千岁为秋"和嵇康《养生论》"萱草忘忧"。由于"椿"长寿，"萱"忘忧，故以"椿萱"代指父母并多用在积极方面。如"椿萱并茂"就是指父母均健在。与此有联系的还有用"椿庭"单指父，"萱堂""萱台"单指母的。

30. 百姓为什么把难于办到的事用"黄河清"作比？

用"黄河清"作比可能起于《宋史·包拯传》："拯立朝刚毅，贵戚宦官为之敛手，闻者皆惮之。人以包拯笑比黄河清。童稚妇女，亦知其名，呼曰'包待制'。京师为之语曰：'关节不到，有阎罗包老。'"（包拯在朝中以刚正坚毅著称，权贵宦官、皇亲国戚因此不敢恣意横行，了解包拯的人都惧怕他。人们把见到包拯的笑容比喻为看到黄河水清，连小孩妇女，也都知道他的名字，称呼他的官名'包待制'。京城里为他

包拯像

还编了个顺口溜：'私通关节办不到，还有阎罗包老。'"）由上文可见，"黄河清"本是用来比喻包拯的"笑之难"的，也就是铁面无私的。后来"黄河清"的用法有发展，用于比喻其他难于办到的事情。

31. 为什么祖居称"籍贯"？

"籍贯"由"籍"与"贯"组成。"籍"指的是祖先的户籍。古代没有纸的时候，记录什么事都是写在竹板上，这竹板即是"籍"。"籍"的大小不同。用来写杀敌立功书的一尺长，叫尺籍；悬挂在宫门外写有出入人员姓名年龄身份的二尺长，叫名籍；记录地方家庭人口的可以穿起来成册的叫户籍。"贯"指的是世代居住之地，也称乡贯。如"翁云贯属新丰县"（白居易《新丰折臂翁》），此中的"新丰县"即是"翁"的"贯"。由此可知一提到某人的"籍贯"即指的是这个人的祖先世代居住地。如明·张居正《张文忠·进职官书屏疏》："谨属吏部尚书张瀚、兵部尚书谭纶，备查两京在外文武职官，府部以下知府以上各姓名籍贯出身资格，造为御屏一

座。"此中的"籍贯"即指的是两京以外所列官员的祖先世代居住之地。这段话的意思是"要求两个尚书把所列官员的各项写在一座屏风上便于皇上查找"。

32. 问时间为什么问"几点了"?

"点"和"钟"在古代就与时间有关。今天人们问时间所说的几"点""钟",都是由古代传下来的。先说"点"。古代以铜壶滴漏计时,一夜分为五更,一更分为五点,每一更约略等于今天的两小时,大约今天的晚7时至9时为一更天,9时至11时为二更天,11时至凌晨1时为三更天,凌晨1时至3时为四更天,凌晨3时至5时为五更天。如李商隐《无题》"月斜楼上五更钟"即指的是这"五更天"。由于一更约略为两小时,时间的跨度太大,所以人们问时间要得到准确一些的就要问"几更几点"。今天不问"几更"了,但把"问几点"传留下来了。古代的"点"虽小于今日的"时",但计时间把"点"说惯了,从而也就把"点"代替今日的"时"了。再说"钟"。"钟"未简化前写作"鐘",是古代的一种响器,敲它用来报时。王勃《滕王阁序》中的"鐘鸣鼎食之家"的"鐘"即是。

33. "家法"为何是"竹板子"?

电视剧中一老人要惩罚一青年,于是喊:"取家法来!"这时只见一人取来一个像竹板做的夹子,取来之后老人把竹板夹子置于高处,还深深地向竹板夹子鞠躬,然后才拿下来责打青年。那么这是怎么回事呢?原来古代一直到近代各个家庭都有各家的治家之法。这"治家之法"对家庭成员"凡动止施为,及书翰仪礼"都作出规定,"后人皆依仿之"。(见《宋书·王弘传》)也就是家庭成员中谁的行动坐卧,做的事,写的文章,待人的礼貌违反了"家法"中的规定就要依照"家法"中定的惩罚条款责打。责打时所用的工具多是用木材或竹子制成。因为这责打工具是执行家法的，久而久之人们就把这"执行家法的用具"称作"家法"了。又因为各家的"治家之法"都是各家族的祖先传下来的，代表各家祖先的遗训，因此在执行"家法"之前先行跪拜鞠躬以表示接受遗训代祖先执法。如《醒世恒言》卷十九："教左右快取家法来。"此中的"家法"即指的是体罚的用具。此外"家法"还有其他含义，因与本题无关，不赘述。

34. "教员""公务员"的"员"可以解释为"人"吗？

甲骨文　　小篆　　楷体

　　"员"是指事字，甲骨文从鼎，上边象征鼎口之圆形。《说文·员部》："员，物数也。"《说文》所释为引申义。"圆"的本义是"圆形"，是圆的本字，如《孟子·离娄上》："离娄之明，公输子之巧，不以规矩，不能成方员（有离娄能为百步之外的秋毫之明，有鲁班之巧，但是没有圆规和直尺，也画不成正方形和圆形）。"此中的"员"即是。"员"是借一具鼎来表示的，故引申用以表示物的数量。如《段注说文解字》："数木曰枚、曰梃，数竹曰个，数丝曰绲、曰总，数物曰员。""员"本为"物数"后又引申指"人数"或"其中的一分子"。如《史记·平原君虞卿列传》："今少一人，愿即以遂备员而行矣（现在少一个人，就把我凑足人数一起前往吧）。"此中的"员"即是。后来"员"被虚化成后缀，用以构成名词，表示从事某种工作或学习的人，担任某种职务的人。如"教员""学员""公务员"的"员"均是。

35. 报大恩为什么用"结草"这样的小事？

用"结草"来报恩是用的一个典故。春秋时晋国的魏武子有一个爱妾，这个爱妾没生育子女。魏武子生病时命令儿子颗：自己死后可以让这个爱妾改嫁。此后魏武子病危了，又对儿子说让这个妾在自己死后跟着殉葬。颗没按照父亲第二次的命令做，在魏武子死后即把这个妾改嫁了。后来颗与秦国的军队在辅氏作战。见一个老人用草绳绊倒了秦将杜回。这样就让颗抓住了杜回，打败了秦国军队。当夜，颗梦见了那个结草的老人，老人自称是没被殉葬的那个妾的父亲，用结草来报答放自己女儿不死的大恩。这件事情是记载在《左传·宣公十五年》上的，影响比较大。因此后世就把死后报恩称为"结草相还"。从老人结草所起的作用来看，也算是厚重地报答了。李密在《陈情表》中就用了这个典故，文中说"生当陨首（活着时舍命尽忠），死当结草"来报答皇上允许自己留下来侍奉祖母的大恩。

36. 只有"女英雄"才能用"巾帼"指称吗？

不是。"巾帼"的"巾"指的是古代妇女的包裹之巾。"帼"指的是古代妇女的发饰。由于"巾""帼"都专是妇女的用品，因此就借用"巾帼"来"指代妇女"。如袁宏道在《徐文长传》中评论徐文长的诗作时即说："虽其体格时有卑者，然匠心独出，有王者气，非彼巾帼而事人者所敢望也（虽然他的诗体裁格调偶尔有些卑下，但匠心独出，有王者的气势，不是那些像妇女般专讨好人的诗人所能和他相比的）。"这段话中的"巾帼"不但指的是一般妇女而且还含有"不尊重妇女"的色彩。可见不是只有女英雄才用"巾帼"指称。另外从"巾帼"二字的字面义中也看不出和"英雄"有什么关联。那么为什么会给人造成"只有女英雄才能用'巾帼'指称的印象"呢？这可能有两个方面的原因：一是后来人们很少用"巾帼"指代一般妇女了;另一则是后来人们用"巾帼"与"英雄""豪杰""奇才""丈夫"搭配起来用的频率太多了。特别是"巾帼英雄""巾帼豪杰"等词语多用于在民间很有影响的小说传奇中。如湘灵子《轩亭冤·赏花》、《镜花缘》第一回、《儿女英雄传》第十七回都把"巾帼"与"英雄"搭配起来用过,因此很容易给人造成"巾帼"只指"女英雄"的印象。

37. 太阳为什么又名"金乌"?

古代神话有"日中有三足乌"的说法,因而就用"金乌"作了太阳的别称。近年马王堆汉墓出土的帛画中发现了这种"日中有三足乌"的形象,可见"金乌"这一别称由来已久。如韩愈《李花赠张十一署》"金乌海底初飞来,朱辉散射青霞开(太阳从海底刚刚升起,红光散射蓝天露出)"即用"金乌"代指了太阳。如京剧《托兆碰碑》杨令公杨继业有一句倒板的唱词是"金乌坠,玉兔升,黄昏时候"。此中的"金乌"也是。

汉·三足乌(画像石)　　1974年陕西省宝鸡茹家庄出土的铜三足乌

38. "吃得多""贪得多"都可谓"鲸吞"吗?

从"鲸吞"的字面义来看,此语确实是"像鲸的吞食",形容吃得多,吃的食物大(有的鲸可以吃企鹅、海豹)。但从用例上看,"鲸吞"并不用于形容吃得多或贪污贪得多,而多用于吞并别人别国的土地。因为"吃得多"或"贪污贪得多"都不足显示"鲸吞"的那种"不义"和"求大"的气势。如《晋书·慕容载记论》:"犹将席卷京洛,肆其蚁聚之徒;宰割黎元,纵其鲸吞之势(还要占领西安洛阳,让他那些乌合之众胡作非为;宰割百姓,放纵他那吞并土地的势头)。"此语中的"鲸吞"即指的是吞并土地。因为占领了西安洛阳还不满足,还要谋求更多的地盘。再如《旧唐书·萧铣(xǐ)等传论》:"小则鼠窃狗偷,大则鲸吞虎据。""虎据"是割据称强,是占有地盘称霸一方。"鲸吞"与"虎据"并列亦可知是指"吞并土地"。因此有人用"鲸吞牛饮"形容大吃大喝是不妥的。与"鲸吞"可并列着说的只能是像"虎据"这样的词。

39. "口头禅"是人总挂在嘴边的话吗?

确实是这样,现在人们把"人总挂在嘴边上的话"称为"口头禅"。其实这样用"口头禅"这个词语是不准确的或者说是把此词语的含义扩展了。"口头禅"原本是佛教语,是指不能领会禅理,只是袭用禅宗和尚的常用语作为谈话点缀的话。即是做"谈话点缀"的话,故稍含贬义。这样后来人们就把那种说话时经常挂在嘴边,但并无多大实际意义的话称为"口头禅"。而前面说的"人总挂在嘴边上的话"并不一定是"无实际意义的"。因此不能把这种话统称为"口头禅"。宋·王楙(mào)《野客丛书》附录《王先生圹(kuàng)铭临终诗》有两句是"平生不学口头禅,脚踏实地性虚天(平生不学那些口头禅,只是脚踏实地心无杂念地诚敬待人处世)。"这两句诗中的"口头禅"是正确用法,其含义与上述对"口头禅"的解释相同。

40. "冷板凳"是怎样的板凳？

"冷板凳"最初指的是"被坐的频率不高的板凳"。也就是说板凳放在那里很少有人去坐，长时间没人去焐它，日久天长，一旦有人去坐就会感觉板凳面儿很凉，因而称这种板凳为"冷板凳"。那么何处的板凳是这样的呢？过去因愿去偏僻乡村当教师的人少，这样人们就称村塾中教师坐的那个板凳为"冷板凳"。如《二刻拍案惊奇》第二十二回："郭信不胜感谢，捧了几百钱就像获了珍宝一般，紧紧收藏，只去守那冷板凳了。"这段叙述中的"冷板凳"即指的是"村塾教师的岗位"。"郭信""去守"就是去做村塾教师。后来"冷板凳"的含义有扩展，把"不受重视的职务"也用"冷板凳"来比喻。如认为自己做的是不受重视的工作就说上班是去"坐冷板凳"。再如"长期等候分配工作"或"久等接见"都可用"坐冷板凳"来比喻。

41. 为什么对"一无所能"者却称"龙套"？

当人们谈到自己没什么专长，没有什么建树时，常用"给人家跑跑龙套"自嘲。为什么"没什么专长没有什么建树"却与"龙套"发生了联系呢？这要先从"龙套"的本义说起：准确地说"龙套"乃是我国传统戏曲中的服饰，是帝王贵官的侍者之服。这种服装是对襟大袖，满绣彩花和龙纹，四周镶边，颜色不同。从外表上看可以说非常华贵，非常气派。这种服装之所以带有"龙"字就与"帝王侍者之服"以及"绣有龙纹"有关，穿这么漂亮华贵的衣服，为什么又是"一无所能者"呢？这就又与"龙套"在戏曲演出中的"行当"有关了：戏曲演出中有专长的角色分"生、旦、净、末、丑"，再划分得细一些，"生"又有"老生""小生""武生"，"旦"有"青衣""花衫""老旦"，"净"有"铜锤""花面"，"丑"有"文丑""武丑"。上述种种从他们各有专长来说并没分完，还可细分。可是这龙套在演出中其作为又如何呢？他们能干的事就是为帝王高官前面"开路"

后面"相侍"。帝王高官站在台中,这龙套围着帝王高官转一圈就可表示已远行百数十里。所以要非说他们有专长,那么他们的专长就是一个词:跑,因此"龙套"又有"跑龙套"之说。"龙套"的"龙"字前面已有所说明,至于"套"字则与"龙套"只会"跑"只会"前后拥侍"有关。"套"者,"成规,俗套"也。只是因为他们在演出中表演太单一,所以才和"套"挂上钩。话说到这儿,要声明一点:演出讲究"一棵菜"精神。演出人员只有"小演员"而没有"小角色"。前面说到"龙套要开路",他们在前面把路开错也会把一台戏演砸。之所以说他们"一无所能"乃是与其他行当比较而言。

42. 新官上任为什么叫"履新"?

"履"是单底的鞋,从而引申出"踏"和"执行"的意思。如《易经·履》:"履虎尾。"这"履虎尾"即是"踏了老虎尾巴"的意思(比喻险境)。《礼记·表记》:"子曰:'事君军旅不辟难,朝廷不辞贱,虚其位而不履其事,则乱也。'(孔子说:'侍奉君主做军事工作的要不避难,在朝廷中要不嫌地位低下,把职位空着不执行本职位应做的事,这就是违背奉君之礼')"此中的"履"即是"执行"。"新"可指与"旧""故""陈"相对的"新"。因此"履新"可指"过新年"即"踏入新的日子",也可指"踏进新的工作",即执行新任务。

43. "媒人"为什么叫"月老"也叫"冰人"?

"月老"说全了应是"月下老人",语出唐·李复言《续幽怪录》。这涉及一个故事:有一个叫韦固的人夜经宋城,遇到一个老人倚囊而坐,向着月亮查看一本书。韦固问老人查看的是什么书,老人答:"天下人的婚书。"韦固又问老人囊中的红绳是干什么用的。老人答:"是系夫妻的足的。即或夫妻两人本是仇家，本不在一个地方住，但被此绳一系，两人是必定作夫妻了，躲也躲不掉。"这个故事流入民间以后，人们就称主管男女婚姻的神为月下老人或月下老（因为老人是向月查书，所以称他为月下老人），也把这个称呼变成了媒人的代称。今天说"千里姻缘一线牵"，也是出自此故事。

44. 为何将不懂某一专业者称为"门外汉"？

说得准确一些"门外汉"应是专业人士对不懂本专业人的称呼。作为谦词"门外汉"也可用来指自己不懂某一专业。如果从词语表达它本身含义的准确性来说，笔者认为"门外汉"这一词语应该说是表达得最准确的了。何以见得呢？首先说它的出处："门外汉"是由"门外人"转化而来。"门外人"语出元·胡三省给《资治通鉴》中一句话所作的注。被注的这句话是："由是其国中宦者大盛。"胡的注是："自刘龑（yǎn）之后，专任宦者，谓百官为门外人。"也就是说"宦官大盛"之后，由刘龑开始专门任用宦者，不信任百官，认为百官是宫门以外的人。注的这句话中把百官视为"宫门以外的人"，可见此中的"宦"乃指的是"阉人、太监"。再从工作性质上看，显然也壁垒分明：当太监需要"净身"，而百官是不具备这个"专业"条件的，自然干不了"宫门内"的这个"专业"，也就难免被称为"门外人"了。后来"门外人"这称呼得到了扩展，被引用到人们所从事的专业领域方面。各个专业人士就把不懂本专业者分到本专业的"门"外去，称之为"门外汉"。如清·徐枋《居易堂集外诗文·与杨明远书》："事固有轻重难易，不可一概作门外汉语也。"此中的"门外汉语"就是"外行话"或"露怯的话"。本文开头笔者之所以说"门外汉"这个词语极为准确地反映了它所应表达的意义，就是因为"门外汉"的"门"来源于"宫门"。这"宫门之内"和"宫门之外"所分隔出的行业，实在是太贴近老百姓所描绘的"隔行如隔山"了。

45. "门下""门徒""门生"是用"门"代指老师吗?

确切地说"门"代指的不是老师而是老师家的"门堂"。用"门"代指这"门堂"之"门"语出《论语·先进》:"子曰:'从我于陈蔡者,皆不及门也。'""从"有人主张读zòng,有人主张读cóng,跟随的意思。"陈蔡"是两个国名,在今河南安徽一带。孔子曾经在陈蔡路阻绝粮。"皆不及门"是"现在都不在门下了"。全句话的意思是:孔子说:"跟着我在陈国蔡国忍饥受饿的人,现在都不在我这里了。""不在孔子这里"为什么孔子用"皆不及门"呢?据郑珍《巢经巢文集》卷二《驳朱竹垞(chá)孔子门人考》载:"古之教者家有塾,塾在门堂之左右,施教受业者居焉。所谓'皆不及门',及此门也。"说得具体一些,"皆不及门"就是不在老师家的"门堂之左右的塾中"了。这样后来人们就用"门"代指"老师的家",再发展为代指"老师"。说某人是某某人的"门下""门徒""门生",也就是说是"某某人的学生"。

46. "梦周公"与"打瞌(kē)睡"同义吗?

周公是西周初期的著名政治家。姓姬,名旦,是周武王之弟。因为他的采邑(封地)在周,称为周公。他帮助武王灭掉了商纣。武王死后,成王年幼,又为成王摄政。他制礼作乐,建立典章制度,主张用德政感人,慎重地施行刑罚,他尊重读书人,说自己"一沐三握发,一饭三吐哺,起以待士,犹恐失天下之贤人(洗一次头发要三次停下来握住头发去接待贤人;吃一顿饭要三次停下来吐出饭去接待读书人;即或是这样还恐怕让天下的贤人走失不被任用)。"正是因为这样,周公成了孔子心目中的理想人物。孔子年老体衰之后,曾说:"甚矣,吾衰也,久矣,吾不复梦见周公(我衰老得真厉害呀!很久以来我没梦见周公了)。"(《论语·述而》)这"梦周公"本是孔子哀叹其衰老之词,后来被人们用为"打瞌睡"的代称。此外平常人们说"某人有周公之风"这"周公之风"即指的是周公尊重读书人的作风。

47. "年龄"的"别称"来源各是什么？

据笔者所知，第一个来源是《旧唐书·食货志》："民始生为黄（三岁以内），四岁为小（十五岁以内），十六为中（二十以内），二十一为丁，六十为老。"

第二个来源《论语·为政》"三十而立，四十而不惑，五十而知天命，六十而耳顺，七十而从心所欲，不逾矩（30岁在人生道路上站稳脚跟，40岁对各种事情有见解而不迷惘，50岁知道上天给我安排的命运，60岁听到人说话就能分辨是非真假，70岁能按照心里想的去做，不会超越规矩）。"由于这段话是孔子说自己在各个年龄段达到的标准，所以后人就称30岁为"而立之年"，40岁为"不惑之年"，50岁为"知命之年"，60岁为"耳顺之年"。

第三个来源是根据"拆字法"指长寿的岁数："喜寿"指77岁。因为"喜"的草书近似竖写的"七十七"。"米寿"指88岁。因为"米"字是上面有八，下面有八，中间有十。"白寿"指99岁。因为"白"字添一横为100，所以是99。"百"字减一横为"白"，百减一为99。从两方面说都与"白"有关，因此称99岁为"白寿"。"茶寿"指108岁。因为"茶"是上20，中80，下8，合起来108。

第四个来源杜甫《曲江》诗第二首："朝回日日典春衣，每日江头尽醉归，酒债寻常行处有，人生七十古来稀。"这四句诗承接前首诗的"须行乐"极写自己倾囊所有，借酒浇愁的情形。作者用夸张的笔法叙说自己"天天尽醉"是因为"人生苦短"（人生七十古来稀），如今已46岁却"老大无为"。由于这"人生七十古来稀"是杜甫的名句，因而人们从这句诗中择出"古稀"二字组成"古稀之年"指70岁。

第五个来源是旧时用天干地支相互配合作为纪年，六十年为一个甲子；加之形容干支的名号错综参差把这种情况称为"花"。这样就用"花甲之年"指60岁。第六个来源《礼记·曲礼上》："百年曰期颐。"所以用"期颐之年"指100岁。之所以用"期颐"指百岁，是因为"人生以百年为极，故曰期。百岁之人生活起居须人养护，故曰颐。"此外还有"耄耋之年"，由于此称呼的说法不一，故不赘述。

48. 为何可用"妻室"指"妻子"？

用"室"缀以"妻"指"妻子"确实让人感到不解。这与词语构成中的"代指"性有关。"妻室"语出《诗经·周南·桃夭》："之子于归，宜其室家。"《十三经注疏·毛诗正义》对这句诗的注解是："之子，嫁子也；于，往也；宜以有室家无逾时者。"意思是女子在正适合出嫁的年龄出嫁有了室家。"室"是夫妇所居，"家"是一门之内。这里的室家就指的是与丈夫一起居住的家。由于"室"是夫妇所居之所，因此如"以人所居住的地方代指人"，那么对男方来说即"以室代妻"，故称"妻子"为"妻室"。同理也有以"家"代的，以"家"代则称妻为"家里的"（这种称呼出现于近现代）。此外关于"宜"这个词，《朱熹集传》注为"和顺之意"与上述《毛诗正义》的注不同。

49. "钦差""钦赐"为何都与皇上有关？

小篆　　楷体

"钦"是会意兼形声字。金文和篆文从欠（张口欣慕）从金（表示乐钟），会闻乐钟而欣慕之意。本义为"闻乐钟而欣慕，敬仰"。又引申泛指"欣慕""敬仰"。"钦佩之至"的"钦"即是。由于"钦"有"敬仰"之义,故把"钦"用来专指"皇帝的行事",成了"皇帝行事的敬称"。如"钦定"即指皇帝的著述或经皇帝指令修纂审定的著述。《钦定大清会典》即是皇上审定的。"钦差大臣"即是由皇帝临时派遣出外办理大事件的官员。

50. 古装电视剧中为什么用"青蚨"指"钱"?

用"青蚨"指钱这涉及古代流传很广的一个传说。"蚨"是形声字。《说文·虫部》:"蚨,青蚨,水虫,可还钱。"本义为青蚨,又名"蚨母",古代传说中小虫,形似蝉稍大,味美可食。生子必依草叶,大如蚕子。母子不相离。如取其子,母不管远近必飞来。虽潜取其子,母必知子所在之处。俗传以母血涂钱八十一文,又以子血涂钱八十一文,买东西,或先用母钱留下子钱,或先用子钱留下母钱,用去的钱皆能自己飞回,母子相聚,轮转无已(见干宝《搜神记》)。南方对"青蚨"还有两种叫法:一曰蚁蜗,一曰鱼伯。说它翅膀像蝴蝶那样宽大且颜色美丽。由于涂青蚨血之钱花去复能飞回,后遂以"青蚨"称"钱"。如谷子敬《吕洞宾三度城南柳》一析:"则你那樽中无绿蚁,皆因我囊里缺青蚨。"此中的"青蚨"即指"钱","绿蚁"指"酒"(用酒上飘浮的绿色泡沫代酒)。

51. "孺子牛"是指甘心让孺子骑的牛吗?

这样理解"孺子牛",大方向是对的。其中也不乏受鲁迅诗"俯首甘为孺子牛"的影响。但是如果要求准确地理解"孺子牛"这个词语,那么还要把形成"孺子牛"这一说法的来龙去脉说一说。《左传·哀公六年》:"鲍子曰:'汝忘君之为孺子牛而折其齿乎?而背之也。'"(鲍牧对陈僖子说:

'你忘了君主给荼当牛而把牙磕断的事了吗？现在你要立阳生是背叛了君主的遗言啊！）"鲍子为什么向陈僖子说这段话呢？此前有以下情节：春秋时齐景公爱庶子（妾生的儿子）荼，曾经自己衔着绳子装成牛让荼牵着走，荼摔倒了以致使景公把牙磕断。后来景公临死前遗命立荼为君。死后陈僖子要立公子阳生为君。在这种情况下鲍牧对陈僖子说了上面引的那段话，意思是说景公非常爱荼，遗命于荼为君，你如今要立阳生，是背叛了景公的遗命。从上述的故事可知"孺子牛"本指的是景公非常爱自己的儿子，为了让儿子快乐甘心当牛让儿子牵着走（不是"骑"）。后来"孺子牛"这一词语就被人拿来活用，像鲁迅先生的"横眉冷对千夫指，俯首甘为孺子牛"。就有人认为"孺子牛"既与"千夫指"相对，因此就把"甘为孺子牛"理解成"甘心做人民的牛"。这样理解对不对呢？笔者认为"仁者见仁，智者见智"。既是活用，言之成理即可。此外下面把《春秋左传正义》对上述引文所作的注抄录如下。抄录的原因是因为人们对"荼顿地故折其齿"有不同的理解。笔者上面的解释只是其中的一种理解。注为"孺子，荼也。景公尝衔绳为牛使荼牵之。荼顿地故折其齿。"读者在这个注的基础上可自由发挥。

52. "生齿"为何可指"人口"？

"生齿"语出《周礼·秋官·司民》："司民掌登万民之数，自生齿以上皆书于版（管理民事的官员要掌管人口的数目，自长出乳齿的成年人起都要登记在户籍与名册中）。"由此可知"生齿"乃是"长出乳齿"的意思。因此又用"生齿"代指"人口、家口"。如"人口一天比一天增多"就可说"生齿日繁"。

53. 回家看望妻子兄弟为什么不能称"省亲"？

"省亲"的"省"源于《礼记·曲礼上》："凡为人子之礼，冬温而夏凉，昏定而晨省（xǐng）。"对这句话，《十三经注疏·礼记正义》有注："此一节明人子事亲奉养之礼……冬温夏清是四时之法，今说一日之法。定，安也，晨，旦也，应卧，当齐整床衽（rèn），使亲体安定之后退，至明旦，既隔夜，早来视亲之安否何如，先昏后晨，兼示经宿之礼（这一节是说明作为儿女侍奉父母的礼节。冬天要使父母温暖，夏天要使父母清凉，这是一年四季侍奉父母的礼法。如今说一日的礼法。定就是安定，晨就是早晨。到父母睡觉时应使床铺卧席齐整，使父母睡得安稳。退出之后到明天早晨已经隔了一夜了，要来看一看父母一夜睡得如何，是否安定。这样先说明夜晚如何做后说明早晨怎样做，表示的是由晚到早晨的侍奉之礼）。""省亲"的"省"就是引文中"昏定而晨省"的"省"。由于"昏定而晨省"是"人子之礼"，受这出处语境义的影响，虽然解释"省"时可解释为"探望"，但"省亲"则专指探望父母或尊亲。探望妻子兄弟不可称"省亲"。如《金史·章宗纪三》："甲子，定诸职官省亲拜墓给假例。"此中的"省亲"就专指诸职官回归故里探望父母或其他尊亲。妻子兄弟不在尊亲之列。

54. 为什么"不忘故土"可用"首丘"指代？

从"首丘"的字面义来说，确实与"不忘故土"沾不上边儿。"首丘"可代指"不忘故土"源于《礼记·檀弓上》的"礼，不忘其本。古之人有言曰：'狐死正丘首，仁也。'"这段话是在谈齐太公姜尚时涉及的。姜尚封于齐的营丘，也死于营丘。但他死后却没葬在营丘而反葬在周的镐京。因为文王武王的墓都在镐京，姜尚虽已封于齐但作为文武王的臣子他还是想死后陪在文武王的墓侧以表示"不忘其本"。上面的引文说的就是这件事，意思是：礼，就是不忘本。古人说："狐狸死时它的头要向着巢穴所在的山，因为那巢穴所在的山乃是它的巢穴的根本。这就是仁。"由此后来人们就简化"狐死正丘首"为"首丘"，用来表示"不忘故土或死后归葬故乡"。如《楚辞·九章·哀郢》："鸟飞返故乡兮，狐死必首丘。"就是用"首丘"

来表示屈原对故土郢的思念。台湾有的同胞给大陆的亲人写信常说"不胜首丘之情",即表示的是思念故乡之情。

55. "数奇"为什么指命运不好?

这是缘于古人的一种错误认识。"数奇(jī)"用现代汉语说就是"单数"。古人认为单数不如双数,双数因为起码是两个数,路子宽。单数的路子窄,遭遇不顺当。因此就用"数奇"来指命运不好或诸事不顺。如《史记·李将军传》:"大将军青亦阴受上诫,以为李广老,数奇,毋令当单于,恐不得所欲。"这说的是大将军卫青和骠骑将军霍去病带兵出击匈奴。李广多次向汉武帝要求随军去作战。汉武帝认为李广老了,不答应李广的请求。过了很久答应了,让李广当前将军。但出兵以后,卫青没有按前将军的作战任务派遣李广,而是由自己带兵去攻打。那么为什么卫青这样做呢?原因就是上面引的那段话:汉武帝认为李广年老"数奇",明面儿上虽答应李广为前将军,但暗中却告诫卫青不要派李广去与匈奴的主力单于作战,怕因李广"数奇"而作战不力。古人的这种错误认识一直流传到今天。如今天人们举行婚礼很多人是挑双数日子,甚至年月日都是双数才好。

李广画像

56. 为什么称"私下的积蓄"为"私房钱"?

一提"私房钱",人们都知道指的是"私下里积蓄的钱",但如问"私房"是什么意思,则多理解为"在攒钱人的房中"。其实这样理解是不准确的。"私房"在以前是有特定含义的。它专指"兄弟同居一院时,兄弟们各自的住室"。这"私房钱"一词也是因"称兄弟各自的住室为私房"而来。此典出自唐·李延寿《北史·崔梃传》:"孝伟等奉孝芬尽恭顺之礼,坐食进退,孝芬不命则不敢也,鸡鸣而起,且温颜色,一钱尺帛,不入私房(崔孝伟等人对兄长崔孝芬十分恭顺。孝伟等人的一举一动都听兄长的指示。兄长没有指示,弟弟们不敢自行其是。不但如此,自早晨鸡鸣起床起,弟弟们对兄长始终是以和悦的脸色对待。至于使用的钱财和器物,经手的弟弟一分钱一尺布也不会拿到自己的住房中去)。""私房钱"就是从此文中的"一钱尺帛,不入私房"反其意引申而来。此外,此文中的"且温颜色"典出《论语·为政》"子夏问孝,子曰:'色难'。""子夏问什么是孝。孔子说:'伺候父母时经常有和悦的脸色最难。'"孝伟等对孝芬"且温颜色"也说明作为弟弟是把兄长当成父母那样对待的。

57. 为什么用"台甫"问人姓名是对人表示尊敬?

用"台甫"问人姓名之所以是对人表示尊敬,首先是体现在对"台甫"这个词的运用上。"台"是会意字。在甲骨文中"台"是"巳(胎儿形)"的倒形,即头朝下的胎儿形,表示怀胎。所以"台"的本义是"怀胎"。如"怀着鬼胎"的"胎"以前就写为"台",后来才改用"胎"。作"胎"用时读tāi。怀胎叫有喜,因此"台"又引申指"喜悦"。此义后来作"怡"。"台"由"有喜"又引申作"古代官署名"并比称"三公"(国君手下负责军政事务的最高长官。周代称太师、太傅、太保;西汉称大司徒、大司马、大司空;东汉至魏晋称太尉、司徒、司空)。如"御史台"即是官署名。"台"由"官署名"又引申出两个新义。(1)对某些高级官员的尊称。如"抚台""藩台""道台"的"台"即是。(2)作敬辞用于称对方或与对方有关的行为。如向人求教时常爱说的一句话:"我等幸接台颜,敢求大教(我们荣幸地见到您,想向您求教)。"此中的"台"即是。"台甫"的

"台"亦是。那么"甫"是何意呢?"甫"是象形字。甲骨文象田中长有菜苗形,是圃的本字。本义为苗圃,即种菜的地方。用本义读pǔ。由"苗圃中有幼苗"又引申指"开始"。如《后汉书·傅燮传》:"臣之所忧,甫益深耳(我的忧虑,开始加深)。"此中的"甫"即是。此义则改读fǔ。可能因读音与"父"相近。"甫"被借用于古代男子的名或字后,指"男子的美称"。如"仲尼甫"的"甫"即是。"仲尼"是孔子的"字"。"台甫"的"甫"亦是。不过有一点要加以说明:向人说"请问台甫怎样称呼?"这并不是问对方的"姓名"而是问对方的"姓和表字"。古人有一个礼节,就是20岁以上的人只有皇上和长辈才能直呼其名。同辈或晚辈是不能呼名只能呼"表字"的。这"问人表字"也是"对人尊敬的一种表现"。当然你用"台甫"问人,人家也可能"答以姓名",那是另外一个问题。关于"台甫怎样称呼"还有一说是:"台甫"一词由"三台"演变而来。"三台"是星名,即上台、中台、下台共六星。古代以星象征人事,称三公为三台。"在人曰三公,在天曰三台"。(见《晋书·天文志》上)由于用"三台"比"三公","三公"又是大人物,这样"台"就演变为对人的尊称;"甫"又是对男子的美称,这样"台甫"就相当于今天的"您"了。对人说"台甫怎么称呼?"即是问"您怎么称呼?""称呼"即是"名字"了。

58. 为什么把父亲的教导称为"庭训"?

许多自传谈到少年时期父亲对自己的教导甚严时都用"庭训甚严"来表述。这是因为自传作者用了"孔子教导他儿子伯鱼"的典故。这个典故出自《论语·季氏》:"陈亢问于伯鱼曰:'子亦有异闻乎?'对曰:'未也。'尝独立,鲤趋而过庭。曰:'学诗乎?'对曰:'未也。''不学诗无以言。'鲤退而学诗……"说的是:陈亢问伯鱼在孔子那里听到过特别的教导没有。伯鱼回答:"没有。"接着伯鱼说:"父亲有一次在厅堂中站着,我(鲤)快步地走过厅堂。父亲就问我学诗了没有?我说:'没有。'

父亲说：'不学诗就不善于讲话。'听父亲教导之后我就回去学诗。"接着伯鱼又讲了父亲另一次教他学礼的事。陈亢听伯鱼说完以后特别高兴，说："我问一件事却有三个收获：听说了学诗的意义，听说了学礼的意义（不学礼不能在社会上立身），又听说了君子（指孔子）不偏爱自己的儿子，教给儿子的与教给学生的一样。"由于孔子教儿子"学诗""学礼"都是在"庭"中进行的，因此后来就用"庭训"代指"父亲的教导。"如《抱朴子·自叙》："年十有三而慈父见背，夙失庭训。"就说的是自己（晋代葛洪）十三岁丧父，早年就失去了父亲的教导。

59. 儿童唱的歌为何叫"童谣"？

"童谣"语出《史记·商君列传》："五羖（gǔ）大夫死，秦国男女流涕，童子不歌谣，舂者不相杵，此五羖大夫之德也（五羖大夫百里奚死，秦国男女痛哭流涕，孩子们不唱歌谣，舂米工人不唱'相杵'的劳动歌，这就是五羖大夫的德风）。""童谣"就是从"童子不歌谣"中提炼而来。为什么提炼出"童谣"而不提炼出"童歌"呢？这与古代时"歌"与"谣"的含义不同有关。在古代"按一定的乐曲或节拍咏唱为歌"，"配乐能唱的诗为歌"，而"谣"则是"徒歌"，也就是民间流行的没有音乐伴奏，可以随口唱出的韵语。如《诗经·魏风·园有桃》："心之忧矣，我歌且谣（心中忧愁啊！我唱歌又说民谣）。""我歌且谣"之所以这样今译，就是因为"歌"与"谣"有上述区别。从"童子不歌谣"中提炼出"童谣"就是因为民间儿童唱的都是没有音乐伴奏随口唱出的歌（徒歌）。这"童子""随口唱出的歌"在古代有什么功用呢？从引文中可知：可供儿童抒发欢乐情绪用。另外童子随口唱出的并不是"无病呻吟"。他们随口唱出的乃是对时政的所感所思。正是因为如此，"童谣"就成为"访察民情的一条渠道"。如《南史·梁武帝纪》："诏分遣内侍，周省四方，观政听谣，访贤举滞。"此中的"听谣"即是。引文中还有"舂者不相杵"需略加说明：古人舂米时为消除疲劳，劳动者会曼声（延长了声调）而呼，与杵声相应是为"相杵"。此处"不相杵"是因为民众为五羖大夫之死默哀而不出声曼呼。

60. 何谓"脱屣"？

"脱屣"就是"脱鞋"，因为脱鞋很容易办到，故常用"脱屣"指轻视或比喻把事情看得很容易。如梁启超《意大利建国三杰传·结论》："加里波第之脱屣爵禄。"此中的"脱屣"即指十九世纪意大利民族解放斗争英雄加里波第轻视爵禄。再如《史记·封禅书》："于是天子曰：'嗟乎！吾诚得如黄帝，吾视去妻子如脱躧（同'脱屣'）耳！'"（于是汉武帝说：'咳！要是我真能像黄帝那样成仙飞升而去，离开妻子儿女在我看来像脱掉鞋子那样啊！'）"这句话指汉武帝愿为升仙放弃人间的一切。此中的"脱屣"即比喻把事情看得很容易。

61. "亡命徒"是"不要命的人"吗？

把"亡命徒"解释为"不要命的人"，如果是属于老百姓的平素理解，那还勉强可以；但如郑重其事地解释此词，这样解释则不妥了。准确地说，"亡命徒"的"命"并不是"性命"之"命"而是"命名"之"命"；"亡"也不是"不要"而是"逃亡"。"亡命徒"乃是"更名换姓逃亡在外的人"。如《周书·郭彦传》："亡命之徒，咸从赋税（更名换姓逃亡在外的人也要缴纳赋税）。"此中的"亡命之徒"即是。后来由于更名换姓逃亡在外的人无所顾忌，违法作恶者甚多，因此这"亡命徒"有时就成了"不要命的人""爱拼命的人"的代名词。此外，如单说"亡命"，此词语还有"指铤而走险不顾性命的人"的说法。如荀悦《汉纪·景帝纪》："吴之所诱者，无赖子弟、亡命、铸钱奸人，故相诱以反。"此中的"亡命"即是。

62.为什么称"变旧法,行新政"为"维新"?

从"维新"的字面义中确实看不到"变旧法,行新政"的意思。但是中国历史上有好几次"变法"都用"维新"称呼,这是为什么呢?下面先从"维新"的出处说起。"维新"语出《诗经·大雅·文王》:"文王在上,于昭于天,周虽旧邦,其命维新(文王起初为西伯时领导人民有功。他的仁德被上天发现,上天就任命他为王,让他领导天下人民。周朝虽然是在旧邦殷的基础上建立起来,但是到了文王时,由于他是接受了天命的君王,所以使周朝变成了新国)。"(译文均据《毛诗正义》)。此中的"维新"即是我们要探讨的"维新"。"维新"就是"新"的意思,乃是赞美之词;其中的"维"是句中语气词,无义。了解了上面引的诗之后,我们就会想到历史上有的"变法"之所以用"维新"称之,就是要表明所进行的"变法"与"文王建立周朝"一样是"上天所命",是要实行"上合天理,下合民情"的新政。这个"新政"就像文王所实行的"新政"一样,是过去从来没有过的。因此从遣词造句的角度说,用"维新"来称"变旧法,行新政"乃是用了《诗经·大雅·文王》的典。

63. 人身上刺的花纹可称之为"刺字""文身"吗?

不可以。"刺字"在我国是有它的特定含义的。所谓"刺字",在古代乃是一种刑法。汉代以前称墨刑,汉代称黥(qíng)刑。魏晋时沿用。唐朝律法中没有这种刑法。到五代以后又有了"刺配之法",即对被发配的犯人在脸上(鬓下颊上)或胳臂上(在腕上肘下)刺上所犯的罪行和发配的地点。"文身"也有特定含义。它是古代吴越一带的风俗。《左传·哀公七年》有"断发文身,裸以为饰"的话,说的是吴越一带的人剪短头发在身上画上花纹裸露出来作为装饰。据说这样装饰可以躲避水中蛟龙之害。由于"文身"是画上花纹而且有躲避水害的目的,所以和今天有些人身上所刺的花纹也不相同。我国还有一种在面部和胳臂上刺字的,那就是"面涅"。《宋史·狄青传》载:狄青出身行伍,经过十多年奋斗成了地位尊贵的人物。这时候他脸上还留着用墨刺的字。宋仁宗曾经命他擦药除去脸上的墨字,狄青指着自己的脸说:我所以有今天,"由此涅尔,臣愿留以功军中,不敢奉诏(就是因为有这脸上刺的字约束我啊。我愿意留着它来激励将士们不懈地努力,所以我不敢奉皇上之命)。""此涅"即"这个面涅"。为什么狄青说自己有成就是因为这个"面涅"之故呢?原因是:古代在进行某项重大军事行动之前,有在士兵脸上刺字涂墨(面涅)以表示决心的做法。狄青认为这面涅激励鼓舞了他,所以他才有后来的成就。另外《新唐书·刘仁恭传》还有"男子十五以上为兵,涅其面'定霸都',士人则涅于臂曰'一心事王'"的话,也就是在士兵脸上刺"定霸都",在读书人胳臂上刺"一心为王"诸字,用以进行激励。由于上面列的三种情况都与今天某些人身上所刺的花纹不同,所以不能以"刺字"或"文身"称之。

64. 给飞机"洗尘"与给人"洗尘"相同吗?

在电视上见大陆由北京直飞台北的首班包机抵松山机场后有喷水车为飞机"洗尘"甚为壮观。那么迎接客人的到来给客人"洗尘"是不是也真有"用水洗"的情况呢?笔者浅陋,就笔者所知,给客人"洗尘"不是"真用水洗"而是以宴请的方式表示"洗尘",即"设宴洗尘"。所以如说"为××洗尘"实际上就是"宴请××"。如苏轼《和钱穆父送别并求顿递酒》:"仝闻东府开宾阁,便乞西湖洗塞尘(听说丞相府已开宾阁接待,便要求在西湖为塞外来的人摆宴洗尘)。"此中的"洗塞尘"即是宴请塞外来的人。"洗尘"又称"洗泥"。如《水浒传》第二十六回:"小人们都不曾与都头洗泥接风,如今倒来反扰。"此中的"洗泥"即"洗尘"。此中的小人指何九叔,都头指武松。

65. "戏弄"源于"戏剧演出"吗?

"戏剧演出"中虽有"戏弄人"的情节,但"戏"的"戏弄"义与"戏剧演出"无关。"戏"简化前写作"戲",是会意兼形声字。金文从戈从䖒(xī)。䖒,上边是虍(hū),表示虎形面具,下边是一面鼓,整个字表示手执兵器,头戴虎形面具,在鼓声中比武角力之意。所以"戏"的本义是比武角力。如《国语·晋语九》:"少室周为赵简子之右,闻牛谈有力,请与之戏,弗胜,致右焉(少室周担任赵简子的车右,听说牛谈这个人力气很大,要求和牛谈比试一番,没有获胜,便将车右的位置让给了牛谈)。"此中的"戏"即是。这是一个赞扬少室周"知道他人贤能而让位"的故事。"戏"由"比武角力"引申泛指"比赛""赌博"。如《世说新语·任诞》:"桓宣武少家贫,戏大输,债主敦求甚切〔桓温少家贫,跟人家玩樗(chū)蒲(类似今日的掷色子)输了数百斛米,赢家追着桓温要账甚急〕。"此中的"戏"即是。由"赌博"又引申指"玩耍""玩乐"。如《孔雀东南飞》:"初七及下九,嬉戏莫相忘。"此中的"戏"即是。由"玩耍"再引申即引申出"开玩笑""嘲弄"。如《论语·阳货》:"二三子,偃之言是也,前言戏之耳(同学们,言偃的话是对的。我刚才的话是开玩笑的)。"此中的"戏"是"开玩笑"。"戏弄"的"戏"亦同此。

66. "下马威"是褒义词吗?

"下马威"语出《汉书·叙传上》:"定襄闻伯素贵,年少,自请治剧,畏其下车作威,吏民竦息(定襄人听说班伯这个人很威严,年纪也轻,是自己请求到定襄这个地方来解决定襄的棘手难题的。所以都怕他一到任就显示威风严厉处分人,使定襄的吏役百姓都很害怕)。""下马威"即从此中的"下车作威"提炼而来。从"下马威"的出处看,此语乃是中性词,无褒贬义。后来此语除仍指官吏初到任时借故严厉处分下属以显示威风外,也泛指一开头就压倒对方,让对方尝尝厉害。如《二刻拍案惊奇·许蔡院感梦擒僧》:"……走到灶下,取一根劈柴来,先把李旺打一个下马威。"此中的"下马威",即指压倒对方。

67. 为什么可称呼"心"为"心地"?

称呼"心"为"心地"这是用了佛家的说法。佛教认为"三界唯心"。"三界"即"人世间"(佛教把生死流转的人世间分为欲界、色界、无色界),"唯心"即一切诸法(万事万物)都出自内心,都是心造的,心以外不存在任何的东西。由于"三界唯心",因此心如滋生万物的大地,能随缘生"一切诸法",故称"心地"。《大乘本生心地观经》卷八:"众生之心犹如大地,五谷五果从大地生。……以是因缘,三界唯心,心名为地(一切有生命的人和物的心都如同大地。麻菽麦穄黍等谷类,桃李杏栗枣等果类都是从大地生出。以此因缘,人世间的一切都出自内心,这样心就叫地了。)"这段话说的就是"心"名为"地"的原因。由于"三界唯心"因此"自古圣贤皆以心地为本"(《朱子语类》卷十二)。唐·韩偓(wò)《玉山樵人集残春旅舍》:"旅舍残春宿雨晴,恍然心地忆咸京。"此中的"心地"即指"内心""心里"。此外"心地"还可指"心愿"。如"甘得寂寥能到老,一生心地亦应平",(唐·司空图《偶诗五首(其五)》)此中的"心地"指的是"心愿"。诗句中的意思是:能安安静静地活到终老而死,这一生的心愿也满足了。

68. "丫髻"是"丫环""丫头"专有的发型吗?

小篆　　楷体

"丫"是象形字，象草木分叉形。异体字有"枒"与"椏"，从木，牙声或亚声。如今规范化用丫。《集韵·麻韵》："丫，物之岐头者。"本义为物体上端分叉的部分。如宋·汪元量《湖州歌九十八首（其四十六）》："宫人夜泊近人家，瞥见红榴三四丫。"此中的"丫"即是。女孩头上梳两髻像丫，故又引申指丫环和女孩头上梳的像丫的双髻。如张榘《青玉案》："丫环惊笑，琼枝低压，错认梅花老。"此中的"丫环"即是。另外"丫"还引申指"丫头"，泛指女孩儿。被称为"丫头"者有的可能是丫环婢女，有的则可能是贵为小姐的女孩的昵称。如《红楼梦》四十九回："探春道：'林丫头刚起来了，二姐姐又病了，终是七上八下的。'"此中的丫头则指林黛玉。由上述可知："丫环""丫头"是因女孩的发型而得名，这是对的。但说"丫髻"是"丫环"的"专有发型"则不对了。如陆游《冬夜》："顾影为发笑，山童双髻丫。"此中的"山童"则不一定是女孩儿。再如陆游《南唐书·陈陶传》："开宝中，南昌市有一老翁丫髻被褐，与老妪卖药。"显然这位披着粗布衣卖药的老翁也梳的是"丫髻"。

69. "压轴儿"与"后出场"有什么关系？

有的人对"压轴儿"一词有误解，多误解为"压轴儿"是"轴"上卷着画儿或布，打开卷着的画儿或布以后，打到最后的部分为"压轴儿"。其实"压轴"一词源自戏曲演出，与"轴"无关。戏曲演出时最后一个节目为"大轴"，倒数第二个节目为"压轴"。为什么倒数第二个节目为"压轴"呢？这是因为戏曲演出中重视"生、旦"戏，即"老生、青衣、花旦"戏。"老生、青衣、花旦"又多是文戏。这些文戏多是唱大轴，大轴之前唱武戏。因武戏开打，火爆，容易吸引观众。大轴戏要想有吸引力，那么就必须压过武戏。清·王梦生《梨园佳话》称这"必须压过武戏"为"压胄子"。"武戏"为什么叫"胄子"呢，可能与武戏中的武将要穿甲胄有关。由于"胄"与"轴"音近，说白了就把倒数第二个演出的武戏称为"压轴"戏了。再往后发展,"压轴"就成了"倒数第二个演出"的通称而不管这第二个上演的是不是武戏。后来,"压轴儿"又从戏曲演出扩展到其他方面,也用来比喻令人注目的、最后出现的事件。

70. 为什么把"阳关道""独木桥"并提?

这与人们在生活中的感受有关。当某人与某人感到"道不同不相为谋"时,一个人对另一个人说:"你走你的阳关道,我走我的独木桥。""阳关道"有时也说成"阳关大道",指的是今甘肃敦煌玉门关东南的阳关道。玉门关是敦煌西北的关,阳关是玉门关东南的关。两个关都是通往西域的要道。出玉门关者为北道,出阳关者为南道。由于阳关是出塞的必经之地,道路相对来说又比较好走,因此人们就用"阳关道"或"阳关大道"代指光明的大道。"独木桥"指的是用一根木头架成的桥。因一根木头相对来说比较窄,因此也比较难走,故人们就用"独木桥"指艰难的行程。如《景德传灯录·大安禅师》:"如人负重担,从独木桥上过,亦不教失脚。"此中的"独木桥"即指"很不好走的地方",加上"负重担而过"就更不好走了。但佛家"不教失脚",由此可以显出佛家的济世助人。平时人对人说"你走你的阳关道,我走我的独木桥"时,说者并不一定面临着困境,只不过是用两个相差悬殊的境遇表明自己分手的决心而已。

71. "应声虫"是真虫子的名称吗?

不是。"应声虫"一词是取自"唐人传说"。在唐·张鷟(zhuó)《朝野佥(qiān)载》中谈到这样一个故事:有一个人得了一种怪病,就是他一说话肚子里就有虫子应声。因此这个病人去请教道士。道士告诉他:这种虫子叫"应声虫"。既然你说话虫子就应声,那么你就去读药名,读到哪一种药名后虫子没有应声时即去买这种药服下,可治此虫。这个人就按道士的话做了,读到"雷丸"时虫子无声了。于是这个人买了"雷丸"服下,病就痊愈了。后来"应声虫"这个名就留在了人们的语言中用以比喻己无主见随声附和的人。如明·田艺蘅《留青日札摘抄》四:"己无特见,一一随人之声而和之,譬之应声虫焉(自己没有独立的见解,所说的意见都是随人家唱和的,就和应声虫一样)。"此中的"应声虫"即是。"应声虫"来自传说,但"雷丸"确有此药,是竹根所生之菌,大小如栗,入药确可作杀虫剂。

72. 为什么"应应卯"是"敷衍了事"?

"应应卯"是口语的说法,源自"应卯"。旧时官署办公是从清晨卯时(5时到7时)开始。官署的办事人员须在这时到官署听候点名或签到。点名称"点卯";点名时答"到"称"应卯"。由于"应卯"就代表你来办公了,至于办公是否坚持全天,是否尽心尽力则另当别论。因此后来就用"应卯"代指"敷衍了事"或"照例行事"。如《红楼梦》第九回:"妙在薛蟠如今不大上学应卯了。"此中的"应卯"即指"敷衍了事"。因为薛蟠乃是不学无术的浪荡公子,根本无心读书。他上学纯粹是走形式。"应卯"还有一种形式叫"画卯",即"卯时"到官署往"卯册"(签到簿)上签到。与点名答"到"一样,只要签上"到"就算来上班办公了。如元·张之翰《西岩集·和愚公韵》:"才看曹掾(yuàn)喧画卯,不觉庭树阴转午(刚才看见官署的属吏们喧闹着签到,不知不觉间院中的树影已显示是正午了)。"此中的"画卯"也是显示出属吏们到官署只是表明"到了"但并不务正事的情景。

73. "勇气"分"大勇""小勇"吗?

分!由于人们平常谈话时多用"大勇"和"匹夫之勇",因此有的人认为没有"小勇"一词。其实早在《孟子·梁惠王下》中就有"小勇"的说法。齐宣王和孟子谈话，齐宣王自称"寡人好勇"。孟子回答："王请无好小勇。夫抚剑疾视曰：'彼恶（wù）敢当我哉！'此匹夫之勇，敌一人者也。王请大之（请王不要喜好小勇。像一个人手按着佩剑，横眉竖眼地说：'他怎敢敌挡我呢！'这是常人的勇，只能对抗一个人。请把它扩大）。"由此可见："小勇"也就是"匹夫之勇"。后人又把"匹夫之勇"发展为"拔剑而起，挺身而斗，匹夫之勇也。"那么孟子让齐宣王要有的"大勇"是什么呢？孟子首先举了《诗经》上"文王一怒而安天下之民"的"文王之勇"。这说的是：当时的密国人发动人马去侵略莒国。文王闻报后大怒，立刻整顿人马去阻止了密国人的军队，避免了密国人与莒国之间的战争，安定了天下的人民。其次又举了"武王亦一怒而安天下之民"的"武王之勇"。这说的是：商纣王在天下横行不轨，"武王耻之"，便消灭了商纣王，安定了天下的人民。对孟子举例说明的"大勇""小勇"，后人张敬夫给总结了两句话："小勇者，血气之怒也；大勇者，理义之怒也。血气之怒不可有，理义之怒不可无。"一个人能分辨出"什么是大勇？什么是小勇？"一定会对自己的修身养性有益处。

74. 为什么称"有胆量有骨气"为"有种"？

《现代汉语词典》解释"有种（zhǒng）"为"有胆量，有骨气"。从这一解释来看，显然没有把"有种"作为贬义词对待。《词典》不把"有种"作贬义词，如在古典中找根据，显然《史记·陈涉世家》中的"王侯将相宁有种乎！"的"有种"应是一种。"王侯将相宁有种乎！"是陈胜在以下情况下对屯守渔阳的同伴说的话：秦二世元年七月，陈胜为屯长（小队长）与平民九百人调往渔阳屯守。途中赶上大雨，误了到渔阳的期限。按秦朝的法律，误期者要被斩。因此陈胜与吴广等动员同行的人杀了押解他们的官长进行起义。为了坚定同行人的信心，陈胜说："公等遇雨，皆已失期。失期，当斩。藉弟令毋斩，而成死者固十六七。且壮士不死即已，死即举大名耳，王侯将相宁有种乎！"（你们遇到大雨，都误了到达渔阳的期限。误了期限，要杀头。假使侥幸能做到免于杀头，那么久成在外而要死去的人也要有十之六七。况且作为壮士不死就算了，如果死那就要为图大事而死。难道举大事作王侯将相的专有那么一族类吗！）陈胜说"王侯将相宁有种乎"的言外之意就是"举大事作王侯将相的不专有一类人，我们这些人都是能作王侯将相的"。因此"有种"在这段话中直译虽是"有族类"的意思，但因指的是"作王诸将相的族类"，所以使"有种"带上了褒义。这样也就有了《现代汉语词典》上的那种解释。

75. 为什么"书信"可用"鱼书"代指？

"书信"用"鱼书"代指是用了典故。蔡邕《饮马长城窟行》中有"客从远方来，遗（wèi）我双鲤鱼。呼儿烹鲤鱼，中有尺素书。"后来从这几句诗中概括出"鱼书"一词代指书信。

此外，《汉书·苏武传》："教使者谓单于，言天子射上林中，得雁，足有系帛书。"这段引文涉及一个故事：汉朝的苏武出使匈奴，匈奴劝苏武投降，苏武不从。匈奴不让苏武回汉，让苏武在北海牧羊。汉朝派人去匈奴要求放苏武回汉，匈奴谎称苏武已死，不放苏武。这样汉朝想了一个计策，就是上面的那段引文：让汉朝的使者对匈奴的单于说"汉天子在上林苑射到一只雁，雁足上系着苏武捎回的书信，可见苏武并没有死。"单于听了信以为真不敢再留苏武。由于《饮马长城窟行》中有"鱼书"，《汉书·苏武传》中有"雁足系书"，把这两者合起来又概括出"鱼雁"一词代指书信。

76. 为什么称道士之死为"羽化"？

这与道家的理想有关。道家的理想是学仙。得道成仙后要飞升上天。而身生羽毛是有利于飞升上天的，这样道士与羽毛就有了联系。如《楚辞》王逸注也说"或曰：人得道，身生羽毛也。"为什么人得了道就身生羽毛呢？显然是为升天做准备。还有一说认为：仙人穿羽衣，因称道士为羽人。如唐·李中《竹》："闲约羽人同赏处，安排棋局就清凉（闲暇无事约道士同来赏竹，并摆好棋盘下棋纳凉）。"此中的"羽人"即指道士。这一说也使道士与"羽"发生了联系。至于"羽化"有根据的是《晋书·许迈传》。书中说："玄自后莫测所终，好道者皆谓之羽化矣（许迈自那以后见不到他了，人们不知道他哪里去了。那些好学道的人都说他飞升成仙了）。"据《晋书》的这一说法，"羽化"原义并不是指"死"而是指学道飞升成仙了。由于"羽化"的人是"莫测所终"的人，再加上道士修行一生就是为了成仙，因此"羽化"就发展为道士去世的委婉之词。当然"羽化"在诗文中也还有其他的用法。如苏轼《前赤壁赋》："浩浩乎如冯虚御风，而不知其所止；飘飘乎如遗世独立，羽化而登仙（浩浩荡荡如同驾着风凌空飞行，不知道会飞到哪里，才停止；飘飘忽忽好像离开了人世而独立无依，就像身上长出了翅膀在仙界飞升）。""羽化"在这里被苏轼用来表现乘船飘荡的情景，显然是用了"羽化"的比喻义。

77. 为什么称僧人之死为"圆寂"？

"圆寂"是梵文Parinivana的意译，音译则为"般涅槃"，是佛教所指的"最高境界"。《贤首心经略疏》有"涅槃，此云圆寂，谓无不备称圆，障无不尽名寂"的话，说的是：信仰佛教的人经过长期修道即能"寂灭"一切烦恼和"圆满"一切"清净功德"。这种境界名为"涅槃"。后来此词语的含义有扩展，称僧人逝世也用"涅槃"或"圆寂"。如《警世通言》

第七卷:"今日事已明白,不干可常之事,皆因屈了,教我来取,却又圆寂了。"《喻世明言》第二十九卷:"道罢,老道人自去殿上烧香扫地,不知玉通禅师已在禅椅上圆寂了。"这两段引文中的"圆寂"均指僧人逝世。梵文"涅槃"有两种写法,除上面已写出的之外,还有Nirvana,可音译为"涅槃"。在上面的文字中之所以没引用这种写法,是因为《辞海》(上海辞书出版社)上说这种写法的"涅槃"意译为"灭度",没提"圆寂",故没写。

78. 为什么妻称自己的配偶为"丈夫"?

这个问题与周朝时的尺度有关。那时的一丈约合今天的5尺5寸,正好相当于一个成年男了的平均高度,这是关于"丈夫"中的"丈"。另外再说"夫"。"夫"的本义是"成年男子"。在甲骨文金文中的"夫"是"大"字上面加一个"短横"。像一个正面立着的人形,"大"上面的"短横"正指人的头部。当时的成年男子都将头发梳成发髻(jì),上头用簪子别住,再扎上头巾,戴上冠。"大"上面的这一"短横"就像簪子形,所以"夫"的本义就是发髻上插着簪子的成年男子。"夫"再在前面搭配上"丈"就是"一丈多高的成年男子"。妻嫁的都是这样身高的成年男子。因此妻就称自己的配偶为"丈夫"了。此外与丈夫有关的还有以下几个问题:(1)"丈夫"也指男孩。这可能是由"丈夫"的"成年男子"义引申而出的。如《国语·越语上》"生丈夫,二壶酒,一犬(生了男孩,赏两壶酒,一条狗)。"这句话是勾践为了繁殖人口向百姓下令的内容。此中的"丈夫"即是。(2)"丈夫"也指成年人。古代有"男子二十而冠,冠而列丈夫"的说法。(3)"丈"是个会意字,从篆文看是一只手拿着一个棍棒形,表示拿持。所以"丈"的本义是拿持。用作名词指手中拿的棍棒。用作量词指10尺。如"半匹红绡一丈绫,系向牛头充炭直",此中的"丈"即是。由于"丈夫"指成年人,所以"丈"又可做

"丈夫"的"省称",也指成年人。加上个"老"字,"老丈"又可指老年人。如京剧《奇冤报》中刘世昌要请张别古为他到包拯处申冤,就称张别古为"老丈"。(4)与"老丈"相同,"丈人"也是对年长男人的尊称。如《论衡·气寿》中就有"名男子为丈夫,尊公妪为丈人"的说法。这样又可以让我们想到今天有许多地区称岳父为"丈人"可能就是由"丈人"的"公妪"义引申而来。(5)"大丈夫"在"丈夫"前面加了可引申"道德高尚,学识渊博,技艺精湛"义的"大"字,就又产生了新义,指"有作为有志气的男子"。如《汉书·李广传》:"昏后,陵便衣独步出营,止左右:'毋随我,大丈夫一取单于耳'。"此中的"大丈夫"即是。

79. 为什么旧时用"执牛耳"称领头人?

　　这样提问的人对"执牛耳"这一词语未能准确理解。为什么这样说,这还要从"执牛耳"的出处说起。"执牛耳"在《左传》中多次出现。如《左传·哀公十七年》:"武伯问于高柴曰:'诸侯盟,谁执牛耳?'(武伯问高柴:'诸侯结盟的时候谁主持结盟?')"这说的是古代诸侯结盟时要割牛耳取血盛在盘子里,主盟的人端着盘子让参与盟会的分别喝牛耳血作为发誓,用以表示诚意信守。这执牛耳的人就指主盟的人(《春秋左传正义》注"执牛耳"为"尸盟者"。尸盟者即主盟人或主盟国)。后来执牛耳就用来指主持某一活动或某一事业居于领导地位的人,不指一般的领头人。如明·黄宗羲《姜山启彭山诗稿序》:"太仓之执牛耳,海内无不受其牢笼。"这里的"太仓"指的是明朝的张溥。他是太仓人,他曾经集中郡中的文士组织文社,名复社,自称继承东林(明万历间,吏部郎中顾宪成倡议重修东林学院,高攀龙等讲学其中,评议朝政。天启时宦官魏忠贤专权,东林诸人与之相抗被看成是党人),敢于评议时政。说"太仓之执牛耳"就指的是张溥在复社的活动中居于领导地位,全国的文士无不受他笼络。

80. "中华"可简称"华"吗？

读《左传·襄公十四年》："我诸戎饮食衣服，不与华同，贽币不通，言语不达，何恶之能为？（我们戎族的饮食和衣着都不与华夏相同，我们又互不往来，言语也不通，我们能干什么坏事呢？）"这引文中的"华"代表的是"华夏"。由此可见最早"华"乃是"华夏"的简称而不是"中华"的简称。后来因为"华夏"族多建都于黄河南北，在四夷之中央，所以后世就称这一地区为"中华"了。如《魏书》："下迄魏、晋、赵、秦、二燕，虽地据中华，德祚微浅（直到魏、晋时代，而后赵、符秦及前后燕等政权虽然占有中华地区，但这些国家的德望都很浅）。"此中的"中华"即是。称"华"为"中华"后，再称"华"（如"华人"）时，这个"华"则是"中华"之"华"了。

81. 对人说吉祥话为什么叫"祝词"？

"祝词"是古代传下来的语词。古代进行祭祀时与两种人有关：一是尸（以前"尸"与"屍首"的"屍"是两个字，现在把"屍"简化为"尸"了），他是代表鬼神接受祭享的人。另一是祝，他是传告鬼神言词的人。古人认为鬼神的言词灵验，故对人说好话时称为"祝词"，以取其"祝词"有效之意。如《金史·礼志四》："夫祭有祝词，本告神明（祭祀时要说祝词，用来向神仙祷告）。"此中的"祝词"即是。

82. 为什么用"拙笔"作谦词？

有人以为"拙笔"之所以成为谦词，是因为笔是不分巧拙的，只有人的才能分巧拙。既然笔不分巧拙而却称"拙笔",因此它显然是谦词。这种理解是误会了。实际上如果从"拙笔"的出处说,"拙笔"确实与笔有关。不过指的则是"退让之笔"。下面用一段史实来加以说明:"孝武欲擅书名,僧虔不敢显迹。大明世,常用拙笔书,以此见容。"这里说的王僧虔是南朝临沂人,擅长书法,特别是隶书写得好。与他同时的一个皇帝(孝武帝名刘骏)想自己独霸"书法写得好"的名声,而且嫉妒其他书法好的人,因此王僧虔为了不被孝武帝嫉妒,写字时常用破败的毛笔("拙笔")写,用破毛笔写出的字自然会有伤水准。这样王僧虔在孝武帝面前才得以容身。由此可知王僧虔使的这笔之所以称"拙笔",就是因为"这笔不好使用",同时也可知这"拙笔"实际上乃是"退让之笔"。后来由"退让之笔"发展为谦词,不仅可指自己的书法作品水平不高,也可指自己的其他作品水平不高。王僧虔还有一次退让,是"齐高帝,姓萧氏,讳道成……尝与王僧虔赌书,书毕,曰:'谁为第一?'对曰:'臣书臣中第一,陛下书帝中第一。'"。从这段史实中亦可见王僧虔写字没用"拙笔",但在言语中还是"谦让"了一下:没说"自己写的是第一",而是回避了与萧道成的比赛,把萧推上了皇帝中的第一位,把自己列入了臣子中的第一位。既让萧道成无话可说又使自己未失体面。上面的史实见于《南齐书·王僧虔传》和张怀瓘的《书断》。

83. 为什么用"子弟"称"后辈人"?

"子弟"语出《左传·襄公八年》:"民死亡者,非其父兄,即其子弟,夫人愁痛(百姓中死亡的人不是蔡国这个国家中当父亲当哥哥的,就是当儿子当弟弟的,使这个国家人人愁痛)"。从上述可知"子弟"原是相对于"父兄"说的。这"子弟"与"父兄"都是蔡国被讨伐时出来作战有战斗力的人。后来在《荀子·非十二子》中谈到"什么人能兼服天下之心"时有这样一段话:"高上尊贵不以骄人,聪明圣智不以穷人,齐给速通不争先人，刚毅勇敢不以伤人；不知则问，不能则学，虽能必让，然后为德。遇君则修臣下之义，遇乡则修长幼之义，遇长则修子弟之义，遇友则修礼节辞让之义，遇贱而少者则修告导宽容之义（自己虽高尚尊贵但对人不傲慢，自己虽聪明圣智但不轻视人，自己敏捷迅速但不争先于人，自己刚毅勇敢但不伤人；对自己不知道的东西要向别人请教，自己不会的要向别人学习，自己会做的要先让一让别人，别人不做了自己再做。对待君主要按照君臣的礼法做，对待乡里人要按照长幼有序的礼法做，对待长辈要按照后辈尊敬长辈的礼法做，对待朋友要有礼貌而且谦让，对待地位低的人和年少的人要讲求诱导和宽容）。"从这段话中的"遇乡""遇长"两句话亦可知："长幼之义"是从年龄上来分别人，而"子弟"则是从辈分上来分别人。其中的"子"对父辈来说是后辈晚辈，"弟"对同辈来说是后辈晚辈。这样"子弟"一词就具有了"后辈"统称的意义。今天人们常说的"军人子弟""富家子弟"等，其中的"子弟"仍是"后辈人"的意思。

84. 今天还称"百姓"为"子民"合适吗？

看一个地方电视台的节目，是请某律师回答"赔偿法"的有关问题。回答完问题之后，主持人小结。这位主持人说的是带有浓重乡音的普通话，在一处该用"百姓"这个词的地方他用了"子民"。我不知方言中是不是还有的地方称"百姓"为"子民"。我只是觉得在向全国以至全世界广播的电视中用"子民"称"百姓"今天已不合适。所以想说一说"子民"的"涵义"。在《礼记·表记》中有"君天下，生无私，死不厚其子，子民如父母，有憯（cǎn）怛（dá）之爱，有忠利之教"的话，意思是：虞舜作为天下的君主，他活着时大公无私，死后既不把君主的位子传给儿子，也不把丰厚的财物留给儿子。他像父母爱儿子那样爱人民。他天性至仁，因此怜爱人民又教育人民要仁爱，办事要尽心尽力。从这段话中可知"子民"乃是"以民为子"的简称。这个简称在封建时代用来代指"百姓"，但在人民当家做主的今天仍用此词称"百姓"我觉得欠妥。此外从电视上看纪念李少春大师京剧演唱会，主持人和主办演唱会的地方首长对话时说："你是××市的父母官。"我觉得这"父母官"一词今天亦不宜再用。

85. 运动员在场外待用可称"作壁上观"吗？

"壁上观"语出《史记·项羽本纪》"楚兵冠诸侯，诸侯军救巨鹿下者十余壁，莫敢纵兵，及楚击秦，诸将皆从壁上观。"这段话的意思是：楚兵在诸侯的军队中最勇悍，诸侯救巨鹿的军队有十几个营垒，哪个诸侯也不敢出兵，等到楚军攻击秦军时，诸侯的将军都站在营垒的围墙上观光。后来就用"壁上观"表明坐观双方的成败，不帮助任何一方。也就是"作壁上观"的人不是交战双方中哪一方的人而是第三方的人。基于此，我们就感到电视直播比赛，体育记者称：王治郅没上场为"大郅无奈壁上观"似有不妥。首先因为他不是第三方的人而是交战双方中"小牛队"一方的人。他的立场与"作壁上观"的人的立场不相符合。其次"作壁上观"的人没有"无奈"的心情，他们是纯客观地坐山观虎斗。当然直播的人说"大郅无奈"是称他"英雄无用武之地"。而从这一点来说也与"作壁上观"者的心情不符。

第二章

这些词语有讲究

86. "安详"既可形容老人又可形容小儿吗？

是，两者均可用。不过用来形容老人与形容小儿时"安详"的词义有所不同：用来形容老人时，"安"是"从容"的意思，"详"是"稳重"的意思。如汉·蔡邕《荐边文礼书》："口辩辞长，而节之以礼度。安详审固（能言善辩，词汇丰富，但辩论时有节制合乎礼法。从容稳重审慎周到）。"此语中的"安详"即是形容老人的。如用来形容小儿，"安"则是"安静"的意思，"详"则是"细心"的意思。如宋·朱熹《小学集注·嘉言》："教小儿先要安详恭敬。"此语中的"安详"即是"安静细心"。朱熹说的这"安详恭敬"后人陈选还有注释："安谓安定而不轻躁，详谓详审而不疏率，恭则恭谦而见乎外，敬则敬畏而存乎中。此四者，教童幼之所当先也。"此外"安详"在用来形容老人时有人写成"安祥"。

87. "翱翔"是"直飞"吗？

翱 翔
小篆　楷体

不是，小有区别。"翱"是形声兼会意字。篆文从羽皋声，皋也兼表高之意。本义为"鸟展开翅膀一上一下扇动高飞的样子"。用例为："凤凰翱兮于紫庭，余何德兮以感灵（成王在洛邑建立政权，一群凤凰飞至庭院，使成王非常感动，于是操琴而歌：凤凰飞翔啊来到紫庭，我有何德能啊感应了你们）。""翼一上一下曰翱。"两语中的"翱"均是。"翱翔"的"翱"即用的是此义。"翔"是形声字。篆文从羽羊声，本义为"鸟展翅回旋而飞"。用例为："曾子倚山而吟，山鸟下翔；师旷鼓琴，百兽率舞（曾子倚山长吟，吸引了山鸟，引得山鸟回旋而飞到达曾子近旁；师旷鼓琴，感动了百兽，使百兽欢快起舞）。"此中的"翔"即是。"翱翔"的"翔"

亦用的是此义。"翱翔"(1)指"展开翅膀在空中回旋地飞。"用例为："今春,五色鸟以万数飞过属县,翱翔而舞,欲集未下。"此中的"翱翔"指"回旋地飞",是"翱翔"的最典型的用法。(2)因为"回旋地飞"有"自由自在"的意味。因此"翱翔"又指"逍遥自得"。如"于是楚王乃弭节徘徊,翱翔容与(于是楚王就在中途停留不进,逍遥自得舒闲畅怀)",此中的"翱翔"即是。(3)又引申指"倾仰,起伏"。如"风兴云蒸(风起云升),一龙一蛇,与道翱翔,与时变化。"此中的"翱翔"即是。

88. 为何"鳌头"可比喻取得第一名?

"鳌"是形声字。本义为"传说中海里的大鳖或大龟"。用例为："鳌,海中大龟也,力负蓬、瀛、壶三山。"此中的"鳌"即是。"鳌头"的"鳌"即用的是此义。"头"是形声兼会意字。篆文从页豆声,豆也兼表像豆器一样之意。隶变后楷书写作頭。如今简化作头。本义为"脑袋"。用例为："举头望明月,低头思故乡。"此中的"头"即是。"鳌头"的"头"亦用的是此义。"鳌头"即"巨鳌的头"。唐宋时代,皇帝殿前的台阶上刻有一只大鳌,翰林学士、承旨官员等朝见皇帝时,要立在台阶的正中,所以称入翰林院的人为"上鳌头"。后也称在科举考试中状元及第者为"独占鳌头"。如"独占鳌头第一名"的"鳌头"即是。

89. 如何理解"奥妙"?

小篆　　楷体

"奥"是会意字。古文从宀(房屋)从双手捧禾,会祭拜屋西南隅神灵之意。篆文禾讹为釆。本义为"祭拜屋西南角的神灵"。引申既指

"屋西南隅",又指"屋西南隅的神灵"。又引申泛指"室内深处"。用例为:"季夏(夏季的第三个月)之月,凉风始至,蟋蟀居奥。"此中的"奥"即是。进而引申指"幽深神秘或机要的地方"。如"武都仙镇,灵虚奥域"的"奥"即是。由"幽深神秘"又引申指"含义精深,难懂"。用例为:"仆未究(我没有追究)其奥也,愿先生卒(深入)教之。"此中的"奥"即是。"奥妙"的"奥"即用的是此义。"妙"是形声兼会意字。篆文从弦少声。本义指"少女"。引申泛指"年幼、幼小"。用例为:"年虽童妙,未脱桎梏(年龄虽然幼小,也未能免戴刑具)。"此中的"妙"即是。引申指"精美,美好"。如"东都妙姬,南国丽人"的"妙"即是。又引申指"神奇,奇巧"。用例为:"陈而后战,兵法之常;运用之妙,存乎一心(先摆好阵势然后开战,这是兵家作战的常理;把兵法运用得十分巧妙,全在于细心思考体会)。"此中的"妙"即是。"奥妙"的"妙"亦用的是此义。"奥妙"即"深奥有许多不易为人所知之处"。用例为:"化妆袭击的运用奥妙无穷……有时化妆日军袭击伪军,有时化妆伪军袭击日军,有时化妆这一部分日伪军袭击那一部分日伪军,使敌人经常真假莫辨,经常中计。"此中的"奥妙"即是。

90. 可用"拔萃"形容身高吗?

拔 拔
小篆　　楷体

不可。"拔"是形声字。篆文从手发声。本义为"拽,连根拉出"。用例为:"力拔山兮气盖世。时不利兮骓不逝(力量可以拔起大山,豪气世上无人可比。时势不利于我们啊!乌骓你不能再往前奔驰)",此中的"拔"即是。引申指"挑选(人才)"。用例为:"此(这些人)皆良实,志虑忠纯,是以先帝简拔以遗陛下(因此先帝选拔他们推荐给陛下）。"此中的"拔"即是。又引申指"高出，超出"。如"拔地而起"的"拔"即是。"拔萃"的"拔"亦用的是此义。"萃"是形声字。篆文从艸卒声，本义为"草木丛生的样子"。引申泛指"聚集"。如"苍鸟群飞，孰使萃之？"此中的"萃"即是。又引申指"聚在一起的人或事物"。如"擢自群萃，累蒙荣进（选自众多之人，选出后多次得到晋升）"，此中的"萃"即是。"拔萃"的"萃"即用的是此义。"拔萃"即"才德高于一般，超群出众"。如"琓（人名）出类拔萃，处群僚之右（处在众同僚之上）""诚知足下出群拔萃"，两语中的"拔萃"均是。由于"拔"有"挑选人才"的含义，"萃"又指"聚在一起的人"，故"拔萃"多指"才德高出一般"。"身长"不属于"才德"范围，即或很高，也不宜用"拔萃"形容。"拔萃"还指唐朝的一种选官制度。选官有一定的年限，期限未满，试判三条，合格授官的叫"拔萃"。

91. "把持"为何有"专断独揽"之意？

把　把

小篆　楷体

"把"是会意兼形声字。篆文从手从巴（蛇），会像蛇缠绕一样握持之意，巴也兼表声。本义为"握持"。如"手把文书口称敕（手里拿着公文说这是上方的命令），回车叱牛牵向北"，此中的"把"即是。引申指"控制"。如"后世谁将把齐国？"此中的"把"即是。"把持"的"把"具有上述两种意义。"持"是会意兼形声字。金文作寺，表示操持。篆文另加义符手，以突出操持之意，成了从手从寺会意。本义为"拿着，握着"。如："庄子持竿不顾（不回头），曰：'吾闻楚有神龟，死已三千年矣。'"此中的"持"即是。引申指"掌握"。如"持国柄（掌握国家大权），贵重矣"此中的"持"即是。"把持"的"持"具有上述两种意义。"把持"

（1）指"拿住"。如"诸有锋刃之器，所以能断斩割削者，手能把持之也，力能推引之也。"此中的"把持"即是。（2）指"专断独揽，不让别人参与"。如"迫挟诸侯，把持王政。"此中的"把持"即是。"把持"之所以有"专权独揽"义，与"把""持"都有"握持""控制"义有关。

92. 可以把"摆布"理解为贬义词吗？

不可。"摆"是形声字。楷书繁体写作攞，从手罷声，如今简化作摆。现在又用作襬（从衣罷声）的简化字。"摆"本义为"拨开""排除"。如"望卿摆拨常务，应对玄言（望你摆拨日常工作，应对老庄玄妙之理）。"此中的"摆"指"拨开"。"何当摆俗累，浩荡乘沧溟（何妨摆脱开俗务，浩浩荡荡地去遨游大海）。"此中的"摆"指"排除"。引申指"陈列，放置"。如"卖取青钱沽酒得（卖东西赚钱之后拿去打酒回来），乱摊荷叶摆鲜鱼。"此中的"摆"即为"放置"。"摆布"的"摆"即用的是此义。"布"是形声字。金文从巾父声。篆文整齐化，声符父变得不明显了。本义为"麻、葛织物"，古代没有如今的木棉布。如"许子必织布，然后衣乎？（许子不懂人与人之间要有合理的分工。他强调人必须吃自己种的粮食。所以问他：你必定穿自己织的布做的衣服吗？）"此中的"布"即是。上古有一种农具叫镈，模仿这种农具所铸造的铜币叫作"布"。铜币可以流通，布也可以展开，故布用作动词又引申指"铺开"。如"兵（军队）四布于天下，威行于冠带之国（威严加于中原地区文明之国）。"此中的"布"即是。又引申指"安排，设置"。"已布下天罗地网，谅他插翅也难以飞过。"此中的"布"即是。"摆布"的"布"即用的是"铺开""安排"之意。所以"摆布"（1）指"安排，布置"。如"其摆布得来，直恁么细密。"此中的"摆布"指"安排"。"如何埋伏的计划定下来以后，连夜摆布军士。"此中的"摆布"指"布置"。从这两个用例来看，不能说"摆布"含贬义。（2）指"处置"。如"若不早除了他，如虎生翼，我子孙难保不受其害，孩儿可有摆布他的计策吗？"此中的"摆布"即是"处置"。

93. "败北""败类"均是贬义词吗？

不是。"败"是会意字。甲骨文左边是鼎或贝形。右边是手持棍形，用敲击鼎或贝会毁坏之意。本义为"毁坏"。如"若罪人则不可以救，救罪人，法之所以败也（法制会由此遭到败坏），法败则国乱。"此中的"败"即是。由"毁坏"又引申指"事情不能成功"。如"夫功者难成而易败，时者难得而易失。"此中的"败"即是。又引申指"战争或竞赛失利、输掉"。"故善战者，立于不败之地，而不失敌之败也（所以善战者总是立于不败之地，而不失掉让敌人失败的可乘之机）。"此中的"败"即是。"败北"的"败"即用的是此义。"败"又引申指"恶"。如"蜀人以姜黄（药材）治气胀及产后败血攻心，甚验（十分灵验）。"此中的"败"即是。"败类"的"败"既用"毁坏"义，又用"恶坏"义。"北"是会意字。甲骨文从二人相背，会背离之意。本义为"脊背"，用作动词引申指"背离"。如"食人炊骨，士无反北之心，是孙膑、吴起之兵也（吃人肉熬人骨，即或是这样，兵士也没有反叛之心，这就是孙膑、吴起的军队）。"此中的"北"即是。上述意义读bèi。"北"又读běi，有另一义项。追击敌人必从背后，故此义又指"军队败走"。如"勇则战，怯则北"的"北"即是。"败北"的"北"即用的是此义。"败北"即"打败仗背向敌人逃跑"。如"曹沫为鲁将，与齐战，三败北。"此中的"败北"指"战败"。"秉翰执简（握着毛笔拿着文章），败北而归。"此中的"败北"指"竞赛失利"。"类"是会意兼形声字。篆文从犬从頪，本义为"种类，同类"。如"有教无类（不分类别不分贵贱贤愚，对各种人都进行教育）"的"类"即是。"败类"的"类"亦用的是此义。"败类"即（1）指"摧残同类"。如"大风有隧，贪人败类。听言则对，诵言则醉（大风吹得真迅速，那些贪人和败类。恭维他呀就答对，批评他呀就装酒醉）。"此中的"败类"即是。（2）指"品行恶劣的人"。如"剪除败类毓良淑（剪除败类培养良才）。"此中的"败类"即是。

94. "班师"为何有"返回"义？

班　班　班

金文　小篆　楷体

"班"是会意字。金文从二玉，中从刀，会分瑞玉之意。瑞玉为古代信物，中分为二，各执一半。本义为"分剖瑞玉"。引申指"分开"。如"男女以班，赂晋侯以宗器、乐器（把男男女女分开排列捆绑着，把宗庙里的祭器、乐器送给晋平公）。"此中的"班"即是"分开"。由"分开"又引申指"回军，还师"。如"遂班军而还。"此中的"班"即是。"班师"的"班"亦用的是此义。"师"是会意字。甲骨文借追（去掉辶）或借匝为师。金文把这二者结合为师，会军队驻扎之意。本义为"军队驻扎"。引申泛指"军队"。如"尝以十倍之地，百万之师，叩关而攻秦。"此中的"师"即是。"班师"的"师"亦用的是此义。"班师"即"还师"，调回出征的军队或出征的军队胜利而还。如"大雨，伊、洛、河、汉水溢。诏真等班师。"此中的"班师"即是。关于"班师"的"班"，还有一种见解：认为"班"通"般"。如《周易·屯》："乘马般如（四匹并列的马徘徊不进）。"此中的"般"即指"徘徊不进"。"班"的"返回"义，是由"徘徊不进"引申而来。如《左传·哀公二十四年》："役将班（返回）矣。"此中的"班"即是。

95. "斑斓"何来"灿烂多彩"义？

辡 斑

小篆　楷体

"斑"是会意兼形声字。篆文本作辬，从文从辡（两相交），会色彩斑驳之意，辡也兼表声。俗改作斑，从文从玨会意，成了花花点点的驳纹了。本义为"杂色花纹，花点"。如"当日娥皇女英洒泪竹上成斑，故今斑竹又名湘妃竹。"此中的"斑"即是。又"形容灿烂多彩的样子"。如"日暮烟霞斑"的"斑"即是。"斑斓"的"斑"亦用的是此义。"斓"是形声字。楷书繁体写作斕，从文闌声，如今简化写作斓。本义为"颜色灿烂多彩"。如"毛羽编斓白紵裁，马前擎出不惊猜（白鹰的羽毛灿烂光华如白紵剪裁，在马前把它擎出，它一丝儿也不惊恐）。"此中的"斓"即是。"斑斓"的"斓"亦用的是此义。"斑斓"即"灿烂多彩"。如"玉梁之侧，有斑斓自然云霞龙凤之状。"此中的"斑斓"即是。

96. "帮派"的"帮"何以又有"辅助"义？

幫 帮

小篆　楷体

"帮"是形声字。从此字的形与声上可以看出其本义乃是鞋帮。鞋底以外的部分，有时只指鞋的两侧面。如蒋捷《柳梢青·游女》："柳雨花风，翠松裙摺，红腻鞋帮。"此中的"帮"即是由于"鞋帮"对鞋起辅助作用，又有时指"给予人支援或替人出力"。如"帮助""帮手""帮忙"的"帮"都是。"同伙都是相帮的"故有时又指"群""伙""集团"而且多带贬义。如"拉帮结派""马帮"（此语是中性的）"帮派"的"帮"即是。

97. "悲歌"是"悲壮的歌"吗?

悲 悲
小篆　楷体

不是。"悲"是形声兼会意字。篆文从心非声。本义为"哀痛,哀伤"。如"既自以心为形役,奚惆怅而独悲。"此中的"悲"即是。"悲歌"的"悲"即用的是此义。"歌"是会意兼形声字。篆文从欠(张口出气)从哥会意,哥也兼表声。本义为"按一定的乐曲或节拍咏唱"。如"心之忧矣,我歌且谣(心中忧伤啊,我既用音乐伴奏唱,又不用音乐伴奏唱)。"此中的"歌"即是。后泛指"歌曲""歌唱"。如"梁鸿东出关,过京师,作五噫之歌。"此中的"歌"即指"歌曲"。"引吭高歌(放开嗓子,高声歌唱)""载歌载舞(边唱歌边跳舞)"的"歌"则指"唱"。"悲歌"的"歌"有的用"歌曲"义,有的用"歌唱"义。所以"悲歌"(1)指"悲哀的歌"。如"行觞奏悲歌,永夜系白日(饮酒奏悲歌,日夜不停)。"此中的"悲歌"即是。(2)指"悲壮地唱"而不是"悲壮的歌"。如"燕赵古称多慷慨悲歌之士""几年一会面,慷慨复悲歌。"两例中的"悲歌"均是。

98. "悲观"可以解释为"悲哀地看"吗?

不可以。这样解释是望文生义了,与此词的本义相距甚远。准确地说"悲观"乃是一个专名词,是佛教语。在《法华经句解》中专有"悲观"的注:"以大悲心观众生苦,拔其患难,名曰悲观。"此中的"大悲心"乃"大慈悲之心"而不是"大悲哀之心"。佛欲使众生都得到解脱,悲心广大,故称"大悲","患难"即苦难。因此"悲观"的含义是用大慈悲的心看众生的痛苦,要解除众生的苦难。如果给人解释"悲观"的含义(特别是给学生解释），应按照上述各点进行解释。至于今天人们把"悲观"按"消极失望"的含义用，那是用了"悲观"演变以后的意义。这演变以后的意义不能作为解释词语的凭借。还是应该先探源其原义，然后再说今天用的发展义。这样接受讲解的人就把"源"与"流"都知道了。

99. "奔波"是在水中走吗？

金文　小篆　楷体

"奔"是会意字。金文上边儿是前倾甩手快跑的人形，下边是三止（脚），用脚印连连会快跑之意。异体作犇，从三牛会意。《说文·夭部》："奔，走也。"本义为疾走、快跑。如《左传·宣公十二年》："遂疾进军，车驰卒奔（于是急速进军，车驰卒跑）。"此中的"奔"即是。"波"是会意兼形声字。古文篆文皆从水从皮，会水涌流形成起伏的表皮之意。《说文·水部》："波，水涌流也。"本义为掀起波浪。如曹操《观沧海》："秋风萧瑟，洪波涌起。"此中的"波"即是。由于波浪起伏很像人急走逃散之状，故又引申指"急走"。如岑参《闻（wén）乡送上官秀才归关西别业》："风尘奈汝何，终日独波波（风吹尘起能把你怎么样，你还是终日奔走不止）。"此中的"波"即是。奔波劳碌的"波"亦是，因此"奔波"就是"奔走"，不是在水中走。

100. "奔放"都能形容什么？

"奔"上题已有解释，本义为"疾走，快跑"。如"夫子步亦步，夫子驰亦驰，夫子奔逸绝尘，而回瞠若乎后矣（老师慢走我也慢走，老师快走我也快走，但是老师一溜烟地飞奔，那我只好眼巴巴地远远地落在后面了）。"此中的"奔"即是。引申泛指"疾速"。如"君不见黄河之水天上来，奔流到海不复回。"此中的"奔"即是。"奔放"的"奔"亦用的是此义。"放"是会意兼形声字。金文从攴（手持刑杖），从方（远方），会驱逐、流放到远方之意，方也兼表声。如"屈原既放，三年不得复见。"此中的"放"即为"流放"。又引申指"不拘束，纵情去做"。如"白日放歌须纵酒，青春作伴好还乡（白天我要开怀痛饮放声纵情歌唱。明媚的春光和我做伴，我好启程回乡）。"此中的"放"即是。"奔放"的"放"即用的是此义。所以"奔放"（1）指"疾驰，快跑"。如"绝足奔放（用尽脚力快跑）"的"奔放"即是。（2）形容文章、河流等的气势雄伟，不受拘束。如"或奔放以谐和（协调）。"此中的"奔放"形容文章。"江出西陵（地名），始得平地，其流奔放肆大，南合沅湘（流到南边与沅水湘水汇合），北合汉沔，其势益张（水势越来越大）。"此中的"奔放"形容河流。

101. "崩溃"有几种意义？

"崩"是会意兼形声字。本义为"山迸裂倒塌"。如"从善如登，从恶如崩（从善如登山那么难，从恶如山迸裂倒塌那么快）。"此中的"崩"即是。引申泛指"败坏"。如"礼之崩也，何方以救之乎？（礼制被败坏了，用什么方法加以挽救呢？）"此中的"崩"即是。"崩溃"的"崩"亦用的是此义。"溃"是会意兼形声字。篆文从水从贵（贝遗漏）会意，贵也兼表声。本义为"漏"。引申指"大水冲破堤岸"。如"千里之堤，以蝼蚁之穴溃（千里长的大堤，可以因蝼蚁所钻的小孔而漏塌）。"此中的"溃"即是。引申指"漫溢"。如"时（当时）河道大坏，自萧县以下黄水四溃，不复归海。"此中的"溃"即是。又引申指"冲破"。如"孙坚移屯梁东（孙坚移兵到梁东），大为卓（人名）军所攻，坚与数十骑溃围而出。"此中的"溃"即是。进而引申指"瓦解"。如"是以（所以）虽有盗贼之变，而民不至于惊溃。"此中的"溃"即是。"崩溃"的"溃"亦用的是此义。"崩溃"（1）指"倒塌，坍下来"。如"灾水之初，余杭高堤崩溃。""倾流（倾盆之水流）势摧毁，泥土久崩溃。"两例中的"崩溃"均是。（2）指"溃散，瓦解"。如"呼声震天，贼崩溃。""台兵北行，处处皆望风奔溃（看见台兵的一点儿影子就吓得崩溃了）。"两例中的"崩溃"即是。（3）指"破裂，碎裂"。如"奉闻（恭敬地听到）惊号，肝胆崩溃。"此中的"崩溃"即是。

102. "逼真"是什么意思？

逼　逼

小篆　　楷体

"逼"是会意兼形声字。篆文从辵从畐会意，畐也兼表声。本义为"迫近，接近"。如"秦兵逼淝水而陈，晋兵不得渡（秦国军队逼近淝水并摆开阵势，晋国的军队不能渡河）。"此中的"逼"即是。"逼真"的"逼"即用的是此义。"真"是会意兼形声字。甲骨文从鼎从人，会人持匕就鼎取食美味之意，人也兼表声。金文鼎稍讹近贝，从倒人，成了人取食鲜贝了。篆文进而讹为一个朝下的头，就看不出原意了。本义为"美食美味"。由美食的原质原味引申指"本原"。如"不识庐山真面目，只缘身在此山中""返璞归真"的"真"即是。由本原又引申指"符合客观事实的（与'伪''假'相对）"。如"大丈夫定诸侯，即为真王耳，何以假为？（大丈夫把诸侯都平定了，那就应该成为真王，为什么当假的看待？）"此中的"真"即是。又引申指"人或事物的原样"。如"故独写真传世人，见之座右久更新（所以把真样子画出来传给世人，放在座右看它永久是新鲜的）。"此中的"真"即是。"逼真"的"真"即用的是此义。"逼真"即"极为相似，像真的一样"。如"山石似马，望之逼真。"此中的"逼真"即是。

103. "毕竟"有"了结"的意思吗?

畢 毕

小篆　楷体

有。"毕"是象形兼会意字。甲骨文象田猎时使用的一种长柄网形,或另加田以突出田猎之意。隶变后写作畢,如今简化写作毕。本义为"田猎"。如"鸳鸯于飞,毕之罗之(用田猎捕它,用网网它)。"此中的"毕"即是。由捕捉住引申指"完结,终了"。如"毕其功于一役"的"毕"即是。"毕竟"的"毕"即用的是此义。"竟"是会意字。甲骨文下从人,上象口中吹乐器形,会演奏乐器终止之意。本义为"乐曲终止"。引申泛指"终了,完毕"。如"神龟虽寿,犹有竟时(神龟虽然寿命长,但还是有寿命终了之时)。"此中的"竟"即是。又用作副词,引申指"终究,终于"。如"有志者事竟成也。"此中的"竟"即是。"毕竟"的"竟"既用"终了"义,又用"终究"义。因此"毕竟"(1)指"终究"。如"莺花啼又笑,毕竟是谁春。""这部书虽然有缺页,毕竟是珍本。"两例中的"毕竟"均是。(2)指"了结"。如"此有似于贫人负官重责,贫无以偿,则身为官作,责乃毕竟(这很像是贫穷之人欠下官家很多的债,无力偿还,就卖身给官家做事,这样债务就了结了)。"此中的"毕竟"即是。

104. 为何"碧落"是天空?

碧 碧

小篆　楷体

"碧"是会意兼形声字。篆文从石,从珀(琥珀),会像琥珀的玉石之意，珀也兼表声。本义为"青绿色的玉石，石之青美者"。如"两情顾盼合，珠碧赠于斯（两个人在较短的时间内就两情相悦了，用珍珠碧玉相赠）。"此中的"碧"即是。引申泛指"青绿色或淡蓝色"。如"春草碧色，春水绿波"与"碧草"两例中的"碧"即指"青绿色"。"江碧鸟逾白，山青花欲燃（漫江碧波荡漾，白翎的水鸟掠过江面显得更加洁白，满山青翠欲滴，遍布的朵朵鲜花红艳无比，简直就像燃烧着一团旺火）"与"碧空"两例中的"碧"即为"淡蓝色"。"碧落"的"碧"即用的是"淡蓝色"。"落"是形声字。篆文从艸洛声。本义为"树叶枯萎凋零，从树枝上掉下来"。草本植物枯萎脱落，叫作零。后来泛指"植物的叶、花凋零掉下"。如"夫坚树在始，始不固本，终必槁落（强壮的树都是在刚一种时就把根埋得很实，如果开始种时不重视把根埋得很实，那么此树最后必定枯槁死去）。"此中的"落"即是。引申指"死亡"。如"二十有八载，帝乃殂落，百姓如丧考妣（二十八年，皇帝就死了，百姓像死了父母一样悲伤）。"此中的"落"即是。由落叶又引申指"停留"。如"山静风落，天高气凉"的"落"即是。由停留又引申指"所在的范围"。如"烧尽北船，延及岸上营落（大火延长到岸上兵营所在的范围）。"此中的"落"即是。"碧落"的"落"亦用的是此义。"碧落"即"淡蓝色所在的范围"，引申指"天空"。如"上穷碧落下黄泉，两处茫茫皆不见。""青山有雪松当涧，碧落无云鹤出笼。"两例中的"碧落"均是。

105. 为什么"壁立"可形容贫穷？

壁　壁

小篆　　楷体

"壁"是形声字。篆文从土辟声。本义为"墙壁"，即用土坯、砖石垒砌或用竹木做成的遮挡物。如"徘徊四顾，见虫伏壁上。"此中的"壁"

即是。又引申指"像墙壁直立的山崖。"如"士大夫终不肯以小舟夜泊绝（陡峭无路可上）壁之下。"此中的"壁"即是。"壁立"的"壁"既用"墙壁"义，又用"直立山崖"义。"立"是指事字。甲骨文从大（正面人形），从一（表示地），用以指明一人站立在地上不动之意。既表示站立又表示站立的地方。本义为"站立不动"。如"一人冕，执刘，立于东堂（一个人戴着礼帽，拿着斧钺这种武器，站立在东大厅）。"此中的"立"即指"站立"。引申泛指"竖起"。如"是犹立枉木而求其景之直也（这如同竖起一根弯木头而要求这个木头的影子是直的）。"此中的"立"即是。"壁立"的"立"亦用的是此义。"壁立"（1）指"家中只有四壁空立"，形容非常贫穷。如"及老，遂壁立无资（等到年老，终于家中四壁空立，没有积蓄）。"此中的"壁立"即是。（2）形容陡峭的山崖像墙壁一样耸立。如"层岩壁立，直上干霄（冲青云直上）。"此中的"壁立"即是。

106. 有"璧合"还有"璧谢"吗？

璧　璧　璧

金文　小篆　楷体

有，不过与"璧合"不是一个意思。"璧"是形声字。金文从玉辟声。本义为"古代的一种玉器"，圆形扁平，中间有孔，边宽（称为"肉"）为内孔（称为"好"）的两倍，用作祭祀、朝聘或丧葬时的礼器，也用作装饰品。如"以苍璧礼天（以苍璧祭祀天），以黄琮（古代玉质礼器名，方柱型，中有圆孔）礼地。"此中的"璧"即是。引申泛指"美玉"。"晋人以垂棘之璧，与屈产之乘，假道于虞以伐虢（晋国人用垂棘山产的璧玉和屈地产的良马向虞国借路去讨伐虢国）。""臣闻明月之珠，夜光之璧，以暗投人于道路，人无不按剑相眄者（臣听说把明月之珠，夜光之璧暗地里投给走在道路上之人，这投给路人的虽是好东西，但因为是暗地里投的，所以被投给的人没有不按着宝剑瞅投宝人的）。"两例中的"璧"均有此义。"璧合"的"璧"亦用的是此义。"璧"又用作"辞谢礼品或归还借物的雅词"。如"家母寿日，承赐厚礼，概不敢当，明日即当璧还。"此中的"璧"即是。"璧谢"的"璧"亦用的是此义。"合"是会意字。甲骨文从亼从口，会器盖与器口相扣合之意。本义为"扣合，对拢"。如"岩（山崖）下云方合，花上露犹泫（花上的露珠还很晶莹明亮）。"此中的"合"即是。又引申指"聚在一起，结成一体"。如"桓公九合诸侯，不以兵车（不用战争的方式），管仲之力也。"此中的"合"即是。"璧合"的"合"亦用的是此义。"璧合"指"像美玉结合在一起"，比喻美好的事物聚集在一起。如"珠联璧合（珍珠连成串，美玉合成双）"的"璧合"即是。"璧谢"是归还或拒绝接受人家给的东西向人表示感谢的敬辞。如"对您送给的东西，老爷一概璧谢不收。"此中的"璧谢"即是。

107. "鞭策"的对象有限制吗？

查了几部工具书，书上都没有注明当用此词语的"督促"义时其"督促"的对象应有什么限制。为了不乱用此词语，遇到这种情况应从下列两方面下手：一是已知"鞭策"是用来赶马的东西，所以绝不能把它用于长辈和同辈中比自己年长的人。二是尽量查此词的用例，从用例中看此词的施用对象。如《荀子·性恶》："骅骝、骐、骥、纤离、绿耳，此皆古之良马也；然而必前有衔辔之制，后有鞭策之威，加之以造父之驭，然后一日而致千里也。"这段话的意思是：骅骝、骐、骥、纤离、绿耳五种马都是古代的良马，让这一类的良马驾车，必须在它的头上有衔辔制约着它，后面又要有鞭策威逼着它，再加上造父这样的驾车好手驾驭着它，送样车才能一日行千里。从这段话中我们可以看出"鞭策"有"威逼"之意。从这个用例中可以看出前面我们分析的"不能把它用于长辈和同辈中比我们年长的人"是对的。其次如归有光《示庙中诸生》："愿更加鞭策，以成远大（希望诸生能更加督促自己，以便使自己成就远大）。"可见此词又可用于晚辈，亦可见是让晚辈自己督促自己。再如陆游《自勉》："旦暮勤鞭策，尘埃痛洗涮（早晚对自己勤加督促，把缺点尽力洗刷）。"此用例也是督促自己。综上所述，可知在写作中把"鞭策"的使用对象限制在自己和晚辈的范围内是没有错的。

108．"彪炳"有虎皮的含义吗？

金文　小篆　楷体

有。"彪"是会意字。金文从虍从彡（表示花纹），会虎身上的花纹之意。本义为"虎身上的花纹"。引申指"文采鲜明，照耀"。如"清美以惠其才，彪蔚以文其响（格调清新有利于发挥其才智，文采鲜明有益于传播其影响）。"此中的"彪"指"文采鲜明"。"珠帘彪焕（珍珠串成的帘子照耀鲜明）。"此中的"彪"指"照耀"。"彪炳"的"彪"既用其本义，又用其引申义。"炳"是会意兼形声字。篆文从火从丙（鳌子）会意，丙也兼表声。本义为"明亮，显著"。如"使是非炳然可知，则百异消灭而众祥并至（假如能把是与非搞得清清楚楚，那样百种疑问就都消除，各种好的事情就会出现）。"此中的"炳"即是。引申指"照耀"。如"烈炳千秋"的"炳"即是。"彪炳"的"炳"既用其本义，又用其引申义。所以"彪炳"（1）指"斑纹灿烂的虎皮"。如"彪炳为我席，膻腥充我庖（虎皮做我的坐垫，鱼肉充当我的菜肴）。"此中的"彪炳"即是。（2）指"文采焕发的样子"。如"宪章潘岳，文体相辉，彪炳可玩（晋弘农太守郭璞的诗与才子潘岳的诗非常相似，两人诗的风格辉映，文采焕发非常值得欣赏研究）。"此中的"彪炳"即是。（3）指"照耀"。"彪炳千古"的"彪炳"即是。

109. "缤纷"有"杂乱"的意思吗?

繽 缤

小篆　　楷体

有。"缤"是形声字。楷书从系宾声,本义为"繁盛,众多"。如"百神翳其备降兮,九疑缤其并迎(众神遮天蔽日一起降临啊,九嶷山诸神纷纷相迎)。"此中的"缤"即是。用作缤纷又表示"繁盛的样子"。如"忽逢桃花林,夹岸数百步,中无杂树,芳草鲜美,落英缤纷。"此中的"缤"即是。又表示"纷乱"。如"时缤纷其变易兮,又何可以淹留(时局动荡不安瞬息万变啊,又何必在此停留)。"此中的"缤"即是。"缤纷"的"缤"即用以上所有意义。"纷"是形声兼会意字。篆文从系,分声,分也兼表分散之意。本义为"兜住马尾防其散乱的兜子"。此义今已不用。引申指"众多,杂乱"。如"霰雪纷其无垠兮,云霏霏而承宇(雪花飘落一望无际啊,浓云密布好像压着屋脊)。"此中的"纷"即是。又引申指"繁盛的样子"。如"纷吾既有此内美兮,又重之以修能(我既有这样美好的道德修养,又注重能力的培养)。"此中的"纷"即是。"缤纷"的"纷"即用以上所谈到的所有意义。因此"缤纷"(1)指"繁盛的样子"。如"佩缤纷其繁饰兮,芳菲菲其弥章(佩戴上纷纷多彩的服饰啊,扑鼻的芳香更加显著)""五彩缤纷"两语中的"缤纷"即是。(2)指"杂乱的样子"。如"私湛忧而深怀兮,思缤纷而不理(私下里忧愁极甚又深深地思念啊,思绪杂乱得理不出个头绪)。"此中的"缤纷"即是。

110. "冰雪"寒冷，为何还是褒义词？

金文　　小篆　　楷体

"冰雪"之所以是褒义词，是因为用的不是其寒冷义而是用的"洁白""纯洁"义。"冰"是会意兼形声字。金文从冫从水会意，冫也兼表声。本义为"水凝结成固体"。如"立冬之日，水始冰，地始冻。"此中的"冰"即是。引申也指"凝结成的脂膏"。如"肌肤若冰雪，绰约若处子（柔美若处女）。"此中的"冰"即是。又用作冫（冰bīng），专指"水在0℃或0℃以下凝成的固体"。引申指"纯洁，洁白"。如"洛阳亲友如相问，一片冰心在玉壶。"此中的"冰"即是。"冰雪"的"冰"即用的是以上所谈到的意义。"雪"是会意字。甲骨文上从雨，下从羽（象鹅毛大雪形），会天下大雪之意。篆文把雪片变成彗（手持帚），成了手可扫之雨了。本义为"空气中降落的白色晶体"。"瑞雪兆丰年""雪中送炭"的"雪"即是。引申指"像雪的颜色或白色的东西"。如"梅花雪白柳叶黄，云雾四起月苍苍。"此中的"雪"指"雪的颜色"。"君不见高堂明镜悲白发，朝如青丝暮成雪。"此中的"雪"指"白色的东西"。又引申比喻"高洁"。如"一别高人又十年，霜筋雪骨健依然。"此中的"雪"即是。"冰雪"的"雪"即用以上所谈到的意义。所以"冰雪"（1）比喻"晶莹洁白"。如"扫除白发黄精在（精力充沛），君看他时冰雪容。"此中的"冰雪"即是。（2）比喻"纯洁"。如"奈何冰雪操，尚与蒿莱群（为什么他这有冰雪节操的人，还和一般的凡夫俗子混在一起）。"此中的"冰雪"即是。（3）比喻"词意清新"。如"一卷冰雪文，避俗常自携。"此中的"冰雪"即是。引文中的"黄精在"之所以今译为"精力充沛"，是因为：黄精可食，既能充饥，又有健身之用。杜甫在诗中是用了黄精的引申义。

111. "波及"有几种含义？

波

小篆　楷体

"波"是会意兼形声字。古文从水，从皮，会水涌流形成起伏的表皮之意，皮也兼表声。本义为"掀起波浪"。如"袅袅兮秋风，洞庭波兮木叶下（万物不住地摇动啊秋风吹拂，洞庭湖波涌啊落叶纷飞）。"此中的"波"即是。引申指"动摇"。如"河渭为之波荡，吴岳为之陁堵（黄河渭河为之动荡，吴岳山为之塌陷崩堵）。"此中的"波"即是。又引申指"影响"。如"子女玉帛，则君有之，羽毛齿革，则君地生焉，其波及晋国者，君之余也，其何以报君？（子、女、玉、帛，那是君王有的，鸟羽、皮毛、象牙、犀革，那是君王土地上所生长的，至于与晋国有关晋国可能有的东西，已经是君王的剩余之物了。我能用什么来报答您呢？）"此中的"波"即是。用作名词也指"江河湖海等起伏的水面"。如"一波未平，一波又起"的"波"即是。"波及"的"波"即用以上所谈到的意义。"及"是会意字。甲骨文象手从后面抓住人之状。本义为"赶上抓住，追上"。如"见善如不及，见不善如探汤（见到从善的事，如同追不上抓不住那样急着想去做；见到不善的事如同要把手放入开水中那样躲避）。"此中的"及"即是。又引申指"连累，关涉"。如"城门失火，殃及池鱼（城门失火，灾祸连累到护城河中的鱼遭殃）。"此中的"及"即是。又引申指"推广到，涉及"。如"老吾老以及人之老，幼吾幼以及人之幼"的"及"即是。"波及"的"及"即用以上所谈到的意义。因此"波及"（1）指"扩散到"。如"其余灾波及晋魏"的"波及"即是。（2）指"影响到"。如"登文章之策，波及后代（把此事载入簿籍之中，留了记录会影响到后代子孙）。"此中的"波及"即是。（3）指"牵涉到"。如"君今日之祸，波及妻子（牵涉到妻子儿女受累）。"此中的"波及"即是。

112. "不才"有几种含义？

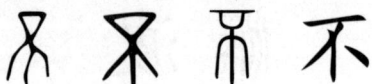

甲骨文　　金文　　小篆　　楷体

"不"字的甲骨文形似花骨朵还未开，遂借用作动词，同"无"，表示"没有"。如"不德而有功，忧必及君（没有德行而有大功的臣子，他必然给君王带来忧愁。言外之意：他有谋朝篡位的危险）。"此中的"不"即是。"不才"的"不"即用的是此义。"才"是象形字。甲骨文象草木初生，穿一（地）而上形，表示植物破土而出。本义为"初生的草木"。引申指木料和木料的质性。如"五才之用，无或可废。"此中的"才"即是。又引申指"人、物的质性、资质。"如"今有不才之子，父母怒之弗为改，乡人谯之弗为动，师长教之弗为变（如今有一个没有资质的孩子，父母怒斥他他也不改，同乡人责备他他也不动心，老师教育他他也没变化）。"此中的"才"即指"资质"。又引申指"能力，智力"。如"日夜思竭其不肖之才力，务一心营职（日夜都在考虑全部献出自己的不足道的才干和能力，专心供职）。"此中的"才"即指"才能"。"不才"的"才"亦用的是此义。因此"不才"（1）指"没有才能"。如"此子也才，吾受子之赐；不才，吾唯子之怨（这个孩子成才，我就是受了您的赐予；如果没有才能，我就要怨您）。"此中的"不才"即是。（2）指"不成材"。如"昔帝鸿氏有不才子，掩义隐贼，好行凶德，丑类恶物（以前帝鸿氏有一个不成材的儿子，掩蔽道义，包庇奸贼，喜欢做那些违背仁德的恶行，把坏东西引为同类）。"此中的"不才"即是。（3）指"谦称之词"。如"至以上下相孚，才德称位语不才，则不才有深感焉（至于你用上下级之间要互相信任，自己的才德要和官位相称这样的话告诉我，使我有深刻的感受）。"此中的"不才"即是。

113. "不测"可以理解为"不可知"吗?

可以。"不"字的甲骨文形似花骨朵还未开,遂借用作动词"无"。又用在动词形容词等的前面表示"否定"。如"述而不作,信而好古(阐述而不写作,相信且又喜爱古代文化)"的"不"即是。"不测"的"不"即用的是此义。"测"是形声字。本义为"量度水的深浅"。如"据亿丈之城,临不测之渊以为固(依仗亿丈高的华山,对着深不可测的黄河,把这些作为屏障)。"此中的"测"即是。又引申指"推度"。如"夫大国,难测也,惧有伏焉(惧怕它有埋伏)。"此中的"测"即是。"不测"的"测"即用上述两种意义。因此"不测"(1)指"难以预计,不可知"。如"荆轲怒,叱太子曰:'何太子之遣!往而不反者,竖子也!且提一匕首入不测之强秦,仆所以留者,待吾客与俱。今太子迟之,请辞决矣!'(荆轲大怒,斥责太子说:'为什么太子这样的打发人!冒失地前去,却不能达成任务回来报命的人,才是无用的小子啊!况且只拿着一把短剑,进入祸福难测的强秦;我之所以逗留不走的原因,是要等待我的友人来了一起去。如今既然太子嫌慢,那么就此辞别动身启程算了!')"此中的"不测"即是"难以预计"。"临不测之罪,以幸为利者,义之所不敢出也(面临着不测的罪行,帮助赵国攻打燕国来侥幸获得利益的事,按照道义的标准我是不敢去的)。"此中的"不测"即"不可知"。(2)指"意外的事故"。如"帝自出关,畏不测,常默坐流涕(哭泣)。"此中的"不测"即是怕出现谋朝篡位的事故。

114. 有愿在先,最后未能如愿完成,为何称"不果"或"未果"?

甲骨文　　金文　　小篆　　楷体

"果"是植物的果实,似乎和"如愿完成"没什么关系。但"不果""未果"的"果"就是"果实"的"果",只不过"不果""未果"用的是比喻。用的是什么比喻呢?用的乃是"植物华而不实"之意:有愿在先,期望值很高,有如植物之"花开茂盛";结果花开一阵之后,徒有一阵繁华却没有结出果实,很像"最后不能如愿完成"。所以人们就用"不果""未果"来表示"终不能如愿完成"。《孟子·梁惠王下》中有一个故事:鲁平公将要去拜访孟子,这是孟子所期待的。结果鲁平公身边的一个小臣说孟子厚葬母而薄葬父是不懂礼义因而阻驾。乐正子知道这个情况之后就去告诉孟子:"克告于君,君为来见也;嬖人有臧仓者沮君,君是以不果来也(我曾把您的道德学问告诉国君,国君都想来看您了;可恨小臣臧仓阻驾,所以国君没有来成)。"这段话中的"君是以不果来也"就是"不果"的最早用法。

115. "布局"是由下棋引申而来吗?

金文　小篆　楷体　　小篆　楷体

不是。"布"是形声字。金文从巾父声。篆文整齐化,声符父变得不明显了。本义为"麻,葛织物"。如"杂布与锦,不知异也(各种布和锦放在一起,不知道有何不同)。"此中的"布"即是。用作动词指"铺开""展开"。如"日光下澈,影布石上。"此中的"布"即是。由"铺开"又引申指"安排""设置"。如"布下天罗地网,看你能从哪里脱逃!"此中的"布"即是。"布局"的"布"即用的是此义。

"局"是会意字。篆文从尺(表示人腿)从口(表范围),会人腿受限制而委屈之意,本义为"委曲""弯曲"。如"床不须局脚,直脚自足。"此中的"局"即是。又特指"棋盘"。如"略观围棋兮,法于用兵,三尺之局兮,为战斗场。"此中的"局"即是。由用"棋盘"下棋又引申指"双方对阵的形势"。如"对局""和局""决胜局",此中的"局"即是。"布局""搅局"的"局"均用的是此义。

"布局"(一)指下棋,即"围棋、象棋竞赛中一局棋开始阶段布置棋子"。如"棋赛刚一开始,甲方的布局就好像内藏玄机。"此中的"布局"即是。(二)指对事物的结构、格局进行全面的安排。如"写文章要认真选材,慎重布局。"用作名词时指"分布的格局"。如"工业布局不尽合理,必须于近期内进行调整。"

116. "步骤"的"步"与"骤"同义吗?

甲骨文　金文　小篆　楷体　　小篆　楷体

因为"步骤"有"脚步""步伐"的意思,因而在讲解"步骤"这个词时有的人就说"步"与"骤"是同义词,均是"步"的意思。其实这是一个不小的误解。可遍查"骤"的义项,它没有"步"的意思。"骤"的本义乃是"马奔跑"。如《诗经·小雅·四牡》中的"驾彼四骆,载(zài)骤骎(qīn)骎(驾驭着那四匹黑色鬃毛的马飞奔)"。再如《三国演义》六十九回:"于是骤马挺枪搦(nuò)曹洪战(驱马飞奔向曹洪挑战)"。这两段引文中的"骤"均是。由此可知"步骤"作"步伐"解时是复词偏义于"步"了。用例如刘勰《文心雕龙·附会》:"驭文之法,有似于此,去留随心,修短在手,齐其步骤,总辔而已(驾驭作文的方法也像这样。使马车或行或止,随心所欲,马缰绳或长或短,掌握在手,能使马的步伐一致,都无非在于马缰绳的操纵罢了)。"此外由于"骤"的本义是"马奔跑",因此"步骤"的原义乃是"慢行与疾走",可引申为"快慢""缓急"。如《史记·礼书》:"君子上致其隆,下尽其杀,而中处其中。步骤驰骋广骛不外,是以君子之性守宫庭也(君子贡献财物应该非常丰厚的会非常丰厚,应该轻薄的会非常轻薄,应该适中的会非常适中。快慢缓急疾走飞跑都不会越过礼义的界限,所以说君子的心内常守着礼义)。"此中的"步骤"即是。

117. "才俊"是既有才又长得漂亮吗?

甲骨文　金文　小篆　楷体

不是。"才"是象形字。甲骨文象草木初生,穿一(地)而上形,表示植物破土而出。金文填实。本义为"初生的草木"。引申指木料或木料之质性。如"凡木阴阳、刚柔、长短、大小、曲直,其才不同而用各有宜谓之才(木料的质性不同而都能派上适宜的用途谓之才),其不中用者谓之不才(其中百无一用的谓之不才)。"此中的"才"即是。引申也指"人或物的质性、资质"。如"富岁,子弟多赖;凶岁,子弟多暴。非天之降才而殊也,其所以陷溺其心者然也(丰年,年轻人大多懒惰;荒年,年轻人大多强暴;这不是上天赋予的素质有这样的不同,而是由于使他们堕落的外部环境使之有这样的不同)。"此中的"才"即是。又引申指"能力""智力"。如"如有周公之才之美,使骄且吝,其余不足观也已(如果有周公之才之美,假如他既骄傲又吝啬,那么其余就不值得看了)。"此中的"才"即是。又引申指"有能力的人"。如"夫管子,天下之才也。"此中的"才"即是。"才俊"的"才"亦用的是此义。"俊"是会意兼形声字。篆文从人从夋会意。本义为"才智过人"。如"尊贤使能,俊杰在位(尊重贤人任用能人,让俊杰均在朝堂之上供职)。"此中的"俊"即是。又引申指"长得漂亮"。如"端详着庞儿俊(左看右看面容实在真漂亮),思量着口儿甜。"此中的"俊"即是。"俊"虽有"长得漂亮"的义项,但"才俊"的

"俊"用的却不是"漂亮"的义项,而是"才智过人"的义项。"才俊"即"才能卓越"。如"至汲郡山中见孙登,(嵇)康遂从之游(交往)。……康临去,登曰:'君性烈而才俊,其能免乎?(您性情刚烈又才能卓越,恐怕难于避免死难?)'"此中的"才俊"即是。又指"才能卓越的人"。如"江东子弟多才俊,卷土重来未可知。"此中的"才俊"即是。

118. "参观"的"参"是"看"的意思吗?

今天把"参观"作为一个词来解释,可以解释为"看"。但真要逐字地讲,把"参"解释为"看"就不妥当了。"参观"语出《韩非子·内储说上》的"七术:一曰众端参观"。这是韩非子讲君主控制臣下的七种权术中的第一种,即从多方面("众端")观察验证("参观")臣子的言行,看臣子有什么大逆不道的地方没有,以防止臣子阴谋篡权。"参观"的"参"是"验证"的意思。所谓"验证"就是检查臣子的所作所为与他向君主许诺的话和承担的事是否一致,有没有阳奉阴违的现象,从而判定臣子的忠奸。由此可见"参观"一词本是用于考查人的。后来语义有了变化,由"参观"的"参""观"两种意思偏义于"观"了。不过在今天"参观"仍是与一般的"看"("观")有区别:"参观"的"看","看"的内容与规模都是比较宏大的或具有验证价值、研究价值的。如果"看"小东西还是不用"参观"表述。

119. 为什么要慎用"残喘"这个词?

㦑 残	喘 喘
小篆　楷体	小篆　楷体

"残"是会意兼形声字。篆文从歹从戋(贼伤)会意,戋也兼表声。

本义为"伤害，杀害"。如"今背本而趋末，食者甚众（现在背离农业而趋向工商业，白吃饭不种地的人很多），是（这是）天下之大残也。"此中的"残"即是。引申指"摧毁"。如"入其沟境，刈（割）其禾稼（庄稼），斩其树木，残其城郭。"此中的"残"即是。又引申指"缺损"。如"残编断简（古时穿连竹简的皮条缺损了，书写材料的竹简断了，指残缺不全的书籍）"的"残"即是。"残喘"的"残"即用的是此义。"喘"是形声字。篆文从口耑声，本义为"急促呼吸"。如"吴牛喘月（吴地炎热，水牛见到月亮以为是太阳，就喘起气来，比喻因见表面相似的事物而害怕）"的"喘"即是。"残喘"的"喘"即用的是此义。"残喘"（1）指"垂死时仅存的喘息"。如"今日之事，何不使我得早处囊中以苟延残喘乎？（在这种情况下，为何不让我躲进袋子里勉强延续临死前的几口呼吸以暂时维持生存呢？）"此中的"残喘"即是。（2）指"衰病垂绝的生命，余生"。如"何时结茅屋，老吟寄残喘。"此中的"残喘"即是。由上述两例句可知："残喘"所表示的处境均十分危急，故运用时一定要考虑与所表达的内容是否对应。

120. "惭愧"有"侥幸"义吗？

有。"惭"是形声字。篆文从心斩声。本义为"羞愧""耻辱"。如"羊子大惭，乃捐金于野。"此中的"惭"即是"羞愧"。"越明年贫者自南海还，以告富者，富者有惭色。"此中的"惭"即"感到耻辱"。"惭愧"的"惭"即用的是上述两种意义。"愧"是形声字。篆文从女鬼声。隶变后楷书写作媿。异体作愧，改为从心。如今规范化用愧。本义为"羞惭"。如"吾仰不畏于天，俯不愧于人（我仰头不怕天，因为我没做亏心事；低下身来又对他人不羞惭，因为我没做对不起他人的事）。"此中的"愧"即是。用作动词，表示"使羞惭"。如"君子不以其所能者病人，不以人之所不能者愧人（君子不以自己的长处揭不能者的短处，不以人家做不到的事情要求人家使人家感到羞惭）。"此中的"愧"即是。又表示"以之为耻辱"。如"是以君王无羞亟问，不愧下学（所以君王对屡次向人请教不以之为羞，对向臣民学习不以之为耻辱）。"此中的"愧"即是。"惭愧"的"愧"即用的是"羞惭"义。所以"惭愧"（1）指"羞惭"。如"默复归家，惭愧无言。"此中的"惭愧"即是。（2）指"难得，侥幸"。如苏轼《浣溪沙》："惭愧今年二麦丰，千畦翠浪舞晴空。"此中的"惭愧"即是。

121. "粲然"只形容人"一笑"吗？

不是。"粲"是会意兼形声字。篆文从米从奴（指破碎），会将稻米舂捣成精白米之义。本义为"上等精白米"。如"适子之馆兮，还，予授子之粲兮（到你的公馆去看你，回来后给你做精白米饭）。"此中的"粲"即是。引申指"鲜明的样子"。如"角枕粲兮，锦衾烂兮！（角枕灿烂啊，锦缎被子鲜明啊！）"此中的"粲"即是。又引申指"明白，清楚"。如"盖闻象有罪，舜封之，骨肉之亲粲而不殊（听说象有罪，舜还是封了他，骨肉之亲，非常清楚地分而不断）。"此中的"粲"即是。人笑时露白齿，故又引申指"笑的样子"。如"我乃不能答，付以一笑粲（我不能回答你，只能给你开口一笑）。"此中的"粲"即是。"粲然"的"粲"即用到以上所谈到的意义。

"然"是会意兼形声字。金文从火从肰，用火烧狗肉，会燃烧之意。本义为"燃烧"。如"死灰独不复然乎？（烧剩下的灰难道不会复燃吗？）"此中的"然"即是。又用作词尾，构成形容词、副词或连词。如"天油然作云，沛然作雨，则苗浡然兴之矣（天上出现了浓厚的云层，充沛淋漓地下起雨来，禾苗便生机勃勃地生长起来）。"此中的"然"即是。"粲然"的"然"亦用的是此义。

因此"粲然"（1）指"精洁的样子"。如"俄而粲然有秉刍豢稻粱而至者（但是一会儿非常显眼地有个拿着肉食和细粮的人来到）。"此中的

"粲然"即是。(2)指"鲜明、显著的样子"。如"至于宣王,思昔先王之德,兴滞补弊,明文武之功业,周道粲然复兴(到了宣王的时代,宣王能思念先王之德,把停办的事兴起,把出现的弊端消除,发展文武之功业,使周朝的正道显著地得到了复兴)。"此中的"粲然"即是。(3)指"明白、清楚"。如"古贤之遗文,竹帛之所载粲然,岂徒墙壁之画哉(古代圣贤遗留下来的文章,在竹帛上所写的文字都非常清楚地保留着,保留着的哪里仅仅是墙壁中的画呢)。"此中的"粲然"即是。(4)指"开口笑的样子"。如"灵妃顾(看着)我笑,粲然启玉齿。"此中的"粲然"即是。由此可知:"粲然"不是仅有一个"发笑"的义项。

122. "苍生"只指百姓吗?

不是。"苍"是形声字。篆文从艸仓声,本义为"植物的青色(暗绿或青蓝)"。上古多指"深蓝色"。如"天苍苍,野茫茫,风吹草低见牛羊。"此中的"苍"即是。后又常指"深绿色"。如"闲窥石镜清我心,谢公行处苍苔没(从容自得地照庐山东面的能洗净尘世之心的圆石悬岩,洗我的尘世之心,谢公的行迹已被苍苔填没)。"此中的"苍"即是。又引申指(须发)灰白色或变成灰白色。如"白发苍苍"的"苍"即指"灰白色"。"少壮能几时,鬓发各已苍。"此中的"苍"指"变成灰白色"。由草木的颜色又引申指"丛生的草木"。如"问苍茫大地,谁主沉浮?"此中的"苍"即是。又引申指"众多的人"。如"安石不肯出,将如苍生何?〔东晋简文帝时国运每况愈下,谢安(字安石)不肯出山,对老百姓如何交代呢?〕"此中的"苍"即是。"苍生"的"苍"既用"草木丛生"义,又用"众人"义。

"生"是象形字。甲骨文象地上生出草木形。本义为"草木滋长"。如"蓬生麻中,不扶而直。"此中的"生"即是。引申泛指"人或动物的幼体从母体中分离(分娩)出来"。如"郑武公娶于申,曰武姜(郑武公在申地娶了一个妻子,名叫武姜),生庄公及共叔段。"此中的"生"即是。又引申指"生命"。如"生,亦我所欲也;义,亦我所欲也。二者不可得兼,舍生而取义者也。"此中的"生"即是。"苍生"的"生"亦用的是此义。

所以"苍生"(1)指"生长草木的地方"。如"帝光天之下,至于海隅苍生(皇帝的光辉辉耀天下,一直达到海角天涯草木丛生的地方)。"此中的"苍生"即是。(2)指"老百姓"。如"天下苍生,莫不想望圣风,冀见神化(天下的百姓,没有一个人不想得到圣君的教化,看到圣君的风采)。"此中的"苍生"即是。(3)指"人类"。如"可怜夜半虚前席,不问苍生问鬼神(很可惜是夜半更深的时刻皇上叫我再靠近他一些,向我问鬼神的事而不问人间百姓疾苦的事)。""尤善丹青,图写特妙,谢安深重之,以为有苍生以来未之有也(顾恺之尤其善画,画得特别奇妙,谢安非常看重他,认为他是自有苍生以来还未出现过的画家)。"两例中的"苍生"均是。

123. "藏拙"是贬义词吗?

不是。"藏"是会意兼形声字。篆文从艸从臧(隐匿),会藏匿之意,臧也兼表声。本义为"藏匿"。如"青莲居士谪仙人(李白因其诗歌挥洒灵性,文采焕然,故被称为被贬谪下凡的仙人),酒肆藏名三十春。"此中的"藏"即是。"藏拙"的"藏"即用的是此义。"拙"是形声字。篆文从手出声,本义为"笨,不灵巧"。如"贫富之道,莫之夺予,而巧者有余,拙者不足(人的贫富的形成,没有人能给予他们,也没有人能剥夺他们,只是聪明的人能使财富有余,愚蠢的人不能使财富有余)。"此中的"拙"即是。引申用作谦辞,称自己或跟自己有关的人或事物。如"拙妻好乘鸾,娇女爱飞鹤(我的妻子喜欢求仙,我的爱女喜欢求道)。"此中的"拙"即是。又引申指"粗劣"。如"黄金即为侈,白石又太拙(酒器使用金的就叫做奢侈,使用白石的又太粗劣)。"此中的"拙"即是。"藏拙"即用以上有关的意义。因此"藏拙"(1)指"掩其粗劣,不以示人"。如"倚玉难藏拙,吹竽久混真(高攀亲附贤者也难于掩藏自己的卑劣,滥竽充数久了也能混成真的)。"此中的"藏拙"即是。(2)指"自谦之词"。如"纵无显效亦藏拙,若有所成甘守株(纵然没有明显的成就也要把自己的笨拙藏起来不露,如果有所成就就把获得成就的经验守住)。"此中的"藏拙"即是。

124. "操心"为什么有"特别费心"的意思?

"操"是"用"的意思,"操心"本是"用心"。可是为什么"操心"变成了"特别费心"的意思呢?这涉及人们接受语言时的一种现象,就是接受一个词语时把词语所在的上下文的意思也接受下来了。"操心"语出《孟子·尽心上》的"独孤臣孽子,其操心也危,其虑患也深,故达。"这句话是孟子指出的一条规律:独独那些不被君王亲近的远臣和失宠的庶子,因为用心常怀着戒惧,考虑将来的忧患比别人深远,所以能够通达事理。也就是说因为"远臣""庶子"往往是生活在忧患之中,所以环境、地位促使他们要那样做。从上述可知:"操心"一词到后来被人们使用时,不仅用了它的"用心"的含义而且把"其操心也危,其虑患也深"的意思也融入词中了。这样就有了"特别费心"的含义。正是因为如此,所以在人家给自己办了一件事或托人办一件事时,事情也可能不是很难办,但为了表明人家办这件事很不容易,就常用"让您操心了"这句话感谢人家。此中的"操心"就有特别尊重人家的意味。

125. "侧目"是指"畏惧"还是指"怒恨"?

两义均有。"侧"是形声字。甲骨文从斜身之人,从日,会日昃(太阳西斜)之意。本义为"向旁边歪斜,倾斜"。如"侧耳倾听""辗转反侧"的"侧"即是。"侧目"的"侧"即用的是此义。"目"是象形字。甲骨文象眼睛形。本义为"人的眼睛"。如"历历在目(清清楚楚地显现在眼前)""目不识丁(形容连一个字也不认识,不要解释为'连一个丁字也不认识')",两语中的"目"均是。用作动词指"看"。如"一目了然(一眼就看得清清楚楚)""目下十行(看一次就能看十行,形容看书速度快)"两语中的"目"均是。又引申指"以目示意"。如"范增数目项王,举所佩玉玦示之者三(范增频频向项羽使眼色,举出自己所佩戴的玉玦,让项羽作出除掉刘邦的决策)。"此中的"目"即是。又引申指"以目表示畏惧而愤懑"。如"国人莫敢言,道路以目(百姓惧怕暴政,在路上相遇不敢交谈,只是用眼睛互相示意)。"此中的"目"即是。"侧目"的"目"要用到上述"目"的所有意义。因此"侧目"(1)指"形容畏惧,不敢正视"。如"是时民朴,畏罪自重,而(郅)都独先严酷,致行法不避贵戚,列侯宗室见都侧目而视(当时民风朴实,怕犯罪而皆自重。可是郅都这个人还是执法非常严酷以至于执行起来不避讳贵族国戚。这样就使得侯王家与皇室家族见了郅都都侧目而视)。"此中的"侧目"即是。(2)"形容怒恨"。如"如此,则太后怫郁泣血(心情极度悲痛),无所发怒,切齿(极端痛恨)侧目于贵臣矣。"此中的"侧目"即是。

126. "策划"是贬义词吗?

不是。"策"是会意兼形声字。篆文从竹从束(带刺的荆棘)会意,束也兼表声。本义为"竹质的马鞭",头上有刺。如"君车将驾,则仆执策立于马前(君王的车将要行驶,我拿着马鞭立于马前)。"此中的"策"即是。又引申指"竹筹（古代计算用的工具，也用以打卦）"。如"善数不用筹策，善闭无关键而不可开（善于数数的不用竹筹，善于关闭的没有拴锁却谁都打不开）"此中的"策"即是。由计算又引申指"计谋，方法"。如"锜闻兀术至，会诸将于城上问策（锜听说金兀术到了，就召集诸将在城上征求对付兀术的计谋）。"此中的"策"即是。又引申指"谋划，计划"。如"以臣策之，不若聚兵为屯，以守为战（根据我的谋划，不如先把兵聚集起来驻守，以守为攻）。"此中的"策"即是。"策划"的"策"即用的是此义。"划"是会意兼形声字。篆文从刀从畫会意，畫也兼表声。如今简化借划来表示，从刀从戈会意，戈也兼表声。作为本字，本义为"镰"，读guò。"划"读huá，则指"用尖利物把东西割开，与用桨把水分开类似"，故又借用以表示"用桨拨船前进"。如"破艇争划忽罢喧（在破船上争划忽然停止了喧闹），野童村女闯篱边。"此中的"划"即是。又引申指"把整体分为几个部分"。此义读huà。如"天地初开，便有星宿；九州未划，列国未分。"此中的"划"即是。由分开又表示"预先拟定做事的方法、步骤、安排、计谋"。"出谋划策"的"划"即是。"策划"的"划"即用的是此义。因此"策划"指"筹划，谋划"。如"这件事王大头是幕后策划。"此中的"策划"指"筹划"。"幕后策划"一语虽然可指干坏事，但并不决定"策划"是贬义词。因为其他用法均不含贬义。如"他是这部电视剧的策划。""这部电视剧应如何地拍法，请你策划一下。"这两例中的"策划"均无贬义。

127. "婵娟"有几种意义？

"婵"是形声字。篆文从女单声，用于"婵娟"本义为"姿态美好"。"娟"也是形声字。篆文从女肙声，用作"婵娟"本义也是"姿态美好"。所以"婵娟"的第一个意义是"姿态美好"。如"花婵娟，泛春泉；竹婵娟，笼晓烟；妓婵娟，不长妍；月婵娟，真可怜（花的姿态优美，终究要花落漂流于春泉之上；竹的姿态优美，要被笼罩于晓烟之中；歌妓姿态优美，却不能久长，终要有徐娘半老之时；只有月亮光华四射，真是可爱）。"此中的"婵娟"即是。"婵"与"娟"又都引申指"美女"。如"翠云楼高侵碧天，嬉游来往多婵娟（在高耸入云的楼阁之下，嬉戏来往的多是美女）。"此中的"婵娟"即是。"婵"与"娟"又指"月亮"。如"但愿人长久，千里共婵娟。"此中的"婵娟"即是。"婵"与"娟"又指"情意缠绵"。如"情婵娟而未罢，愁烂漫而方滋（忧愁的浓重正在滋长）。"此中的"婵娟"即是。

128."缠绵"是贬义词吗？

不是。"缠"是形声字。篆文从丝廛声，本义为"盘绕"。如"野田生葡萄，缠绕一枝高。"此中的"缠"即是。由盘绕引申指"骚扰，搅扰不止"。如"但看古来盛名下，终日坎壈缠其身（只是看到自古以来负有盛名的艺术家，往往时运不济，终日里失意与愁苦）。"此中的"缠"即是。"缠绵"的"缠"即用的是上述两种意义。"绵"是会意字。篆文从系从帛，会缠连的丝绵之意。本义为"丝绵"，即用丝绵加工成的连接细密的絮状物。精者曰绵，粗者曰絮。如"酒醒思卧簟（竹席），衣冷欲装绵。"此中的"绵"即是。又引申指"像丝绵一样的缠绕"。如"秦篝齐缕，郑绵络些（秦国的篝笼齐国的丝带，还有缠绕在头上的郑国丝绵织品）。"此中的"绵"即是。"缠绵"的"绵"即用的是此义。因此"缠绵"（1）指"情谊深厚"。如"感君缠绵意，系在红罗襦（感知到您对我的深厚情意，所以我把您送给我的明珠系在了我的红罗短衣上）。"此中的"缠绵"即是。（2）指"心绪郁结"。如"悲缭绕兮从中来（悲哀从郁结的心绪中来），愁缠绵兮何时断？"此中的"缠绵"即是。（3）指"纠缠"。如"予尝学仕，缠绵人事，流浪无成，惧负素志（我曾经出外做官，为那些往来应酬之事缠身，四处奔波一事无成，很怕辜负了我平素的志愿）。"此中的"缠绵"即是。（4）指"婉转动人"。如"你的歌声柔和缠绵，深深地感动了我。"从第一例与第四例中均可知"缠绵"不是贬义词。

129. "倡议"为何有"领先"的意思？

倡　倡

小篆　楷体

"倡"是形声兼会意字。篆文从人昌声，昌也兼表美言之意。本义为"古代的歌舞艺人"。如"李延年，中山人也。父母及身，兄弟及女，皆故（以前的）倡也。"此中的"倡"即是。此义读chāng。由歌舞艺人用作动词引申指"领唱"。此义读chàng。如"千人倡万人和""一倡三叹（原指宗庙奏乐，一人唱歌，三人应和，后用以形容诗文婉转而富有韵味）"两例中的"倡"均是。由领唱又引申指"发起，带头"。如"今诚以吾众为天下倡，宜多应者（现在把我们这些人冒充称为公子扶苏、项燕的队伍，向全国发出号召，应该会有许多人前来响应）。"此中的"倡"即是。又引申指"提倡，宣扬"。如"故大人不倡游言：可言也，不可行，君子弗言也；可行也，不可言，君子弗行也（所以大人不提倡说空话：可以说但不可实行的，君子不说这种话；可以实行但不可说的，君子不去实行这种言论）。""武王倡大义于天下，太公相而成之（武王宣扬大义于天下，姜太公辅佐武王实践并获得成功）。"两例中的"倡"均是。"倡议"的"倡"即用此义。"议"是会意兼形声字。篆文从言从義，会发表言论合宜之意，義也兼表声。隶变后楷书写作議，如今简化作议。本义为"与人交谈，谈论"。如"与十九人议论，十九人皆服。"此中的"议"即是。用作名词又指"发表的意见、主张、言论"。如"故文帝采贾生之议分齐、赵，景帝用晁错之计削吴、楚。"此中的"议"指"发表的意见"。"力排众议"的"议"指"主张"。"没有异议"的"议"指"言论"。"倡议"的"议"即用的是此义。所以"倡议"（1）是"首先建议"。如"我们倡议捐款帮助贫困山区的同学。"此中的"倡议"即是。（2）指"首先提出的主张"。如"这个倡议得到了热烈的响应。"此中的"倡议"即是。究其原因，"倡议"的两个"首先"，都源于"倡"的"领唱"义。领唱者自然是"先唱"。

130. "出色"与"颜色"有关吗？

小篆　楷体

"出色"的"出"，由"使到外面"义（见"出席"条）又引申指"显现""显露"。如"山高月小，水落石出。"此中的"出"即是。"出色"的"出"即用的是此义。"色"是会意字。篆文上从立人下从跪人，用立人训诫跪人会怒形于色之意，本义为"怒色"。如"帝闻言，色稍霁（怒气消散）"此中的"色"即是。由"怒色"又引申指"色彩"。如"落霞与孤鹜齐飞，秋水共长天一色。"此中的"色"即是。"颜色"的"色"即用的是此义。由于"颜色"有各式各种，故又引申指"种类"。如"诸色名目，悉宜停罢（各类名称，都应当停止）。"此中的"色"即是。"出色"的"色"即用的是此义。"出色"即"超出一般种类，特别好"。用例如"你介绍的这个人很好，来到我们单位之后表现出色。"此中的"出色"即是。"颜"是形声字。篆文从页（人头）彦声，本义为"印堂"。由"印堂"引申指"面容"。如"有女同车，颜如舜华（有女同车，她的面容美如木槿花）。"此中的"颜"即是。"面容"显示人的气色，中古起又引申指"色彩"。如"紫绶朱绂青布衫，颜色不同而已矣。"此中的"颜"即是。"颜色"的"颜"，即用的是此义。"颜色"即"颜料或染料"。又引申出以下几种含义：（1）指"由物体发射、反射或透过的光波通过视觉所产生的印象"。用例为"彩虹有七种颜色"。（2）指"面容、容貌"。用例为："此人颜色憔悴，像是大病刚愈。"（3）指"脸上的表情"。用例为:"问他这到底是怎么一回事?他现出羞愧的颜色,半天说不出话来。"(4)指"显示给人看的厉害的表情或行动"。用例为:"他要是还不给我送来,我就给他点儿颜色看看。"

131. "垂青"可用来表示男女相爱吗?

"垂青"一词来源于阮籍的故事。据《晋书·阮籍传》载:阮籍能作出青眼白眼。青眼指喜悦时的眼睛正视,即黑眼珠在中间。白眼指不高兴时或看不起人时的眼睛斜视,即黑眼珠向两旁白眼珠在中间。阮籍见了满口礼法的虚伪庸俗之徒就用白眼珠对待。阮籍的母亲去世,嵇喜来吊丧。阮籍就对之以白眼,嵇喜很不痛快地走了。嵇喜的弟弟嵇康知道了,"仍赍(jī)酒挟琴造焉,籍大悦,乃见青眼(就带着酒挟着琴来了,阮籍很高兴,就现出了青眼)。"基于这个故事,后来就出现了"青眼相待""垂青""白眼相待""遭人白眼"等词语。"青眼相待""垂青"都比喻受到重视、优待,与男女之间一方爱一方的意思语义较远,所以不用在这一方面。"白眼相待""遭人白眼"则比喻被人看不起。如《名义考》卷六说:"后人有青盼、垂青之语。人平视睛圆则青,上视睛藏则白,上视怒目而视也。"这一说也可以作为参考。

132. "纯粹"指的是一样东西还是两样东西?

指的是两样东西。这从字形上看得出来:"纯"是丝无杂色,所以是"系"字旁;"粹"是米无秕糠,所以"粹"是米字旁。把两字合起来表述"精选的没有一毫的杂质"。"纯粹"常与"名实"搭配指"声名与实际表里一致"。如《史记·蔡泽列传》:"蔡泽复曰:'富贵显荣,成理万物,使各得其所;性命寿长,终其天年而不夭伤;天下继其统,守其业,传之无穷;名实纯粹,泽流千里,世世称之而无绝,与天地终始,岂道德之符,而圣人所谓吉祥善事者与?'应侯曰:'然'。(蔡泽又说:"处在富贵显荣的人主的地位上,处理一切事务都让它得到合适的安排,在性命年寿上也都能安享天年,不会遭受夭折。天下永远继承着他的道统,守着他的道业,永无止境地流传下去。既有道德的美名,又有治国惠民的功实,恩泽广布到千里以外,世世代代都不断地称颂他,可以和天地同始同终。这不就是上天降给有道德的君王的祥瑞征象,圣人所说的'吉祥善事'吗?"应侯答:"对的"。)"此中的"名实纯粹"即是。此外"纯粹"也单独使用。如《庄子·刻意》:"故曰:纯粹而不杂,静一而不变,淡而无为,动而以天行,此养神之道也。"这段话是庄子借水的本性谈养神的方法时说的话,意思是水的本性不混杂就清澈,不搅动就平静。所以纯粹而不混杂,平静而不变动,恬淡无为,行动按天道运行,这是养神的准则。此中的"纯粹"就是"纯一不杂"。

133. 为什么用"单位"表示计量事物的标准量?

单　單　单

甲骨文　小篆　楷体

"单位"一词由"单"和"位"组成。"单"是禅堂的坐床。如方岳《古岩》:"廿年前此借僧单,留得松声入梦寒。"李昴(mǎo)英《送鉴师住灵洲寺》:"孤岛一灯开佛屋,长身七尺占僧单。"这两句诗中的"僧单"都指的是禅堂中的一个坐床。这"一个坐床"即表示坐床的一定的量。"位"是爵位的等次。如《孟子·万章下》:"天子一位,公一位,侯一位,伯一位,子、男同一位,凡五等也(天子一级,公一级,侯一级,伯一级,子男同一级,共分五个等级)。"由此可知,"位"是表示"等级"的,由于等级不同,他们所拥有的领地也不同(如天子的领地为方圆千里,公侯都是方圆百里,伯七十里,子男五十里),因此"位"既可表"等级",又可表标准"数量"。这样后人就把"单"和"位"合起来组成"单位"用来作"计量事物的标准量的名称"。如"厘米"为"计算长度的单位","克"为"计算质量的单位","秒"为"计算时间的单位"。由于"单位"是"标准量的名称",因此它又指机关团体或属于一个机关团体的各个部门。

134. 为什么用"弹丸"形容地方很小?

提这个问题的人疑点都集中在这个"很"字上：不错,"弹丸"是不大,但说它"很小"则不尽然。因为比它小的还有许多小东西。那么这又是怎么回事呢？原来是与截取词语时的省略有关。"弹丸"语出宋·朱熹《名臣言行录·赵普》："帝曰：'吾欲下太原。'普默然久之,曰：'非臣所知也。'帝问其故。普曰：'太原当西北二边,使一举而下,则二边之患,我独当之,何不姑留以俟削平诸国,则弹丸黑痣之地将无所逃。'帝笑曰：'吾意正如此,特试卿耳。'（赵匡胤皇帝说：'我想把太原攻下来。'赵普沉默了半天才说：'这一点臣我还没想到。'皇帝问没想到的原因。赵普说：'太原面临着西北两个方面,假使目前就把它攻下来,那么西面北面两个方面的祸患咱们都要顶住,不如暂且留着这个地方不攻,等把四周围的各国削平了,那么剩下像身上弹丸黑痣那么大的地方是怎么着也逃不掉的。'皇帝笑着说：'我的意思也是如此,只是试探一下你的看法而已。'）"由此可知"弹丸"是从"弹丸黑痣之地"截取出的,它是修饰人长在脸上或身上的黑痣的。人长在脸上或身上的黑痣能有多大呢,自然很小,特别是用人脸上或身上长的黑痣的面积来指空间像太原这样的一个城市的面积,相形之下这个地方就更显得小了。因此后来人们就用"弹丸之地"形容地方很小了。

此外赵普所说的"弹丸黑痣之地"可能源于《汉书·贾谊传》："而淮阳之比大诸侯,仅如黑子之著面"和《史记·平原君虞卿列传》："此弹丸之地弗予"。看来赵普是吸取了"黑子"与"弹丸"的"很小"的比喻义又把这两个词语进行了搭配。其实"仅如黑子之著面"的"黑子",把"黑痣限制在脸上"应该比"弹丸黑痣"更能引发人的"很小"的联想。不知赵普为何不只用"黑子"之地而却把"弹丸"用来修饰"黑子"。

135. 为什么"当心"是"小心"的意思?

从字面义上说"当心"和"小心"相差很多。因此说"当心"是"小心"的意思时,很多人都想问个究竟。那么其原委是怎样的呢?原来"当心"一词出自《礼记·曲礼下》的"凡奉者当心,提者当带"。据《十三经注疏·礼记正义》,上面这两句话所在的这一节乃是讲"臣所奉持及俯仰裼(xī)袭之节"的,也就是"讲臣子如何持物,如何应酬以及穿衣服何时敞怀,何时把衣扣系紧的"。上面引的这两句话是关于"持物"方面的,意思是:作为臣子一般情况下手心朝上捧东西时手的高度要与心的高度持平。提东西时要把手的高度与衣带持平(古人认为人的身高平均数是八尺,衣带是在离地四尺五寸处)。如果不是在一般情况下而是拿天子的器物那么高度还要高于心的高度,即"执天子之器则上衡"。由上述可知古人是把"当心"即"与心的高度持平"作为"恭敬谨慎"的标准的。如拿天子的器物还要"上衡",则表示"更为恭敬"(亦见《礼记正义》)。另外还有一个例子就是"作揖"时拱手的高度也要与心的高度持平,这也是表示恭敬对方。语言是发展的。正是由于上述原因,"当心"一词发展至今就由"恭敬谨慎"扩展出"小心"的意思。最后从上述的"上衡"一语我们还可以想到"平衡"一词的来历。"平衡"就是与心的高度持平。因为"与心的高度持平",不偏心才能"公平""公正"。可见这些词都是与"心"有关的。

136. "道理"的"道"和"理"意思相同吗?

"道理"一词出自《韩非子·解老》:"道者,万物之所然也,万理之所稽也;理者,成物之文也。"之所以认为"道理"一词出自《韩非子》,就是因为韩非在《解老》这一篇中对"道"与"理"作了系统的言之成理的阐述。仅就上述引的话来看,即明确地区分开了"道"与"理"的具体含义。引言中的"然",本义是"如是,这样",在句中可译为"本来面目";"理"是"事理,指各种具体事物的内在规律";"稽"是"合"。引言的今译就是"道是天地万物的本来面目,是适合于各种事理的普遍规律;理是构成每一具体事物的特殊规律。"由此可知,"道"与"理"的具体含义是有区分的。后人就从这段引言中选出"道"与"理"组成"道理"一词,使此词把天地万物的普遍规律与具体规律全包含进去,因此"道理"一词即可代表一切规律了。这样"有道理""没有道理"就成了判断一切是非的标准。

137. 为何"凋谢""感谢"都用到了"谢"?

"谢"是会意兼形声字。甲骨文是两手持席形,用辞赐会辞去官职之意。篆文改为从言,射声,射也兼表离去,箭射出之意。《说文·言部》:"谢,辞去也。"本义为辞去官职。如《礼记·曲礼上》:"大夫七十而致事,若不得谢,则必赐之几杖,行役以妇人(大夫官职的人到了七十岁可以将官职交还君主而告老还乡。如果国君挽留辞不了官,这就需要赐给此人倚几和手杖,让他行立有所扶持;若派他出外办事还得有看护妇伴随)。"此中的"谢"即是。由"辞别,离开"又引申指"凋落,脱落"。如李山甫《落花》:"落魄东风不藉春,吹开吹谢两何因('穷困潦倒'的东风不帮助春天,把花吹开了又吹落了这是因为什么)。"此中的"谢"即是。"凋谢"即用的是此"谢"。由于辞官有拒绝之意,拒绝总有点儿不礼貌,故又引申指自以为过，道歉。如《管子·大匡》："齐人杀彭生以谢于鲁（齐人杀彭生用以向鲁国道歉）。"此中的"谢"即是。由"道歉"又引申指"感谢"。如《汉书·张汤传》："尝有所荐，其人来谢。"此中的"谢"即指被推荐的人来表示感谢。

138. "鼎盛"是"兴盛"吗？

电视剧《汉武大帝》，剧中人韩安国与剧中人田蚡在谈到皇室的权力之争时，韩安国说有"两系"，一系是父权，一系是母权，接着又说："太皇太后（汉武帝刘彻之祖母）能把皇上（刘彻）封用了六年，正反映了母权的鼎盛。"观众听后觉得编剧让剧中人在此处用上"鼎盛"一词是值得商榷的。为什么呢？因为"鼎盛"并不是"兴盛"的意思，而是"正当兴盛的时候"，"鼎"乃是"方""正在"的意思。但从太皇太后封闭刘彻六年的这实际剧情看，这六年乃是太皇太后的权力逐渐削弱，刘彻逐渐突破太皇太后的权力羁绊掌握实权的过程。如刘彻派严助、卫青去援助东瓯，取得胜利，迫使太皇太后交出虎符（交出调动军队的权力）就是一例。"鼎盛"正因为是"正当兴盛的时候"，所以此词多用形容人而且是形容年轻人。如《汉书·贾谊传》："天子春秋鼎盛（天子正是年轻精力旺盛的时候）。"苏舜卿《谘目一》："今若以主上春秋鼎盛，大臣未敢言，则请于皇族中择亲贤而长十数人，使于内殿，日侍讲席（现在若是因为皇上年纪轻，大臣们不敢向皇上讲说什么，那么就请在皇族中找年长德高望重者十数人在内殿给皇上当讲师）。"上述两引文中的"鼎盛"均是。在《幼学琼林》中则更有"称少年曰春秋鼎盛"之语。这些都是较明显的例证。

139. "夺魁"的"魁"是锦标吗?

不是。"魁"不像锦标似的是个物件,"魁"乃是"魁经"的简称。明代科举承汉代制度分五经取士。五经是《易经》《尚书》《诗经》《礼记》《春秋》(据汉·班固《白虎通》)。考五经后,每经以考第一名者为"魁经"。这样"魁"就有了第一名的含义。"夺魁"就是夺了第一名,夺了冠军。今天人们喝酒划拳时有"五魁首"之说。这"魁首"也是吉祥话第一名的意思。不过"五魁首"的"五魁"单有一说,指的是每次科举考试的前五名,这前五名有一个基本要求就是不管你是前五名中的第几名必须是一经的魁经。因此称这前五名为"五魁"。今天人们打麻将牌还有"捉五魁"之说。"捉了五魁"可以多赢钱,可见这"捉五魁"的"五魁"也与科举夺魁有关。不过不论麻将还是民间用的纸牌都是以"五万"为"五魁",而纸牌上的"五万"所画的人像则是《水浒传》上的李逵。让李逵当五魁显然与科举夺魁无关而是"魁""逵"同音的缘故。

140. "发迹"是贬义词吗?

"发迹"不是贬义词。此词之所以给人造成含贬义的印象,是因为今天在报纸杂志上常用此词指用不正当手段突然发财的暴发户,因而对此词产生了不好的印象。那么用"发迹"表现暴发户对不对呢?对。此词确实有这个义项。如《史记·太史公自序》:"秦失其政,而陈涉发迹。"就说的是秦政权残暴无道从而使陈涉由一个平民突然当上了王。此中的"发迹"就是突然显达兴起的意思。陈涉"突然显达兴起"是历史的必然,把"发迹"用来表现他显然不含贬义。此后"发迹"还有一个非常有名的用例就是《后汉书·耿弇(yǎn)传》:"昔韩信破历下以开基,今将军攻祝阿以发迹。"这句话是刘秀对耿弇说的。耿弇带兵攻下了祝阿这个要地之后,刘秀来慰劳他,说:韩信攻下了历下,为汉朝奠定了基业;将军你攻下了祝阿而立了大功扬名天下。由此可知："发迹"不仅有"突然显达"的意思，还有"有功而扬名"的意思。今天此词则多用来指"变得有钱有势"的意思。

141. "发难"是"发动灾难"吗？

"发难"的"难"确实与"灾难"的"难"读音相同。但它的词义却不与"灾难"的"难"相同。"发难"语出《左传·定公十四年》："梁婴父恶董安于。谓知文子曰：'不杀安于，使终为政于赵氏，赵氏必得晋国。盍以其先发难也，讨于赵氏。'"这段话说的是：梁婴父非常忌讳董安于这个人，就对知文子说："如果不杀掉董安于，让董安于一直为赵氏执政，将来赵氏必定会得到晋国。"因此梁婴父和知文子商量："何不到赵氏那里声讨董安于，先在董安于身上起事，削去赵氏的左膀右臂。"后来他们商量的这一招果然奏效。知文子派人到赵氏那里说了董安于的许多坏话，逼得董安于自缢身亡。这段引文中的"发难"即是"首先起事"的意思。那么"发难"如何能引出"首先起事"的意义呢？原来"发难"的"发"用的是"出发，启行"的义项。在"发难"中引申为"首先"。"发难"的"难"音nàn，用的是"责难，拒斥"的义项。如《尚书·舜典》："食哉惟时，柔远能迩，惇德允元，而难任人，蛮夷率服。"这段话是舜服尧丧三年以后开始管理国家的情况：舜最重视的就是人民的食粮，所以他引导人民不违农时。舜既能使住在边远地区的人民安定，又能使住在他身边的人民安定。他命令各诸侯要厚行其德，为民之师长，要拒绝奸伪之人干涉政事。他这样做得到各族人民的拥护。这段话中"而难任人"的"难"即是"拒绝"的意思，在"发难"中引申为"责难"。因此"发难"所指的"首先起事"多是指"为了反对什么而首先起事"并不是"一般的开始行动"。

142. "干预"有"牵涉"的意思吗？

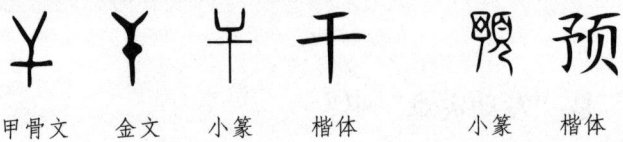

甲骨文　金文　小篆　楷体　　小篆　楷体

有。"干"是象形字。干与單（单）同源。甲骨文象带杈的木棍形，在丫杈的两端处捆上石头，用作原始的狩猎工具。如今用作幹、乾、榦的简化字。本义为"原始狩猎工具"。用作动词引申指"冒犯，触犯"。如"干君而出，又杀其子"的"干"即是"触犯"。"尔如此做，有干禁例"的"干"即是"冒犯"。引申指"强行过问或制止不该管的事"。如"后每欲参干政事，太后辄相禁塞（皇后每次要参与政事，太后都禁止皇后）。"此中的"干"即是。"干预"的"干"即用的是此义。"预"是会意兼形声字。篆文从页（人头）从予（送出），会伸头向前之意，予也兼表声。本义为"伸头向前"。引申泛指"事先"。如"时禁于其未发之时曰预，因其可之曰时，相观于善之曰磨（在一切邪恶的念头未萌发之时就用礼去教育约束谓之预，在恰当的时机进行教育谓之时，互相看对方的作品而感到好谓之磨）。""早晚下三巴，预将书报家。"两例中的"预"均是。由伸前又引申指"参与，相干"。如"遭逢潜跃之际，预参经始之谋（在皇帝尚未登基之时，即参与开创国家大业之谋）。"此中的"预"指参与。"君但知南衙事，我北门少有营造，何预君事？（你只知道南衙的事情，我在北门有一些建筑，跟你有何相干？）"此中的"预"指"相干"。"干预"的"预"亦用的是此义。"干预"（1）指"干涉""过问"。如"有诏，百官不得干预郡县。"此中的"干预"即指"干涉"。"事涉隐私，不便干预。"此中的"干预"指"过问"。（2）指"牵涉"。如"大抵为己之学，于他人无一毫干预。"此中的"干预"即是。

143. "革命"是"革"旧时代、旧事物的"命"吗?

从理解的角度说,把"革命"理解为"革某旧时代、旧事物的命"不会发生偏差,但真是要解释"革命"这个词,"革命"二词可不是动宾关系(即不是"命"被"革"),而要解释为:变革旧时代、旧事物以顺应天"命"。这是为何呢?"革命"这个词是文言词,表述"武王伐纣"就用上这个词了,它带有古代人的迷信色彩。如《易经·革》就有这样的话:"天地革而四时成。汤武革命,顺乎天而应乎人,革之时大矣哉(天地由变革而形成四季的变化。殷汤王周武王顺应天命依顺天时因应民心,是势所必然的行动。顺应天命的时机太重要了)。"这里把"汤伐桀""武王伐纣"视为革命,说这些革命"顺乎天"就是说它"顺应天命"。所谓"顺应天命"就是进行革命获得成功的领导者如周武王以及各代的帝王,他们能当上帝王是"受命于天"的。今天人民革命成功了,不承认是"受命于天",只是把"革命"这个文言词使用上了。所以讲解或理解这个词时还是要把这个词的来龙去脉梳理清楚。

144. "姑息"为什么有"无原则地宽容"的意思?

回答这个问题要从"姑息"的本义说起。"姑息"的"姑"乃是"妇女"的意思,"姑息"的"息"乃是"小儿"的意思。"姑""息"合起来就是"妇女和小儿"。"妇女和小儿"能表述什么意思呢?如明·杨慎曾谈到《尸子》中有"(纣)弃黎老之言,用姑息之谋"这样的话。纣王无道,他不听黎(黑发男子)老(老年男子)的忠告,却听妇女和小孩出的主意。在这里"姑息之谋"与"黎老之言"对举;再联系商朝传到纣这个人后亡国,显然"姑息之谋"是"没有远见的主意"。这样就可以让人想到"姑息"是指"没有高见、远见的人",而"无原则地宽容"则正是"没有高见、远见的人的作为"。所以当表述"无原则地宽容"这个意思时,人们就直接用"姑息"代替表述了。如《礼记·檀弓上》:"君子之爱人也以德,细人之爱人也以姑息。"《礼记正义》在这句话的后面就直接注"姑息"为"苟容取安"。"苟容取安"也就是"随随便便地进行宽容来换取暂时的安定"。对可以酿成灾祸或违反原则的重大问题不及时果断处理,这样就必然会引来后患。因此又有"姑息养奸"一语用来表达这个意思。"养奸"是什么?"养奸"就是"滋生邪恶"。许多可以杜绝的弊端或毛病在无原则的宽容之下就可以演变成邪恶。这是不言自明的。

145."股票"的"股"与大腿有关系吗?

股 股

小篆　　楷体

"股"是形声兼会意字。篆文从肉(月)殳(shū)声,本义为大腿。由于大腿是身体的极为重要的一部分,故"股"引申泛指事物的分支或一部分。如白居易《长恨歌》:"钗留一股合一扇,钗擘黄金合分钿。"此中的"股"即是。"股票"一张就是某集合资金的一份。故"股"又用来指股票。

146."关键"是机关最要害的部位吗?

有人以为"关键"是"机关的要害之处"。"关键"指"要害之处"是说对了,但现在我们所说的"关键"与"机关"却毫无关系。现在我们所说的"关键"源于"关楗(jiàn)",乃是锁门的工具。此词出自《老子》第二十七章:"善行无辙迹,善言无瑕谪,善数不用筹策,善闭无关楗而不可开,善结无绳约而不可解(善于行车的人没有车轨的痕迹,善于说话的人没有失言的毛病,善于计量的人不用筹码,善于关门的人不用锁门的工具这门也开不开，善于打结的人不用绳子打结这个结也解不开）。"这段话说的是老子的主张。他主张君子的言行全要顺着自然的发展去做，不需造作也能成功。对此中的"关楗"，宋·范应元注为："横曰关，竖曰楗"。也就是说关楗是拒门之木（锁门的木制工具）。"横"的木叫"关"，"竖"的木叫"楗"。由于用它"横"上或"竖"上以后门就打不开了，所以"关楗"被引申为"最紧要之处"，并不是机关上的部位。"楗"有的书也写为"键"。如《晋书·殷仲堪传》："剑阁之隘，实蜀之关键（剑阁这个地方的险要实在是蜀地的最紧要之处）。"此中的"关键"即是。

147."官僚"的"官"与"僚"同义吗？

甲骨文　　金文　　小篆　　楷体

不同义。"官"是会意字。甲骨文金文篆文皆从宀（房屋）从𠂤（yǐ弓，代表军队），意谓驻军的兵营。本义为临时驻扎的军营，引申指旧时官府中任职的人员。"僚"是形声兼会意字。篆文从人尞声，尞兼表鲜明之意。本义为"人长得美好"。如《诗经·陈风·月出》："月出皎兮，佼人僚兮，舒窈纠兮，劳心悄兮（月亮出来洁白啊，美人多么漂亮美好啊，脚步轻盈身体苗条啊，惹人思念心愁啊）。"此中的"僚"即是。但这"人长得美好"的意义如何与"官僚"挂上了钩呢？原来"僚"是借用为"寮"了。"寮"是"窗"，引申为"小屋""官署"。由"官署"又引申指同一官署的官吏。如《诗经·大雅·板》："我虽异事，及尔同僚（你我职务不相同，毕竟和你是同僚）。"与"官"搭配组词即是"官吏和同僚"，泛指"官吏"之意。如《国语·鲁语下》："今吾子之教官僚曰'陷而后恭'，道将何为？（现在你教属下官员说'有失误了才恭敬'，那么没有失误恭敬的又是怎样的呢？）"此中的"官僚"即是。由此可知"官僚"指的乃是一般的官吏。由于在以前不论大官小官都是欺压百姓的或者是与百姓脱离的，所以这个词被百姓加上了贬义色彩。如"官僚主义""你这个人真官僚！"中的"官僚"均是。

148. "冠军"与军队有什么关系？

"冠军"这个词如追本溯源进行讨论，笔者只在《史记·项羽本纪》上读到过。原文是这样的"诸别将皆属宋义，号为卿子冠军。"这说的是：齐国使者高陵君显来到了楚国，见楚怀王时说："我在来此之前曾遇到宋义，宋义推断武信君项梁的兵必败，结果没过几天，项梁的兵果然败了。兵还没出战，宋义就可以看出兵败的征兆，这真可以说是懂得用兵了。"楚怀王因此就请宋义来议论军事。怀王对宋义十分喜欢，让他当上将军，项羽为鲁公，为次将，范增为末将，出兵救赵。接着就是引文的那句话："其他一切副将都为宋义的部属。宋义号为卿子冠军。"那么"卿子冠军"又应如何理解呢？笔者采用《史记》专家王伯祥的说法："卿子"是当时的人相互尊敬之词，相当于"公子"。宋义是上将，本是军中的领袖，故称为"冠军（在军中位居第一）"。所以要论"'冠军'与军队到底有关无关？"可以算是"有关"，也可说是"无直接关系"。如果脱离开"冠军"的出处，单讲"冠军"，从古籍上可见到三种意义：（1）冠于诸军（"冠"是帽子。人戴上帽子，帽子在全身上位居第一），列于诸军之首。"冠"的"位居第一"义，在《史记·魏其武安侯列传》中用为"名冠三军"。（2）将军名号。如霍去病即为"冠军侯"。（3）古县名，在河南邓州。从现代汉语中可见："冠军"指体育运动等竞赛中第一名。

此外，"冠"是会意字。篆文从冖（帽子）从元（人头）从寸（手），会用手将帽子戴在头上之意，本义为"帽子"。如"吾闻之，新沐者必弹冠（新洗了头发的人戴帽子时必定先弹一弹帽子）。"此中的"冠"即是。"军"是会意兼形声字。金文从车从勹（环臂有所包），会以车环绕之意。本义为"以车环绕自围扎营驻扎"。如"沛公（刘邦）军霸上，未得与项羽相见。"此中的"军"即是。又引申指"阵地"。如"战士军前半死生，美人帐下犹歌舞。"此中的"军"即是。又指"武装部队""兵种"。

149. 为什么用"桂冠"指"光荣称号"？

这个问题首先涉及"桂"这个字的字义，"桂"是形声字。《说文·木部》："桂，江南木，百药之长。"本义名为肉桂。常绿乔木，叶子长椭圆形，有三条叶脉。果实椭圆形，紫红色。叶、小枝、碎皮和果实是提取芳香油的原料。树皮灰褐色，含挥发油，叫"桂皮"或"桂肉"，可入药也可做调料。由于桂枝有杳气，我国古代用桂之花枝编帽子戴在头上以修饰自己，故有"桂冠"一说。如繁钦《弭愁赋》："整桂冠而自饰，敷萦藻之华文（编桂冠来打扮自己，铺排像锦绣一样华美的文字）。"此中的"桂冠"即是。不过用来指"光荣称号"的"桂冠"有一说认为不是源于此"桂冠"而是源于古希腊的一种作法：古希腊人用月桂的叶编成帽子，用以授予杰出的诗人或竞技的优胜者，作为光荣的称号。

150. 为什么应酬之语用"寒暄"代指呢？

"寒暄"的本义："寒"是冷，"暄"是暖，"寒暄"即冷暖，是名词。如白居易《桐花》："地气反寒暄，天时倒生杀（地气把冷暖颠倒了，天时使万物的生与灭颠倒了）。"此中的"寒暄"即用的是本义。"寒暄"还可指代年岁。"寒"谓冬，"暄"为夏。如徐陵《在北齐与宗室书》："自徘徊河朔，亟积寒暄（自从逗留在黄河以北，年岁日日见长）。"这里的"寒暄"当然也是名词。"寒暄"今天最常用的义项是问候起居寒暖。既是问候起居寒暖，就成了动词了。词序亦可改为"暄寒"。如"两人见面寒暄了几句"就是指"说了几句问寒问暖的话或客套话"。再如《新五代史·孙晟传》："晟为人口吃,遇人不能道寒暄。"此中的"寒暄"实指冷暖凉热。孙晟口吃,说话不方便,故遇人不说应酬之语。为什么应酬之语用"寒暄"代指呢?这是因为通常的应酬之语中多与对方先谈"天气如何"。因为"天气如何"是双方最有同感的话题,可以一谈即通。这样人们就用"寒暄"的"个别"代指"应酬之语"的"一般"了。

151. "豪杰""自豪"与"豪猪"有关系吗?

小篆　　楷体

有关系。"豪"是形声兼会意字。古文从豪猪的简略图形,高声;高也兼表长,会长毛豪猪之意。其本义为"豪猪",也叫箭猪。啮齿类哺乳动物,黑色或褐色,有时混有灰白短毛,肩至尾密布黑白粗杂的长刺,遇敌时刺竖起,并转身以臀部相向,倒退击敌,穴居,昼伏夜出。如《山海经·西山经》:"(鹿台之山)其兽多㸸(zuò)羊、䍽(qián)羊、白豪。"此中的"豪"即是。引申也指"豪"猪身上硬而尖的长毛或泛指"长毛"。如《穆天子传》:"天子之豪马、豪牛、尨狗、豪羊,以三十祭文山。"此中的"豪"即是。由于豪猪十分凶猛,故又引申指"具有杰出才能的人"。如《鹖冠子·能天》:"德万人者谓之俊,德千人者谓之豪,德百人者谓之英。"《淮南子·泰族训》:"故智过万人者谓之英,千人者谓之俊,百人者谓之豪,十人者谓之杰。"还有其他许多说法,不论哪种说法都是指"豪"是才德出众之人。"豪杰"的"豪"即是。"豪"用作动词又指"认为自己有才华"。如"自豪"的"豪"即是。此外如《汉书·尹齐传》:"豪恶吏伏匿。"此中的"豪"指"强横的"。杜甫《壮游》:"性豪业嗜酒,嫉恶怀刚肠。"此中的"豪"指"豪放"。

152. "喝彩"叫好的"彩"是"精彩"吗?

不是。固然"喝彩"常用来表示对"精彩表演"的赞扬,但"喝彩"的"彩"与"精彩"毫无关系。"喝彩"是一种行动。"喝彩"一词来源于掷骰(tóu)子的赌博活动(掷后比骰子上的标记从而决定胜负)。骰子,今名"色(shǎi)子",骨制,成正六面体,六面分别刻有一点至六点之数,这一点至六点凹下去的小坑中涂有红色,这涂有红色的标记即称为"彩"或"采",也是今天把骰子称为"色子"的原因(见清·顾张思《土风录》)。由于掷骰子后要以掷后骰子上所呈现出的标记决定胜负,所以赌博者在往碗中掷骰子同时即呼喊着自己可以取胜的那种"点儿"(即"彩")出现。这"呼喊着自己可以取胜的那种点儿出现"即是"喝彩"。如《景德传灯录·洪諲(yīn)禅师》:"双陆盘中不喝彩。"此中的"双陆"即是以骰子进行赌博的活动(见宋·高承《事物纪原》),"喝彩"即是指呼喊可以取胜的那种点儿。由于赌博者"喝彩"时十分激动,如痴如狂,因此后来把其他的"叫好的激烈行动"也称之为"喝彩"了。如《警世通言》第七卷"(新荷姐)手拿象板,立于筵前,唱起绕梁之声,众皆喝彩"即是。用"骰子"进行赌博活动,最初可能只使用两个骰子,后来增至六个。如宋·高承《事物纪原》:"《续事始》曰:'陈思王曹子建制双陆,置投子二'。唐末有叶子戏,不知谁逐加至六。"可证。今天仍有用"色子"进行赌博的,多用三个"色子"掷碗中进行较量。各地的玩法不同,一般地三个色子以掷出"四五六点"(有的地方称"鞭子")为好。进行"喝彩"时即狂呼"鞭子!鞭子!"

153. "和平"为何有止息争斗之意?

"和平共处"的"和平"语出《国语·周语下》:"夫政象乐,乐从和,和从平。声以和乐,律以平声……声应相保曰和,细大不逾曰平。"

这段话是周景王的乐官伶州鸠说的。周景王为了铸造无射（古代十二音律之一）乐钟而打算先造个大的林钟乐钟。单穆公知道这件事以后，跑去向周景王进谏。说此前铸造重币（大钱）已经夺去了民众的资财，再因铸钟加重民众的负担，老百姓会活不下去。周景王不听单穆公的进谏，就去问乐官伶州鸠。伶州鸠先是说"臣的职责无法知道该不该先造钟"，接着就说了引文中的话。意思是：施政就像奏乐，奏乐要求和谐，和谐要求均平。五音用来和谐乐调，十二律用来均平音声……乐音和谐相应称为和，高低声音不相干扰称为平。由于"和平"是在谈施政时说的而且"和平"又有"和谐相应，不互相干扰"之意，这样后来"和平"就引申出"战乱平息，社会秩序安定"之意。如《史记·秦始皇本纪》："今皇帝并一海内，以为郡县，天下和平。"此中的"和平"即指的是秦始皇统一天下后战乱平息了。再如《管子·正》："致德其民，和平以静。"这段话就说的是对人民实行德政，人民就会和平共处，保持社会安定。

154. "滑稽"的字面义是引人发笑吗？

不是。据《史记·滑稽列传》司马贞索隐注："滑，乱也；稽，同也。言辩捷之人言非若是，说是若非，言能乱异同也。"根据这个"索隐"的说法，"滑稽"乃是善于颠倒黑白，混淆是非的意思。由于这种言语可以引人发笑，故今日用"滑稽"指"（言语动作）引人发笑"。其实"滑稽"本指古代的一种注酒器，能不断地往外流酒。如扬雄《酒箴》："鸱夷滑稽，腹大如壶，尽日盛酒（用皮革制的滑稽，腹大如壶，尽日盛酒）。"此中的"滑稽"即是。由于"滑稽"这种酒器能不断地向外流酒，即"滑稽"作为一个词引申出"口辞流利，能言善辩"之意。如《史记·滑稽列传》："淳于髡……长不满七尺，滑稽多辩，数使诸侯，未尝屈辱。"此中的"滑稽"即是。此外"滑稽"还有两点须加以说明：（1）它还指"圆转自如的样子，形容圆滑诌媚。"（2）"滑稽"在文言文中读gǔjī。

155. "话柄"中的"话"如何能有"柄"？

确实是这样。"话"是说话，"柄"是手握的欛（bà）儿，一般地说都是木质的。这"话"为何能与"木头柄"联系上了呢？原来其中还有这样一段隐情：古人清谈，多执麈（zhǔ）尾拂尘；僧人讲法，多执如意备忘。由于一般的人清谈和僧人讲法都执有带"柄"的器物，这样就使"话""谈"与"柄"发生了联系，出现了"话柄""谈柄"这一类词语，用来泛指"可作谈话的资料"。今人所说的"某某人的某事留下了话欛儿"，这"话欛儿"即是"话柄"。前文所谈到的"麈"是一种兽，鹿属，角类鹿，蹄类牛，尾类驴，颈背类骆驼，俗称此兽为四不像或驼鹿。古人清谈时执的就是麈尾。如《世说新语·容止》："王夷甫容貌整丽，妙于谈玄，恒捉白玉柄麈尾，与手都无分别。"这里说的是王夷甫谈玄时执的是柄上镶有白玉的麈尾拂尘。"如意"也是一种带柄的器物。梵语为"阿那律"。柄端作手形，用以搔痒，可如人意，故名如意。但和尚宣讲佛经时所用的如意，不同于搔痒用的。和尚所用的如意柄端是云叶状，上面可记经文，万一宣讲时有所遗忘，柄端所记的经文可以提醒。今天这"麈尾"与"如意"已淡出平常人的生活，但"话柄""话欛儿"的词语仍保留在人们的口头上。

156. "荒唐"的字面义是"浮夸不切实际"吗？

很多人都用"说话浮夸不实或行为放荡"来解释"荒唐"这个词。严格地说，这样解释是不准确的。因为这样解释没能让人分清此词的本义与引申义。"荒唐"语出《庄子·天下》："以谬悠之说，荒唐之言，无端崖之辞，时恣纵而不傥，不以觭（qī）见之也（以悠远的论说，以广大的言论，以不着边际之词，时时放纵而无拘无束，丝毫没有任何偏见）。"这段话是说庄子所喜欢的古代道术。"荒"是"远"的意思，"唐"是"大"的意思，所以

"荒唐"的本义乃是"广大"。由于"荒唐"所指的这个"广大"无边无际,这样后来就被引申指"说话浮夸不切实际或行为放荡无拘无束"。"荒唐"的含义被引申后,引申义使用的频率非常高,它的本义反被人淡漠以至完全被忽略了。因此,人们用它的引申义代替它的本义也就不足为奇了。

157. "觊觎"可用于指对"女色"的"非分之想"吗?

"觊觎"语出《左传·桓公二年》:"是以民服事其上,而下无觊觎。"据《春秋左传正义》,这句话讲的是:一个国家的建立必须尊卑有序,上级对下级要有绝对的权威,这样人民就会侍奉上级,处于下位者"不冀望上位"。这"不冀望上位"是《春秋左传正义》对"无觊觎"的解释,也就是"对上位没有什么贪欲"的意思。《左传·襄公十五年》中还有一处用到"觊觎",这句话是:"官人,国之急也。能官人,则民无觎心。"据《春秋左传正义》,这里的"觎心"即"觊觎之心"。《正义》的解释是:"百官是国家急迫需要的人才。能让有才能的人做官,那么一般的人就没有侥幸做官的贪欲之心了。"综合上述两处"觊觎"的含义,可知前一个"觊觎"是"不应有的希望"(人有了等级观念之后居下位者不敢有居上位的企图。有居上位的企图就是"觊觎",就是非分的希望)。后一个"觊觎"是"希望得到极侥幸才能得到的东西",也就是"非分的希望"。由此可知"觊觎"含有贬义,如不是表述"非分之想"不能用它;"觊觎"的"非分之想"原指的是"想超越自己所在的等级或是官位才能得到的东西"。所以表达对等级官位的"非分之想"是用到了"觊觎"的本义。但是今天见许多文章用"觊觎"表述对"女色"的"非分之想"这只能算是对该词的活用了。

158. "马"是"骄傲"动物吗？

人们看到"骄傲"的"骄"的义旁是"马"因而想到"骄傲"的词义是否与"马"有关系。事实确是如此：真与马有关系，但"骄傲"的词义并不是由马而来而是经过多次引申辗转而来。"骄"语出《诗经·卫风·硕人》："四牡有骄，朱幩（fén）镳镳。"《说文·马部》："骄，马高六尺为骄。"古人认为马高六尺就是壮马了。所以《毛诗正义》注"四牡有骄"的"骄"为"壮貌"。"幩"是绸带，拴在马嚼子上露在马口外面的两边，一来马跑起来绸带飘扬可以给马扇汗，二来亦可作装饰品。"镳"的本义是马嚼子露在马口外面的部分。在这里叠用是"盛貌"，威武的样子。两句诗应解释为"拉车的四匹马都是高头壮马，跑起来十分威武雄壮"。这个车是夫人入朝时坐的，故很威武。后来"骄"由"高大雄壮的样子"引申为"马奔逸不受控制"。如温庭筠《清明日》："马骄偏避幰（xiǎn），鸡骇乍开笼（马奔逸起来不受控制偏离了车，鸡受惊撞开了笼子）。"此中的"骄"与"骇"对举即是"不受控制"。"骄"由不受控制又引申为"骄傲"。如《诗经·魏风·园有桃》："心之忧矣，我歌且谣，不知我者，谓我士也骄。"这是魏大夫忧其国不能向人民进行德教的诗。诗句的意思是"我心忧愁啊，我用歌谣来抒发。不知我唱歌谣目的的人反倒以为我对君主骄傲"。由此可知最初仅用"骄"一个字是即可表述"骄傲"的意思的。后来因为"傲"也有"骄傲"义，这样后来就出现了"骄傲"这个词。不过不可因此就认为"骄""傲"完全同义：（1）如细分这两个词："倨简曰骄，侮慢曰傲"。"骄"就指"骄傲"，"傲"则有"骄傲又欺负人"的意思；（2）"傲"有"自尊自重"的义项，"骄"没有：如俗话"人不可有傲气，但不可无傲骨"。这"傲骨"的"傲"即是"自尊自重"。

159. "借问"为什么可解释为"请问"?

問　問　问

甲骨文　　小篆　　楷体

"问"是形声字。甲骨文从口门声,本义为询问,即提出问题让人回答。如"问今是何世,乃不知有汉,无论魏晋。"此中的"问"即是。"借问""请问"的"问"均用的是此义。"借"是形声字。篆文从人昔声,本义为借入,即暂时使用别人的东西或财物,一定时间后归还。如"借人典籍,皆须爱护。"此中的"借"即是。"借问"的"借",即用的是此义。"借问"有"把别人正在使用的时间借给了自己,叨扰了对方"之意,故"借问"相当于"请问"。那么"请"又是何意呢?"请"是形声字。金文从言青声,本义为谒见有所禀告,求告。如"请谒任举之说胜,则绳墨不正(人君只要听信请托保举的言论,群臣就会都来拉拢请托,如此一来国家的任用管理制度就会失去公正)。"此中的"请"即是。由"求告"又引申指"求对方做某事"。如"密初辞不受,诸将等固请,乃从之。"此中的"请"即是。由"求对方做某事"又引申指"求对方允许自己做某事"。如"王好战,请以战喻。"此中的"请"即是。"请问"的"请"即用的是此义。由于"请问"有"求对方允许自己问问题"之意,与"借问"同属敬辞,故"借问"可用"请问"解释。用例依次是"借问大将谁?恐是霍嫖姚。""请问我去天安门应该怎样走?"

160. "口碑"为什么不能很"坏"?

有的人把"口碑"等同于"舆论",因此说"某人公众的议论不好"时说了"某人的口碑很坏"。那么为什么笔者则说"'口碑'不能很'坏'"呢?有两个理由:一是说"口碑"不能很"坏",是因为有"碑"这个词在那管着；二是"口碑"这个词虽有"泛指众人议论"的用法，但不见有用于"众人议论很坏"的。"口碑"语出普济《五灯会元》卷十七："劝君不用镌顽石，路上行人口似碑。""碑"这个事物有个特定的要求，就是它必是记载功德用的，而且为了使记载的功德长久地传扬于后世，这"碑"还都是石质的。如果为了把恶人恶行揭露出来警戒后人，没有立碑的，必是采取其他方式（如杭州西湖则有秦桧披枷带锁跪在地上的雕像）。上述引文中的话就是告诉人们，你不用刻意地给自己立碑，你要是行善积德做得好，路上的行人都会众口称赞你，后来"口碑"一词就专用于比喻众人的称颂，像树立的碑志一样。所以不能有"口碑很坏"之说。此外从用例看，也有用"口碑"指"众人的议论"的。如《老残游记》十八回："那知道未及一个时辰，已经结案，沿路口碑啧啧称赞。"此中的"口碑"即是。但"众人议论"的也是称赞"结案快"的话。另外《红楼梦》第四回中有这样的话："一面说，一面从顺带中取出一张抄写的'护官符'来，递与雨村，看时，上面皆是本地大族名宦之家的谚俗口碑。其口碑排写得明白，下面所注的皆是自始祖官爵并房次。"此中的"口碑"应指的是社会上流传的口头熟语。这是一个门子提示给贾雨村看的。

161. 为什么可利用的借口叫"口实"？

"口实"语出《易经·颐》："颐（yí），贞吉。观颐，自求口实。"这是个倒装句，全句的意思是：观察一个人平生是怎样养育自己的，观察他自己填满口、养活自己的作为如何就可以了解到：这些作为必须正当才能吉祥。因此"口实"的原义乃是口中的食物，口中所含的东西。由于"口实"有"口中所含的东西"的意思，所以就派生出了"可以利用的借口"的另一意义。即"你说了什么话或做了什么事，成了人家可以利用来谈的依据"，成了人家"口中的东西"。如《国语·楚语下》："楚之所宝者，曰观射父，能作训辞，以行事于诸侯，使无以寡君为口实（楚国所宝贵的，叫观射父,他擅长辞令,能到各诸侯国交往办事,使诸侯无法拿我们国君作为话柄)。"这是王孙圉(yǔ)到晋国去访问回答赵简子的话。此中的"口实"即指"借口"。再如《尚书·仲虺(huī)之诰》:"予恐来世以贻(yí)为口实(我恐怕来世给人留作谈资)。"此句中的"口实"据《十三经注疏·尚书正义》应为"谈话资料"。引文的话是成汤说的。成汤说这话之前有这样一个情况:因为汤伐桀成功,所以给汤起了一个号叫"成"。成汤对这个号不敢接受,就说了引文的话,《尚书正义》对这句话的注是:"恐来世论道我放天子常不去口。"意思是:恐怕来世的人老把我伐桀(放天子)的事挂在嘴边上。这挂在嘴边上的不是"话柄、借口"而应是"谈话资料"。与此同时《尚书正义》对"成汤"的"成"还有一说:认为"成"是"谥(shì)号"。

162. 因为"傀儡"是木头人才用它指"徒有虚名"吗?

不是。不错,"傀儡"确实是木头人。它还有一个传说,说:"傀儡起源于汉高祖平城之围,用陈平计,刻木为美人,立之城上,以诈冒顿阏氏。后人因之为傀儡。"由此可知"傀儡"在战事中还起过欺骗人的作用。但是用"傀儡"指"徒有虚名",可不是因为它是"木头人",而是因为它需要人操纵(像上述"平城之围"则是受刘邦的操纵)。如果用"傀儡"演戏则需受牵线人的操纵。"徒有虚名"指的是它空有人形而起不了人的作用。

163. "狼狈"是贬义词吗?

不能笼统地说"狼狈"是贬义词。"狼"是人所共知的凶残动物。"狈"则是传说中的兽。唐代段成式《酉阳杂俎》称"狈前足绝短,每行常驾于狼腿上,狈失狼则不能动,故世言事,乖者称狼狈。"由于"狼狈"有"狈失狼则不能动"的意思,所以把"进退两难"或"处境窘迫"

称为"狼狈"。当"狼狈"是这种意义时，它是中性词不是贬义词。最有名的用例就是李密的《陈情表》，李密向皇上说："臣欲奉表奔驰，则刘病日笃，苟顺私情，则告诉不许……臣之进退实为狼狈（我打算奉您的旨意前去赴任，可是我的祖母的病越来越严重；我如为了照顾祖母而留下来，州县各官又告诉我留下来不行……臣实在是进退两难）。"由于"狼"是凶残动物，再加上"狈"前足和狼搭起来才可以行动，故"狼狈"又有勾结之意。当"狼狈"具有勾结之意时，"狼狈"则是贬义词。如比喻坏人勾结在一起干坏事为"狼狈为奸"即是。此外关于"狼狈"还有另一说：狼，前二足长，后二足短。狈，前二足短，后二足长。狼无狈不立，狈无狼不行。若相离则进退不得。这种解释也可说明"进退两难"和"狼狈为奸"之意。

164. "莅临"为什么是敬辞？

人们经常可以见到写有"欢迎××莅临××"这样字样的横幅挂在大厅中或单位的大门上。欢迎人到来为什么用"莅临"呢？这是因为"莅临"乃是敬辞，被欢迎的一定是欢迎单位所尊重的人物。"临"语出多处，是"居高视下"的意思，引申为"到来"。如《史记·淮阴侯列传》："信尝过樊将军哙，哙跪拜送迎，言称臣，曰：'大王乃肯临臣！'信出门，笑曰：'生乃与哙等为伍！'"（韩信曾经去探望樊哙将军，樊哙跪着迎接韩信，向韩信称臣并说：'大王你肯于到舍下来！'韩信出门时笑着说：'我和你们的地位是相等的啊！'）从这段记载中可知：樊哙说"大王乃肯临臣"这句话，是他引为光荣之词，其中用了"临"这个词就有"非常尊重韩信的到来"之意。其次"莅"这个词，与"临"同义。如《易经·明夷》："明入地中，明夷；君子以莅众，用晦而明（光明进入地中，因而光明受到创伤。太阳普照万物但光芒过于强烈，万物也会受到伤害。作君子的应当领悟这一意义，当面临群众时就要隐藏自己的智慧，以平易的态度对待群众，这样才会被群众接纳，由此也才能了解群众的需要。这就是利用昏暗反而看得明显的道理）。"在这段话中是把"莅"用于君子到群众中去。此中的"君子"不是一般的人，如不是"君王"起码也是领导群众的卿相，是群众所尊重的人物。不然他也用不着"了解群众的需要"。由此可知"莅临"乃是用两个同义的敬辞组成的词。

165. "凌驾"是贬义词吗？

某电视台"梨园春秋"的主持人在讲"四小名旦"之一张君秋的事迹时有这样一句话："1948年，张君秋已达到了巅峰，凌驾于四小名旦之上"。有的听众认为主持人把"凌驾"一词用错了，理由是：张君秋高于其他"四小名旦"决定于张的艺术造诣，而不是因为用了"不正当"的手段（因为"凌"有"侵侮"之意，"驾"又有"高高在上"之意。听众据此把"凌驾"理解为贬义词）。

关于这个问题首先要把"张君秋可不可能'高'于其他三人"这个问题抛开。因为要说"某人高于某人"，那么这两个人要有可比性。而"四小名旦"的四个人各自有自己的流派，并无可比性。

把"可比性"抛开之后，下面要说的就是"凌驾"一词并没有"侵侮"和"高高在上"之意，它不是贬义词。"凌驾"原本是"陵驾"（陵凌通假），"陵"确有"欺侮"之义，但在"凌驾"中不是用的这个义项而用的是"升"的义项，所以"凌驾"是"高出超越"的意思。如沈休文《思倖传论》："州都郡正，以才品人，而举世人才，升降盖寡，徒以凭藉世资，用相陵驾（各州都郡的长官用才能来评价人，可是所有的人才的升降却不是依人的才能为依据，只是凭着祖先家世所取得的特殊身份来互相超越）。"此中的"陵驾"即是。从中看不出贬义。

"凌驾"这个词又有其特殊性，它虽不是贬义词，但在现代汉语中我们可以看到这样一种用法，即用"凌驾"指"压倒（别的事物）"。如"有些官员凌驾于组织之上，这是绝对不可取的。"这可以算是"凌驾"一词的词义扩展，含有贬义。

166. "浏览"与"涉猎"为何均与水有关？

"浏览"与"涉猎"都是讲读书看书的。因它们都有一个词素与水有关，这样就引人生疑了。那么这到底是怎么一回事呢？一、"涉猎"的"涉"确实与水有关：涉，徒步渡水也。如《尚书·泰誓下》："狎侮五常，荒怠弗敬。自绝于天，结怨于民。斮（zhuó）朝涉之胫，剖贤人之心（纣王他轻慢父义母慈兄友弟恭子孝五者人之常法，不敬天地神明，自绝于天，结怨于民。冬天看到有人早晨徒步渡水认为这个人的小腿耐寒就砍断人的腿拿来看，比干对他实行忠谏，他说比干的心异于常人就挖出比干的心来看）。"此中的"涉"即是。由于"徒步渡水"入水不深，这样"涉猎"的"涉"就用上了"涉"的"浅"的意义。"猎"即打猎、猎兽。由于"打猎"不是人经常干的事，所以指"不专精"。这样"涉猎"的"猎"即用上了"猎"的"不专精"义。如《汉书·贾山传》："涉猎书记，不能为醇儒（读书不专精不深入，不能算是学识精纯的儒者）。"此中的"涉猎"即是。再如《南齐书·柳世隆传》："世隆性爱涉猎，启太祖借秘书阁书，上给二千卷。"从这个用例中我们还可以体会到"涉猎"的"广泛涉及，读书多而不专精"的意思。二、"浏览"在《淮南子·原道训》中作"刘览"，原文是："刘览偏照。"高诱注："刘览，回观也，刘读留连之留。"在曹丕《折杨柳行》中作"流览"，原文是："流览观四海，茫茫非所识。"从这两个用例来看可知"浏览"是巡回地看（回观），周流地看。由于"四海"也不可能是仔细地看，所以看的结果是"茫茫非所识"，用于读书则也是"粗略地看"。那么这两个词的释义基本相同而用法有没有区别呢？有区别，这区别还是源于这两个词的本义：（1）如果用"浏览"表述

"看书",那么它是"由头至尾地不深入地看"而"涉猎"则是"选择性地或随便翻一翻地看"(取"涉猎"的"偶一为之"之意)。(2)"浏览"多用于表述"读书","涉猎"则可以表述"读的书多或对各门学科专业多有涉及"(这种情况多作为谦词出现)。(3)"浏览"的"浏"是作为"流"的通假字出现的,没有用"浏"这一词的本义,"浏"的本义乃"水清澈貌"。

167. "流言"为何含贬义?

"流言"语出《尚书·金縢(téng)》:"武王既丧,管叔及其群弟乃流言于国,曰:'公将不利于孺子。'周公乃告二公曰:'我之弗辟,我无以告我先王'。"这段话涉及一段史实,说的是:武王死后,周公的哥哥武王的弟弟管叔和他的弟弟们(蔡叔他们)在国内散布流言说:"周公将要做出对幼小的国王(成王)不利的事情来。"周公听到这些流言后就对辅佐朝政的太公与召公说:"我假如不去掌握政权,天下就会叛乱,失去了政权我就无法向我们的先王回报。"周公说了这话以后就带兵东征,经过两年便把发动叛乱的武庚管叔他们一网打尽。之后便作了一首诗送给成王。这首诗的题目叫作《鸱鸮(chīxiāo)》,向成王表明宁可消灭管叔,也不能毁掉周朝政权。成王虽不同意周公的做法,但也没敢责备周公。引文中的"流言"表面上看像是"流传的话",实际上因为这"流言"是污蔑周公的(说武王死后周公要夺武王之子成王的政权),所以就使这"流言"带上了"不正确的言论"的语境义,因此也就带上了贬义。此后人们运用"流言"这一词时均按贬义词对待,谁也不用它指正当的言论。关于《鸱鸮》诗如今在《诗经·豳风》中可以找到。该诗未直接写周朝政权不容颠覆而是一首禽言诗,写小鸟在诉说它所受到的迫害(指管叔等中伤周公)和自己的辛勤(指周公保卫周政权)。

168. "垄断"和种地有关系吗?

"垄断"这个词其字面义是"断而不连的土山、高冈",但它为什么有了"独揽""操纵"的意思呢?这"独揽""操纵"的意思也是来自《孟子·公孙丑下》中的"语境义"。话是这样说的:"古之为市也,以其所有易其所无者,有司者治之耳。有贱丈夫焉,必求垄断而登之,以左右望,而罔市利。"这段话的意思是:"古代做生意,用自己拥有的东西交换自己没有的东西,有关官员只要稍加管理就行了。有一个卑鄙的汉子在那里,一定要找一个高处爬上去,东张西望把有赚头儿的东西都搜罗到自己这里来从中渔利。"由此可知"垄断"在引文的语境中乃是可以登上去能把"交换场"中有利于自己的东西一眼望尽的地方,后来"垄断"脱离开"出处"就带上了"把有利于自己的东西一眼望尽"的"语境义",再进一步引申一下,就具有了"独揽""操纵"的意思。由此可知,"垄断"具有了"操纵""独揽"的意思也是源于承载了"语境义"。但它承载"语境义"很有特点,这个特点就是"以点代面":用"一个可以望尽有利于自己的东西的地方"(垄断)代替了"望尽有利于自己的东西以便独揽这些东西"。

169. "落成"是"建筑物落地成功"之意吗?

不是。"落成"在古代确实是指居室建成。在今天也可指建筑物建成。但"落成"的"落"可不是"落地"的意思而是一种祭礼之名。在《左传·昭公七年》的《十三经注疏·春秋左传正义》中对"落"有解释。第一处是说:"宫室始成,祭之为落。"第二处是说"言'宫室始成,祭之为落'者,以其言落,必是以酒浇落之。虽不如庙以血涂其上,当祭中霤(liù)之神以安之。"第一处解释很明确,说明了"落"的含义。第二处解释是进一步说明"落"的,其中有两点要加以说明。第一,在春秋时代凡庙宇宫室建成都要举行祭祀典礼。举行祭祀典礼的目的是安稳宅神和土神

("中霤之神")。第二，祭祀的方式不同，庙宇要用"衈"的方式，即杀牲后以牲血涂其上，也可以称为"血祭"（亦见《左传正义》）；宫室建成要用"落"即以酒浇之。由于"宫室始成，祭之为落"，"落"成了房屋建成的标志。因此就形成了"落成"这个词，用来表示"房屋建成"。另外我们还可以看到这样一种现象，就是"落成"常与"典礼"搭配。这也可以让我们想到"祭之为落"的渊源。关于如何逐字解释"落成"，有的书解释为"落祭成功"。

170. "名宿"的"宿"是"人"的意思吗？

把"名宿"解释为"名人"勉强可以，但把"宿"解释为"人"就相差过远了。"名宿"的"宿"乃是"平素"的意思。如嵇康《忧愤》："内负宿心，外恧（nǜ）良朋（对自己感到违背了平素的心愿，对朋友感到惭愧对不起他们）。"此中的"宿"即是"平素"的意思。再如《宋史·王旦传》："初，祜以宿名久掌书命，旦不十年继其任，时论美之〔以前王祜凭他那素有的名望，很久以来担负着皇上（宋太宗）授命续修《文苑英华》的事，过了几年王旦（王祜之子）接替了父亲的工作，在当时很受好评〕。"这里的"宿"也是"平素"的意思。由于"宿"与"名"经常搭配在一起用，因而由它又生出"名宿"这个词，由"宿名"的"素有的名望"变成了"名宿"的"素有名望的人"。因此如解释"名宿"这个词不宜简单地解释为"名人"而要在"名"之前加上"素有"一类的意思。

171. 为什么"模范"有"榜样"的含义？

有人查词典，查到"土制的模子叫型""木制的模子叫模""竹制的模子叫范"，于是产生了一个问题：为什么"模型"没有"榜样"的意思而"模范"则有"榜样"的意思？据《说文解字》："范"的繁体字为

"範","範"又是"笵"的假借字。"笵"是"法"的意思。这样"範"也就有了"法"的意思。"範"既然是"法"的意思,当然"模范"就含有了"榜样(法则)"的意思。

172. 为什么称"贪官"为"墨吏"?

"墨"是会意兼形声字,篆文从土从黑,会石墨类黑色矿物颜料之意。《说文·土部》:"墨,书墨也。"本义为古代书写用的黑色矿物颜料。古代进行漆书(用漆写竹简)皆用石墨来书写。汉以后用松烟、桐煤或油烟等制成的黑色颜料来写画。石墨遂湮灭。墨也指墨汁。由于"墨"黑,用于抽象意义指"贪污,不廉洁"。如《左传·昭公十四年》有两句话谈到了"墨"。第一句是"贪以败官为墨",意思是说"贪婪而败坏职责就是墨";第二句是"夏书曰,'昏、墨、贼、杀',皋陶之型也,请从之。"意思是说"墨是皋陶的一种刑罚"。根据这两句话古人认为"墨乃不洁之称",因此后来就把贪官污吏称为墨吏。

173. "能耐"是能忍耐吗?

不是。"能"是象形字,金文象长嘴、大耳、巨身、短尾的大狗熊形。古文大同,篆文整齐化就变得不像了。《说文·能部》:"能,熊属,足似鹿。"本义为一种熊类野兽。如《国语·晋语八》:"今梦黄能入于寝门。"此中的"能"即是。此义读xióng也读néng。由于能凶猛耐寒而有力,故借用以表示"才能、本领"。如《史记·屈原贾生列传》:"上官大夫与之同列,争宠而心害其能。"此中的"能"即是。"耐"是会意兼形声字。篆文从而(胡须)从彡(象征毛)会意。本义为剃去胡须的轻刑。如《汉书·高帝纪》:"春,令郎中有罪耐以上,请之。"此中的"耐",即是。后来被借作"能",与"能"同义。如《荀子·仲尼》:"能耐任之。则慎行此道也。"此中的"能耐"即是同义复合词,"能"与"耐"都指"才能"。只不过在具体的语言环境要结合具体的语言环境进行解释。如"能耐任之"这句话,根据《荀子简释》的意见即解释为"有能力胜任的此道(就慎行此道)"。平素人们说的"此人有能耐"就是"此人有能力"。

174. "盘桓"是什么意思?

"盘桓"这个词,"盘"是大石,"桓"是树。一个大石与一棵树搭配何以有了"停留"的意义呢?原来是"盘桓"的"字面义"在《易经》的语境中就进行了引申。《易经·屯》是这样说的:"磐桓,利居贞,利建侯。"此中的"磐桓"代表"困顿"。这"困顿"义又来自何处呢?是"大石"压在"树"上阻碍树的生长,使树生长艰难。《易经·屯》这段文字的今译是:草创初期虽然使人困顿,但只要态度坚贞就有创立公侯基业的时机。由此可知今天人们用的"盘桓"的"停留"义乃是此词在《易经》中"语境义"的引申。即由"困顿"的"树不能生长"引申出的"停留不前"。此外"磐"与"盘"同音假借,今日多写为"盘桓"。

175. "匹夫"是"赶牲口的人"吗?

"天下兴亡,匹夫有责"这句话很多人都理解。因为"匹夫"指的是"普通百姓"。所以有人以为"匹夫"的"匹"与"马匹"的"匹"有关;以为"匹夫"之所以指"普通百姓",是由"地位低下的赶牲口的人"引申而来,这是一个很大的误解。那么,"匹夫"的"匹"是何意呢?"匹"乃是"匹配"的意思,和谁"匹配"呢?和"匹妇""匹配"。古代庶人没有妾,更没有别的女子与之相配,只能和妻子成双成对。这样"匹夫匹妇"就成了庶人的别名。只要一提是"匹夫"就知道他是庶人,因为他只有"匹妇"相配偶。如《孟子·滕文公下》中有这样一句话"为其杀是童子而征之，四海之内，皆曰：非富天下也，为匹夫匹妇复仇也。"这句话说的是：夏代的一个诸侯国的葛伯（爵）没有祭祀用的米谷，汤就派自己的民众去给葛伯耕田。葛伯不但不感激汤的民众，反而把汤的民众中来给耕田人送饭的一个小孩给杀了，抢去了送的饭。这样就激怒了汤，汤就起兵去征伐葛伯。这时，四海以内的人民都说："汤不是把天下当作财富占有，是给无辜的百姓报仇啊。"上述引文中的"匹夫匹妇"就是庶人、百姓。

176. "偏袒""袒护"为什么都与"裸露（袒）"有关？

"偏袒""袒护"都是"偏向某一方"的意思，这两个词也是源于同一个典故。这个典故即是《史记·吕后本纪》的"为吕氏右袒，为刘氏左袒。"说的是：汉朝的大将周勃，怕吕后夺了刘邦后代的皇权，决定带兵讨伐吕后。行动前，他向军中的将士即说了上述引文的话：你们愿意为吕后效力的把右胳臂裸露出来，愿意为刘氏宗亲效力的，把左胳臂裸露出来。由于无论偏向于哪一方都要裸露出一只胳臂，因此后来表述"偏向"含义的词就带上了"袒"字。如果不偏向某一方，持中间立场，又有"不左右袒"的成语。如《聊斋志异·珊瑚》中即有"二成又懦，不敢为左右袒"之语。茅盾的小说《追求》中又有"尤其使他发闷的是朱女士的两次都没举手的那种不左右袒的态度"之语。

177. "器重"的"器"指的是"贵重器物"吗？

由于"器重"是"对有才能的人加以敬重"的意思。因而有的人把"器重"解释为"像重视贵重器物那样"。其实这是误解了"器"的含义。"器"确实有指"器物"的义项，但"器重"的"器"则用的是指"才能"的义项。如《礼记·王制》："瘖（yīn）、聋、跛躃（bì）、断者、侏儒，百工各以其器食之（哑巴、聋子、瘸子、缺胳膊少腿的人、矮子以及有各种技艺的人各自靠他们的才能做些力所能及的事由国家养活他们）。"此中的"器"即是"器重"的"器"，是"才能"的意思。由此可知，"器重"如说它的字面意思乃是"才能敬重"。"才能敬重"是用了古汉语的"意动用法"。如进行今译则为"认为××有才能而敬重他"。如《后汉书·刘陶传》："同宗刘恺，以雅德知名，独深器陶（与刘陶同宗族的刘恺以高尚有德闻名，唯独他深以为刘陶有才能）。"此中的"器"即是"以为有才能"的意思，也可直接解释为"器重"。如《汉书·疏广传》："广繇是见器重，数受赏赐。"此中的被器重者是疏广。《汉书·冯野王传》："野王虽不为三公，甚见器重，有名当世。"此中的被器重者是冯野王。此外古典中曾用"大器"（大才能）指过一个人，从所举的这个人也可知"器"是指"才能"。这个人是谁呢？"施伯谓鲁候曰：'……管仲者，天下之贤人也，大器也……'"（《管子·小匡》）这里说的是"九合诸侯，一匡天下"的管仲，说他既贤德又有才。

178. "牵强"与"附会"同义吗？

不同义。"牵强"是对讲不通的道理硬加以解释。"附会"是将没有关系的事物硬联系在一起。但把两词结合起来则表述："把本来没有某种意义的事物硬说成有某种意义"。《韩非子·外储说左上》中有一个典型例子："郢人有遗燕相国书者，夜书，火不明，因谓持烛者曰：'举烛。'云而过书'举烛'；'举烛'非书意也。燕相受书而说之，曰'举烛者，尚明也。尚明也者，举贤而任之。'燕相白王，王大说，国以治。治则治矣，非书意也。今世学者多似此类。"这段话说的是：郢地人给燕国首相送国书，在夜里写。但照明不好，因此对持火炬的人说："把火炬举起来。"说过之后便在书简上误写了"举烛"这两个字；可是"举烛"这两个字的意思并不是国书上要写的意思。燕国首相接到这个书简以后非常高兴，说："举烛，是崇尚光明啊！崇尚光明，就是举出贤良人才而委以重任啊！"于是燕国首相把他对书简内容的理解告诉给燕王，燕王也很高兴。任用贤才以后国家得到了安定太平。国家经过贤才治理是得到安定了，但这举荐贤良并不是郢人呈国书的本意啊！从此文的最后一句话可知，此文是韩非为批评"今世学者"对古籍的理解喜"牵强附会"而写的。燕国首相对郢书的理解就是典型的"牵强附会"。

179. 为什么用"乔迁"祝贺人搬家？

从字面上说"乔"是"乔木（木之高而上曲者）"，"迁"是"迁移"，从字面意思上似乎找不出"乔迁"作为祝贺之词的原因。那么"乔迁"为什么能成为祝贺之词呢？原来此词是代表了一章诗的意思而后成为祝贺之词的。它所代表的一章诗出自《诗经·小雅·伐木》，诗句是："伐木丁丁，鸟鸣嘤嘤。出自幽谷，迁于乔木，嘤其鸣也，求其友声。"据《毛诗正义》，这首诗是咏叹朋友故旧之间应"亲亲以睦"。这章诗的意思则是：伐木的丁丁声，惊扰了嘤嘤鸣叫的鸟儿。鸟儿离开了深谷，飞向高大的乔木。鸟儿在高处依然嘤嘤地鸣叫，这鸣叫表明它没有忘记在深谷中曾一起相处的朋友。从上述这章诗可知："乔迁"一词来自"出自幽谷，迁于乔木"；词义则是"自低处升迁到了高处，到了高处仍不忘在低处相处的朋友"。由于"乔迁"有"自低升高，升高也不忘故旧"这样吉利和谐的含义，因此它就成了祝贺人搬家或升官的用语。

180. 为什么称"才貌出众的人"为"翘楚"？

这个问题问得好。因为查遍"翘"和"楚"的所有义项，查不到这两个字的义项中有与"出众"有关的意义。唯一一个可以与"出众"勉强沾上边的义项就是"翘"，有"鸟尾可上举的长毛"的意义，但是把这个意义拿来与"楚"搭配,无论如何也搭配不上。因为从"楚"的"楚木""丛生的草莽""古代刑杖""打""痛苦"诸义项中挑不出一个与"翘"搭配起来可以言之成理的。那么这到底是怎么回事呢?原来"翘(qiáo)楚"语出《诗经·周南·汉广》:"翘翘错薪,言刈其楚。""翘翘"有两种解释,一种认为是"众多的样子",一种认为是"高大的样子"。"错薪"指杂乱的柴草。"言"是动词词头,没有实义。"刈"是砍、割。"楚"也有两种解释,一种认为是荆条,一种认为是高出杂树丛的荆树。两句诗的字面义是:高高的杂树丛,我砍它那高出头的荆树。《汉广》这篇诗是写男子求偶失望的诗,诗中以"错薪"比喻一般的女子,以"楚"比喻男人所爱慕的女子,由于"楚"是诸"错薪"中高出头的,因而后来称才能或容貌出众的人为"翘楚",如孔颖达《春秋正义序》:"刘炫于数君之内,实为翘楚。"辛弃疾《贺新郎》:"王郎健笔夸翘楚,到如今,落霞孤鹜,竟传佳句。"两例分别说刘炫、王勃为杰出的人,即翘楚。

由此又可知,"翘楚"指"才貌出众的人"的意义用的乃是"翘楚"在"翘翘错薪,言刈其楚"中的语境义。"翘楚"二字的字面义对读者了解"翘楚"的意义没有帮助,只起引导读者认读此词的符号作用。

181. 为什么"琴瑟"可比喻"和好"?

用"琴瑟"比喻"和好"来源于《诗经·周南·关雎》:"窈窕淑女,琴瑟友之(美好文静的淑女,与君子像琴瑟那样和谐同心)。"对此中的"琴瑟友之"为什么这样解释呢?这又源于《十三经注疏·毛诗正义》对"琴瑟"和"友"的注疏:"(窈窕淑女)其情性之和,上下相亲,与琴瑟之音宫商相应无异""同志为友"。由于"琴瑟同时弹奏其音谐和('宫商相应无异')",所以后来就用"琴瑟"比喻"和好"。(1)在上述引诗中"琴瑟"是用于"君子""淑女""上下相亲"的。因此这"琴瑟"比喻的是"夫妻和好"(今天仍可用"琴瑟友之"作对新婚夫妻的祝词)。(2)曹植《王仲宣诔》:"吾与夫子,义贯丹青,好和琴瑟,分过友生(我和你的正义结交可以名垂青史,我们之间的和谐友情要超过其他同辈)。"此中的"琴瑟"则比喻的是朋友之间的和好。(3)潘岳《夏侯常侍诔》:"子之友悌,和如琴瑟(你和兄弟之间如琴瑟之和谐)。"此中的"琴瑟"又比喻的是兄弟之间的和好。由此可见"琴瑟"这一比喻的适用范围是比较广泛的。与此同时"琴瑟"也见有"活用"于反方向的。如《幼学琼林》则载有"琴瑟不调,夫妻反目之词",再加上这句话又是与"如鼓琴瑟,夫妻好合之谓"对应着说的。所以"琴瑟不调"应适用于比喻夫妻不和。

182. "区域"是怎样成为"一定范围"的?

"区"是会意字。甲骨文从匸(xì 表示家奴住的简易遮藏处),从品(表储藏的物品或众庶)。会家奴逃亡藏匿之处之意。《说文·匸部》:"區,藏匿也,从品在匸中,品,众也。"本义为藏匿。如《左传·昭公七年》:"吾先君文王作《仆区》之法,曰:'盗所隐器,与盗同罪',所以封汝也(我们的先君文王制定惩罚窝藏的法令,说:'藏盗贼的赃物和盗贼同罪',所以分封到汝水)。"此中的《仆区》乃是春秋楚刑书名。"仆"是"隐","区"即"藏匿"之义。"区"由"藏匿"引申指"藏匿处"。这"藏匿处"用作名词就引申指"一定的地域范围"了。如徐世隆《广寒殿上梁文》:"北襟山势,真广寒之区。"此中的"区"即是地域范围。由地域之不同,用作动词,"区"又表示"区分"。"藏匿处"必隐而小,故用作"区区"又表示"小小""少少"。"域"指在一定疆界内的地方,与"区"组成"区域"指"一定的范围"。

183. 为什么用"桑榆"比作黄昏？

与"桑榆"有关又常用的成语有两个，一个是"失之东隅，收之桑榆"，一个是"东隅已逝，桑榆非晚"。前者涉及的故事是：东汉初，冯异与赤眉军作战，先败后胜。光武帝刘秀慰劳冯异说："始虽垂翅回溪，终能奋翼黾（miǎn）池，可谓失之东隅，收之桑榆（开始虽在回溪败阵，但最后还是在黾池取得胜利，可以说是在早晨丢了又在黄昏收了回来）。"（见《后汉书·冯异传》）后来就用这个成语比喻初虽有失而终得成功。后者出自王勃《滕王阁序》。此文是王勃在滕王阁宴会上写的一篇赠序。"东隅已逝，桑榆非晚"是序中与参加宴会的人共勉的话，意思是：早年的时光虽然已经过去，而珍惜将来的岁月却也为时不晚。后来人们就用这个成语勉励人要珍惜现有的时光，不要空叹过去虚度了光阴。那么上述两成语为什么用"桑榆"比喻"黄昏"和"将来的岁月"呢？这是因为古人用它们在黄昏时最常见的景象来"比喻黄昏"了。从《孟子·梁惠王上》中可知，我国古代百姓典型的住地是"五亩之宅，树之以桑"。也就是家家植有桑树，再有就是种榆树。因为榆树的叶、果（榆钱）皮都可以吃。榆木木质坚硬可制器物和盖房。这样在黄昏百姓就见到了"日西斜时余晖落在桑树和榆树树端"的景象。由于这一景象是人所共见的。这样"桑榆"就用来比喻"日暮"了。如《太平御览》引《淮南子》："日西垂景在树端，谓之桑榆。"即说的这个问题。"桑榆"能比喻"日暮"，再引申一下也就能比喻"将来的岁月"和"垂暮之年"了（如"桑榆晚景"）。"东隅"是"东边"，日出之处。同理也就用"东隅"代指"早晨""早年的时光"。

184. "摄政"的"摄"是"代理"还是"辅佐"？

"摄"的确既有"代理"的义项又有"辅佐"的义项。如《诗经·大雅·既醉》："朋友攸摄，摄以威仪（成王之臣都有仁孝的美德，他们在祭祀典礼中相互辅佐）。"此中的"摄"就是"辅佐"的意思，"朋友"指的是成王的臣子，他们互相辅佐为的是使"威仪"（典礼）成功。再如《左传·僖公二十八年》："师还。壬午，济河。舟之侨先归。士会摄右。"这段话说的是城濮之战后晋国军队回国，途中渡河。因为舟之侨先回国了。所以他的戎右（在战车上立于右侧执矛戟为护卫）的职务由士会代理。此中的"摄右"即"代理戎右"。"摄"虽有上述两个义项，但当"摄"与"政"组成"摄政"时因为它涉及一个典故，所以"摄政"就专有了一个意义，即"代君主处理国政"而不是"辅佐处理政事"或"代理政事"。这个典故是《礼记·文王世子》："周公摄政，践阼而治（周公代成王处理国政）。""践阼而治"在这里有"临时代行王政"的意思。与前一句有些重复，故没有另译。代行王政的原因，在《史记·鲁周公世家》中有记载，说"昔者周公恐天下闻武王崩而畔，周公乃践阼代成王摄行政当国。"周公怕有些势力听说武王死了成王年幼而反叛，所以自己代成王掌国以让各种有叛心的势力死心。"践阼"本是帝王即位的意思。在这里有"代行王政"的意思。此后在历史上出现了"摄政王"职位，居这种职位的人其"摄政"也是代行国政。

185. "深造"的"造"是学习吗？

造　造　造

金文　　小篆　　楷体

不是。"造"是会意兼形声字。金文从舟从宀（mián，房）从告，会乘舟前往到访之意。古文省去舟加上彳（半条街）和止（一只脚），其意义不变。也有人认为金文从舟从宀乃表示造船之意，是"造"的本字，可备一说。本义当为到访，到达。如"登峰造极"的"造"即是。由"到达"又引申达到某种程度或境界。如《孟子·离娄下》："君子深造之以道，欲其自得之也（君子在学问上达到精深的境界靠的是正确的方法，这就是要做到自己有所体会）。"此中的"造"即是。所以"深造"的"造"不是"学习"。

186. "时髦"是外来语吗？

有的文章把"时髦"和"摩登"都列为外来语。理由是"时髦"是smart的音译，摩登是modern的音译，看来此文是把"时髦"误解了。smart确实有时髦的义项，而且中文译音与"时髦"也相近。但文章作者却忽略了一点，如果"时髦"是smart的译音，为什么"时髦"的"髦"不用简单一点儿的字而非用"髦"这么一个比较生僻的字呢？原来，时髦不是外来语的译音，而是汉语固有的词。如《后汉书·孝顺帝纪赞》："孝顺初立，时髦允集（孝顺帝刚即位，当时的俊杰及时前来聚集）。"此中的"时髦"即是"当时的俊杰"的意思。"时"是"当时"，"髦"是"俊杰"，这"俊杰"乃是"髦"的本义——毛中长毫引申而来。《尔雅》郭璞注："士中之俊，犹毛中之髦。"此中的"髦"即用的是本义。正因为"时髦"有上述的意思，所以今人多用此词形容人的衣着装饰现代入时。

187. "食言"是"把话吃了"吗？

把"食言"解释为"把自己承诺的话吃了"，有人以为这样是"望文生义"了。其实不是。这样解释是有所本的，而且"所本的"还不只是一处。首先在《尚书正义》中有这种解释。《尚书·汤誓》："尔尚辅予一人，致天之罚，予其大赉（lài）汝。尔无不信，朕不食言。"这段话是商汤讨伐夏桀时对百姓说的话。意思是：你们能帮助我去讨伐夏桀，我会爵赏你们。你们不要不相信我的话，我不会食言。这段话的后面《尚书正义》即注"食言"为"食尽其言，伪不实"。比这个"注"更具体更形象的是《左传正义》对《左传·僖公二十八年》一段话后面的"注"。这一段话是:"子犯曰:'师直为壮,曲为老,岂在久矣。微楚之惠不及也。退三舍避之,所以报也。背惠食言,以亢其仇,我曲楚直'(子犯说:'军队出兵理直气壮才是威武之师,否则就不会有士气。我国如果不是楚王当年对我们大王有恩,我国今天也富强不到这种地步。现在我军退避三舍,就是要回应当年大王为感恩许诺给楚国的话。如果忘记当年楚王对我们大王的礼遇,说话不算话,把楚国按仇人对待,那么正义就不在我方而在楚国')。"就在这段话后面"注"的是"哀二十五年传孟武伯恶郭重曰:'何肥也?'公曰:'是食言多矣,能无肥乎!'然则食言者,言而不行,如食之消散,后终不行,则前言为伪,通谓伪言为食言,故《尔雅》训食为伪也。"从这段"注"中可知:孟武伯厌恶郭重。因为郭重长得胖就取笑他"为什么长得这么胖?"鲁哀公在座。哀公说:"郭重把自己承诺的话吃得多了,他怎么能不胖呢?"这段史实也是把"食言"光解释为"吃言"。当然在这段"注"中还说了"食之消散,后终不行"的引申义,"食言"也可以解释为"伪言"。

188."市集"又称"市井",与"井"何干?

市集又称"市井",确实就因为有"井"字而产生了许多说法:(1)《管子·小匡》尹知章注:"立市必四方,若造井之制,故曰市井(设立市必须让市这个地方四通八达以便人员和货物集散方便。这样做很像造井的原则,造井也必须方便四方前来汲水的人。因此称市为市井)。"(2)《史记·聂政传》后的《史记正义》注:"古者相聚汲水,有物便卖,因成市,故云市井(古代井很少,人们要相聚到有井的地方来汲水,有富余的东西也就在这里换钱,因此这有井的地方就成了市,所以称这样的地方为'市井')。"(3)《后汉书·刘宠传》注引《春秋井田记》:"八家而九顷二十亩,共为一井……因井为市,交易而退,故称市井(一个井田共九顷二十亩,分为九份儿,八方各给自己种一份,再共同种九份中所余的那一份儿。因为要共同种一份儿,因而在相聚时可互通有无,因此称这互通有无的地方为'市井')。"上述三种说法中被许多版本认同的是第一种说法。如王伯祥选注的《史记选》则在《魏公子列传》的"臣乃市井鼓刀屠者"后即用的是第一种说。"市井"一词今日已不用,但在电视剧中还可以听到。

189."事业"是近代才出现的词吗?

不是。"事业"在《易经》中就多次出现了。最有名的有两处。一处是《易经·文言传》:"君子黄中通理,正位居体,美在其中,而畅于四支,发于事业,美之至也(古代以黄色为正色,因此君子应当像黄色,位居中央,通情达理;应当使自己保持在正当的地位上,这样美德就具备于身体内部,自然畅达于四肢而能行动自如;还应使美德向外表现在事业上,这才是美的极致)。"对于"事业",《周易正义》注为"所营谓之事,事成谓之业,美莫过之。"也就是说,"所经营的对象、内容叫作事,把这事经营成功了叫作业。最美的事莫过于把事办成功。"因此"事业"有"人的成就"之意。还有一处是《易经·系辞上》:"是故,形而上者谓之道,形而下者谓之器;化而裁之谓之变,推而行之谓之通;举而错之天下之民,谓之事业。"意思是:所以,抽象超出形体之上的,称作道。道是路、历程,指事理、方法。具体有形体可见的,称作器,即器具、工具。器具与道理不可分离。譬如弓箭、车马是器具,没有弓箭、车马,那么射箭、驾驭的道理就不存在。将抽象的道理与具体的器具适当地变化剪裁以达到应用的目的,这就是"变",即"变通"。把"变"进一步推演,使其实行发挥作用,这就是"通",即"通达"。把器具、道理和它们之间的关系融会贯通了拿来进行倡导设置以供天下人民使用,这就称作事业。从这第二条对"事业"的解释来看,"事业"就是把器具和道理拿来供天下人民使用。这种认识一直仍是今天人们对"事业"的认识。

今天"事业"有两个义项，（1）指人所从事的具有一定目标、规模和系统而对社会发展有影响的经常活动。如"革命事业""事业心强"。（2）指没有生产收入由国家负责经费开支，不进行经济核算的事业，与企业不同。如"中小学为事业单位。"

190. "衰落"为什么用"式微"表示？

"式微"语出《诗经·邶风·式微》："式微，式微，胡不归？"对这两句诗有两种解释，一种是《毛诗正义》，《正义》中有下列注疏："式微，黎侯寓于卫，其臣劝以归也"，"式，用也，式微式微者，微乎微者也。"按照这个注疏今译应为：黎侯在卫地寄居用处很小了，为什么还不回来？还有一种是按"式"与"微"的其他义项作为解释："式，发语词""微，隐蔽，昏暗""式微，天色正晚"。按这种解释今译应为：天色已晚为何还不回来。后来这第二种解释较通行。"式微"又由"天色晚"被引申为"衰落""衰微"。故古装电视剧或讲学术的文章就用"式微"表示"衰落"了。如《聊斋志异·柳生》："仆即式微，犹是世裔，何至下昏于市侩？"此中的"式微"即是。

191. 为什么用"硕果"指仅存的难得之物？

这样问这个问题的读者可能是查了《辞源》后产生了疑问。因为《辞源》是这样解释这个词，但没有说明理由。辞源之所以这样解释这个词是因为他把"硕果"当成一个典故来看待的。"硕果"作为典故出自《易经·剥》："硕果不食。君子得舆，小人剥庐。"对这句话《易经》的各个版本都有不同的解释。笔者下面的解释遵照的是《十三经注疏·周易正义》。"硕果不食"者说的是"树上的其他果子全不在了，只有一个果子长到很大了也没被吃掉，仍然长在树上。"这说明"硕果"是极其宝贵的，也是后来人们用"硕果"指"仅存的难得之物"的原因。如"硕果仅存"这个成语即用的这个典故，如"硕果累累"则用的是"硕果"的发展义。"君子得舆，小人剥庐"是紧承"硕果不食"说的。先把仅留在树上的"硕果"看成是"在上的位置"。这个"上位"如果被君子处在上面，那么就可以为人民覆荫，使人民安全（"君子得舆"）；相反，如果这个"上位"让小人占据，那么人民就得不到庇荫，甚至连安身之所都没有了（"小人剥庐"）。此外"硕果仅存"虽说指的是仅存的难得之物，不过从今天人们的用例看，多用"硕果仅存"指人，指年过古稀学有专长的国宝级的人物。

192. "素质"能"拷问"吗？

"拷"字从手从考（也就是从"老"），是一个会意字，代表的是一种法律上的父权主义。它的意思是法官审犯人就像父亲（从"考"）责罚询问子女，虽然严厉，但有亲情在，不是恶意的残酷的责问。令人奇怪的是：在北京一份晚报上的"北京巡礼"栏中竟然有"危急关头拷问市民公德素质：紧急情况下你有秩序意识吗？"的大标题。"市民公德素质"怎么能"拷问"呢？可能是编者要发展这个词的意义，用它来表示"严肃地问"吧！

193. "饕餮"二字只指贪食而且不能分开用吗？

不是。"饕"是形声字。金文从口刀声。篆文整齐化，异体改为从食号声。隶变后楷书分别写作饕、叨二字，如今表意有分工。饕的本义为"贪婪"。如"不仁之人，决性命之情而饕富贵。"此中的"饕"即是。又特指"贪食"。如"璧月澄照，饕蚊遥叹。"此中的"饕"即为"贪食"。又引申指"狂暴""凶猛"。如"吏饕鹰隼如，攫拿何顾惜（官吏的贪婪如同鹰隼啄肉一般，强取豪夺，哪里顾惜老百姓）。"此中的"饕"即是。由此可知"饕"能单独用。"餮"是形声字。篆文从食殄声,本义为"贪""贪食"。如"我生以来,河十数决,岂河难治?抑治河之拙?抑食河之餮?(自我出生到现在,河已经决口十余次,是河难治呢?还是治河不得法?还是过分地利用河而不保养河?)"此中的"餮"即指"过分贪食"。"贪利过老餮。"此中的"餮"即指"贪利"。与"饕"一起用作"饕餮",则指传说中的一种贪食的恶兽。古代铜器上常用它的头部形状做装饰,称饕餮纹。如"周鼎著饕餮,有首无身。"此中的"饕餮"即是。后来除用于指贪食的人之外,还指凶恶贪婪的人。如"缙云氏有不才子,贪于饮食,冒于货贿(贪婪钱财),天下谓之饕餮。"此中的"饕餮"即指贪婪的人。由此又可知:"饕餮"不只用于指"贪食"。

194. "提携"有"合作"的意思吗?

有。"提"是形声字。篆文从手是声,本义为"拎着,拿着"。如"提刀而立,为之四顾"的"提"即是。引申指"举起,使事物的位置向上升"。如"方提(栾布)趋汤,顾曰:'愿一言而死。'(正要提起栾布向沸水锅的方向走,栾布回过头来说:'我希望再说一句话再去死。')"此中的"提"即是。又引申指"举拔,使人的位置向上升"。如"故公卿大臣数被诋毁,近臣尚书以下至见提拽(因此公卿大臣多次被诋毁而皇帝的近臣却被提拔)。"此中的"提"即是。又引申指"拉着,率领"。如"前者呼,后者应,伛偻提携,往来不绝者,滁人游也(前面的呼喊,后面的应答,弯腰驼背老老少少之人互相拉着,来来往往,是滁州人在出游)。"此中的"提"即是"拉着"。"玄德自提一军攻打西门。"此中的"提"即是"率领"。又引申指"扶持"。如"日行见孤老,羸弱(瘦弱之人)相提将"的"提"即是。"提携"的"提"要用到以上所有的意义。"携"是形声字。篆文从手巂声,本义为"提"。如"天之牖民,如埙如篪,如璋如圭,如取如携。"此中的"携"即是。引申指"牵,挽"。如"扶老携幼,迎君道中"的"携"即是。"提携"的"携"即用上述有关的两种意义。因此"提携"（1）指"牵引，牵扶"。如"长者与之提携，则两手奉长者之手（若长辈们要牵手走，就要双手接捧长辈的手）。"此中的"提携"即是。（2）指"提拔，照顾"。如"秀有隽（俊）才，性豪侠有气，弱冠（二十岁）得美名。于太康中，为卫瓘、崔洪、石崇所提携。"此中的"提携"指"提拔"。"昔年洛阳社，贫贱相提携。"此中的"提携"指"照顾"。（3）指"携手，合作"。如"咱们都是刚开办的小买卖，都经验不足，要相互提携，别暗地里拆台。"此中的"提携"即是。

195."体裁"和"裁衣裳"有关系吗？

有关系。"体裁"的"体"简化前写作"體"是形声兼会意字。篆文从骨豊声，简化后借"体"来表示。本义为人或动物全身的总称。如《孟子·梁惠王上》："轻暖不足于体与？（身体不满足轻暖的衣服呢？）"此中的"体"即是。由"身体"又引申指"文章的表现形式"。"体裁"的"体"即是。"裁"是形声会意字。篆文从衣𢦒声，也兼表剪割之意。《说文·衣部》："裁，制衣也。"本义为剪，裁制，即用刀剪或切割布帛、纸张等制作衣物。如贺知章《咏柳》："不知细叶谁裁出，二月春风似剪刀。"此中的"裁"即是。由裁衣的样式又引申指"样式""风格"。"诗有恒裁，思无定位"的"裁"、"体裁"的"裁"均是。"体裁"即文学作品的表现形式，可以用各种标准来分类。如根据有韵无韵分为韵文和散文；根据结构分为诗歌、小说、散文、戏剧等。

196."铜臭"为何是贬义词？

"铜臭"也就是"铜味儿""铜的气味"。按理说应该是中性词。因为这是铜的自然属性，人对它无从进行褒和贬。但是此词为什么却带上贬义呢？这要从《后汉书·崔骃列传》说起：（崔）烈时因傅母入钱五百万，得为司徒……问其子钧曰："吾居三公，于议者如何？"……钧曰："论者嫌其铜臭。"此中的"司徒"是辅助国君掌握教育大权的官员。"三公"在汉代时指"大司马、大司徒、大司空"。全段话的意思是：崔烈向朝廷交了五百万钱，买了一个名为司徒的官职。一天，他问儿子崔钧："我现在高居三公之位，人们对这件事是怎么议论的？"崔钧说："议论的人嫌您这买官的事有铜的气味不愿议论。"关于此中的"铜臭"，在宋·佚名《释常谈》中专有一个"注"，"注"的是："将钱买官，谓之铜臭"。由于在此事件中本不含褒义和贬义的"钱味儿"与"买官"联系起来了，所以让"铜臭"带上了贬义。从《释常谈》注中我们还知道"铜臭"最初是专指"将钱买官"的。后来此词义有了扩展。如对"为富不仁"的人可说"从他身上发出铜臭味儿""他一身的铜臭"等等。总之"铜臭"与"钱"挂起了钩。

197."痛楚"为何与"痛苦"同义？

这样提问题，可能与认为"楚"与"苦"的字义相去甚远有关。确实是这样：词典上解释"痛楚"就用"痛苦"二字。但细查"楚""苦"各为何意，"楚"解释为"一种丛生落叶灌木，又名荆"，"苦"解释为"苦菜"。"苦菜"引申为"苦"，还比较好理解，而"楚"引申为"苦"则会觉得费解。实际上如果对"许多字的意义是经过辗转引申而来"这一现象习以为常了，那么"楚"能引申出"苦"的意义就不难理解了。"痛"是形声字。篆文从疒从甬，本义为"疼"，即由疾病或创伤所引起的极不舒服的感觉。如"桓侯体痛，使人索扁鹊（名医），已逃秦矣。"此中的"痛"即是。"痛楚""痛苦"的"痛"均用的是此义。"楚"本义是"楚木"。如"翘翘错薪，言刈其楚（杂木乱草丛生，只割其中的荆条）。"此中的"楚"即是。由于"楚木"坚韧，可做刑杖或责打学生的小杖。如"夏、楚二物，收其威也（用教鞭和小杖两种教具，来收拢劣等生的不服管教）。"

此中的"楚"即是。用作动词,指(用刑杖)打。如"搒楚之下,何求而不得(在刑杖的搒打之下,要什么样的口供要不到)。"此中的"楚"即是。由"搒楚"又引申指"痛苦"。如"终皓首兮何时忘,情楚恻兮常苦辛。"此中的"楚"即是。"痛楚"的"楚"即用的是此义。"苦"是形声字。篆文从艸古声,本义为"苦菜",即"荼"。一年生草本植物,春夏抽枝长叶,秋天开黄色小花,有浓烈的腐败豆酱气味,故古人称之为败酱草,可食用,全草入药。引申指"像胆汁或黄连的滋味"。如"而黄连、黄檗、卮子、大黄,其味皆苦。"此中的"苦"即是。由"味苦"又引申指"内心难受""使难受"。如"吏呼一何怒,妇啼一何苦。""良药苦口利于病,忠言逆耳利于行。"此中的"苦"即是。"痛苦"的"苦"即用的是此义。综合以上,可知"痛楚""痛苦"同义。

198. "涂鸦"只比喻小孩的书法吗?

"涂鸦"语出卢仝《示添丁》:"忽来案上翻墨汁,涂抹诗书如老鸦。"此诗说的是唐诗人卢仝的儿子打翻了桌子上残存的墨汁,把纸上新写的诗给涂得像只老乌鸦。后来由此事此诗节略出两个人们常用的词,一个是"涂鸦",一个是"涂抹"。"涂鸦"虽然是从卢仝的儿子身上引出来的,但从后来的用例看,此词既可用于比喻儿童写书法,也可用于比喻大人写作。如徐枋《与杨明远书》:"外一扇乃幼儿涂鸦",指的是外一扇门的纱窗上写的字乃幼儿写的。再如《镜花缘》第二十二回:"晚生倘稍通文墨,今得幸遇当代鸿儒,尚欲勉强涂鸦,以求指教,岂肯自暴自弃!"这段话中的"涂鸦"则是指成人写作,不过有一点,"涂鸦"用于成人时多为谦词。"涂抹"一词是直接从卢仝诗中截出的,后人常用它表示"乱涂"或"下笔不经意"的意思。如《琅(láng)嬛(huán)记》:"王维为歧王画一大石,信笔涂抹,自有天然之致"。此中的"涂抹"即用的是"下笔不经意"的意思。"涂抹"除用于书法外,也指一般生活中的涂抹之事。

199. "往生"中有"生"为何还指"死"?

确实是这样。人们讳言人"死"时有时用"往生"代替。"往生"为何可代指人"死"呢?这是因为"往生"乃佛家语。如《无量寿经》:"无量寿佛与诸大众现其人前,即随彼佛往生其国,便于七宝华中自然化生。"此中的"往生"即指"死"。要弄明白这段引文的意思须先了解以下几点:(一)佛教称人"死"为"往生"是说"人'往'另一个世界的莲花上化'生'去了"。这另一个世界叫"弥陀如来之极乐净土"。这"莲花"叫"七宝华"。佛教有往生咒,念咒可以使死者超生投胎为人身。(二)上文中的"无量寿佛"即"阿弥陀佛"。"阿弥陀"是梵语译音,"无量"的意思。"无量寿佛"是佛家净土宗西方极乐世界的教主。凡是愿往生到极乐世界去的人,要一心不乱,长念他的名号(阿弥陀佛),等到临死时无量寿佛就会前来接引,往生到他的极乐国土去。(三)上文中的"七宝华"即"七宝莲花",由多种宝器制成。把上述几点弄明白了,就可知上面引文的意思是:有人要往生了,无量寿佛和许多人就出现在要往生的人的面前。这要往生的人就跟随着无量寿佛到极乐国土去。然后在七宝莲花上自然地发育成长。"往生"一词虽是佛家语,但非佛家人也作为婉词使用。

200. 为何"未来""没有"(未)都用到了"未"?

甲骨文　　金文　　小篆　　楷体

"未"确实与树有关,是象形字。甲骨文象树木枝叶重叠繁茂之形。树叶繁茂就有遮蔽,遮蔽而暗就看不清情况,未来的事也难于看清,故引申指"未来"。如《后汉书·冯衍传》:"盖闻明者见于无形,智者虑于未萌。况其昭晰(zhé)者乎(听说明察的人能从无形中看出问题,有智慧的人能从未发生的事情中思考出问题,更何况大智慧的人呢!)"此中的"未"即是。树叶繁茂遮蔽而暗,故借做否定副词,否定行为已经发生,即相当于"没有""不曾"。如《孟子·滕文公上》:"滕君,则诚贤君也。虽然,未闻道也(滕国国君倒确实是一个贤明的君主,尽管如此,却还没能懂得真谛)。"此中的"未"即是。

201. "问题"问的是"题"吗?

"问"的是"题"。"题"是形声兼会意字。篆文从页(头)是声,是也兼表正顶之意。《说文·页部》:"题,额也。"所以"题"的本义是"额头"。如《韩非子·解老》:"是黑牛也而白题(这个黑牛是白色额头)。"此中的"题"即是。由于"额头"多是在人和动物的上方部位,因此"题"引申泛指"事物的端头"。"端头"是事物的头,也是缘由的开始;而人们凡发问要问的内容都要"从头说起"。因此就让这"从头说起"的"头"(题)代表要问的内容了。所谓"问题",就是要问"事物的由头至尾"和"缘由的来龙去脉"。由于事物的端头在"事物的前边和上面",因此"题"又引申指"题目""标签""书签"。如《宋史·晏殊传》:"臣尝私习此赋,请试他题(我在平素曾经学习此赋,对它比较熟悉,似没有用此赋考查我的必要,请出其他题目吧)。"此中的"题"是"题目"。李白《感兴》之三:"委之在深箧,蠹鱼坏其题(把它放在了箱子里,书虫咬坏了它的标签)。"此中的"题"为"标签"。杜甫《西郊》诗:"旁架齐书帙,看题检药囊。"此中的"题"为"书签"。

202. 带"齿"的"龌龊"为何与"不洁"挂上了钩?

"龌龊"二字均是"齿"字旁,应该和嘴有关,"嘴"可以说是人体最干净的地方了,为什么与"不洁"有了联系呢?这还得从"龌龊"的本义说起。"龌龊（wòchuò）"的本义乃是"牙齿细密紧挨着"。如《广韵·觉韵》："龌龊，齿相近"。由"齿相近"引申指"气量局狭"。如南朝·宋·鲍照《代放歌行》："小人自龌龊，安知旷士怀。"此中的"龌龊"即是。又引申泛指"事物狭小"。如李白《大猎赋》："当时以为穷壮极丽，迨今观之，何龌龊之甚也（当时以为是极其壮丽的，等到如今来看又是多么的狭小啊！）。"此中的"龌龊"即是。后来由"狭小"又引申指"污秽不洁"，而且成为常用的义，如"龌龊破烂的外衣"的"龌龊"即是。高文秀《黑旋风》："他见我风吹的龌龊，是这鼻凹里黑。"此中的"龌龊"亦是。又进而引申指"品行不端""政治腐败"。如李宝嘉《官场现形记》："熟知夫官之龌龊卑鄙之要凡，昏聩糊涂之大旨，于是殚精竭神写成《官场现形记》。"此中的"龌龊"即是。

203. "呜呼"既能表示赞美又能指"死"吗？

"呜呼"一词本为叹词，可用此词表示哀叹，亦可表赞美。如《尚书·五子之歌》："呜呼！曷归？予怀之悲（呜呼！何不归来？我因思念你而悲痛啊！）"此中的"呜呼"是表示悲哀的。而《尚书·旅獒（áo）》中"王曰：'呜呼！明王慎德，四夷咸宾（呜呼！明王注重修德，四方的人民都非常宾服）。'"则是表赞美的。由于"呜呼"在祭文的最后结尾处也多用，因此使"呜呼"的词义发生了向"表悲哀"的方向演变，后来就引申出了"死"的一个义项。如宋·张镃（zī）《临江仙》："纵使古稀真个得，后来争免呜呼（纵使能活到七十以上的古稀之年，那么最后也难免一死）。"此中的"呜呼"即表示"死"。在与"呜呼"同时存在的还有一个短语即"呜呼哀哉"。不过此语只表悲叹。如《诗经·大雅·召旻（mín）》："呜呼哀哉，维今之人，不尚有旧（唉！难道现在的人，没有古人的旧德吗？）"即是表悲叹的。但从中我们也可以看到一种情况，即"呜呼哀哉"中虽有"哀哉"，但其所叹并不一定是有关"死"人的事，只要是"可悲的事"即可用。不过"呜呼哀哉"一词到了近现代除去用在祭文中它的意义没变外，如用在其他方面它则常常会是"死"的代名词，而且还带有讽刺的意味。如《警世通言》第五卷中的"须臾七窍流血，呜呼哀哉。"《红楼梦》第十六回中的"秦业……将秦钟打了一顿，自己的老病发了，三五日便呜呼哀哉了。"此外，"呜呼哀哉"不是一个词而是一个短语，译成现代汉语应为："唉！真是哀痛极了！"由于"呜呼"与"哀哉"的意义联系得太紧密，故后人给原来本无标点的古文加标点时也没有把这两个词断开，以致会使人把"呜呼哀哉"误为一个词。对某死人不敬，说他死了，即说"某人呜呼哀哉了！"但韩愈《祭十二郎文》结尾用的"呜呼哀哉"则是非常真挚而悲痛的话。如把此语用为动词则多含贬义。

204. 为什么"物色"有"访求"的意思？

"物色"的"物"是事物，"色"是颜色，确实与"寻访寻求"这一动词从意义上说相距甚远。但是至今为什么要"寻求"某种人才时人们还是要用"物色"来表述呢？原来这是受了《后汉书》上一个历史事实的影响。《后汉书·严光传》："及光武即位，乃变名姓，隐身不见。帝思其贤，乃令以物色访之。"这段话说的是严光（字子陵），他少年时曾经和汉光武皇帝刘秀是同学，有很好的名声。等到刘秀当了皇帝时，他改名换姓隐遁山林。刘秀思念他的贤才，就命令人按照严光的形体长相去访求他，最后把他找到了。找到以后征召他入朝，授给他谏议大夫的官职。严光不接受，又退隐于富春山。从上述可见"物色"本是"形体（由"物"引申而来）面貌（由"色"引申而来）"的意思。由于刘秀用贤才严光的"物色"访求严光，这样就使"物色"带上了"访求"的意思。此后人们干脆就用"物色"表述"访求，搜寻"的意思了。如《新唐书·李林甫传》："初，林甫梦人皙而髯，将逼己。寤而物色，得裴宽，类所梦（当初，李林甫梦见一个白净而有胡须的人将要贴近自己。醒了以后即寻访这个人。找到了一个叫裴宽的很像是梦见的那个人）。"此中的"物色"即是"寻访"义。

205. "牺牲"有"牛"，何以是褒义词？

"牺"是会意兼形声字。简化前写作"犧"。篆文从牛从羲会意。《说文·牛部》："犧，宗庙之牲也。"本义为古时宗庙祭祀用的毛色纯而不杂的牲畜。"牲"也是会意兼形声字。甲骨文左边从捆绑的一只羊，右边从生（表示完整），会祭祀用的完整牛羊。《说文·牛部》："牲，牛完全。"本义为古代祭祀用的完整牛羊。如《左传·庄公十年》"牺牲玉帛，弗敢加也，必以信（牺牲玉帛这些礼神之物，不敢虚报数目，祝告神灵必以诚信）。"此中的"牺牲"即用的是本义。由于"牺牲"都是古代供祭祀用的上等祭品，祭祀又是祭神仙祖宗，另外有一个星宿"牛宿"，主牺牲事。后来就引申称为公而捐弃生命财产等为牺牲。因此它是褒义词。

206. 为什么用"先河"指倡导在先的事物？

"先河"语出《礼记·学记》："三王之祭川也，皆先河而后海。或源也，或委也，此之谓务本（禹、汤、文王祭海时都是先祭黄河再祭海。也就是先祭水源，后祭水流。这就叫作致力于根本）。"这段话是《学记》在讲到"君子务本"时说的。古人认为黄河是海的源头，所以祭海时先祭黄河，从而表示重视本源。由于先祭黄河（先河）可以表示重视本源。因此后来就用"先河"指本源、根本，也用此词泛指倡导在先的事物。比如"佛教讲唱故事就开了话本小说的先河"。某乒乓球运动员首先采用直板快攻的打法，就说"这位运动员开了直板快攻打法的先河"。

207. "想象"这个词是"因人想大象"而形成的吗?

甲骨文　金文　小篆　楷体

有此一说。《韩非子·解老篇》:"人希见生象也,而得死象之骨,按其图而想其生也,故诸人所以意想者,皆谓之象。"这段话是《韩非子·解老篇》对老子所说的"象"进行的解释,同时它也表明了"想象"一词是根据"故诸人所以意想者,皆谓之象"这句话而形成的。"想象"一词也作"想像",其实"想像"与"想象"二词应同音同义,都是"设想""假想"之义,但现在的规范用法为"想象"。"象"是哺乳动物,是现在陆地上最大的动物。耳朵大,筒状长鼻能垂到地面并能灵活卷曲。雄性有一对长牙长出口外,皮厚毛稀,腿粗如柱。性温顺,有力。正是因为象的形象有上述的独特性,人们又很少见到它("人希见生象也"的"希"乃是稀少之意),所以才"设想"它。

208. 为什么"消息"可指"音信"?

"消息"可指"音信",这与"消息"的本义有关。"消息"语出《易经·丰》:"日中则昃,月盈则食,天地盈虚,与时消息。而况于人乎,况于鬼神乎。"这段话是讲天地间的一个最重要的法则的。说的是:太阳到达中天便开始倾斜,月满则开始有缺。天地顺应四时改变而有盛(息,生长)衰(消,灭亡)。天地既已如此,人和鬼神又如何逃离这一"盈""虚""消""息"的法则呢?由此可知"消""息"是天地间最主要的动态。因此后来就用"消息"指"动态"。"动态"再一引申就指"音信""情况"了。如《后汉书·陆续传》:"续母远至京师,觇(chān)候消息(陆续的母亲远至京师察看情况等待音信)。"此中的"消息"即指

"音信"。

209. "小丑"与相貌丑陋有关吗？

无关。"醜"字被简化之后，如今"小丑"这个字样已代表两个词。一个是戏曲演出中的一个行当，一个是称一种人。特别要指出的是：这两个"小丑"均与相貌无关。首先说前一个"小丑"。这种小丑虽然演出时脸上常常涂以"豆腐块"，但这"豆腐块"并不表示此角色人物长得丑。其次另一个"小丑"的"丑"字（由"醜"字简化而来）虽有"丑陋"的义项，但如用"小丑"指人时，被指的人也许是五官端正之人。也就是说"小丑"的"丑"用的不是"丑陋"的义项，而是用的"类"的义项。"类"的本义是"种类"。"小丑（类）"中的"类"是由"种类"引申出的"族类"的意思。如《诗经·大雅·既醉》："威仪孔时，君子有孝子。孝子不匮，永锡尔类（成王之臣威仪甚好，他们都是君子之人，有孝子之行为。孝子之行为没有尽时，故能以孝之行为转教天下的族类）。"此中的"类"即是"族类""众人"之意。"类"前再加一个"小"的修饰语，"小丑"即指的是"一般的人"。

"小丑"语出《国语·周语》："众以美物归女，而何德以堪之？王犹不堪，况尔小丑乎？小丑备物，终必亡。"这段话是密康公的母亲对密康公说的话。周恭王到泾水边游玩，密康公随从。有三个同姓的女子私自投奔密康公。密康公的母亲对密康公说："必须把这三个女子献给天子。三只兽在一起就是群，三个女子在一起就是粲。天子不猎取群兽，诸侯对众人要谦行下事，天子也不选三个同族的女子为嫔妃。粲是极美好的事物，人们把美好的事物归之于你，你有什么德行能承受呢？天子尚且不能承受，何况你这种小人物（小丑）呢？小人物得到的东西太多一定会灭亡。"这段话即是"小丑（小人物）"的出处。从此中的"小丑"来看，"小丑"并不是指的地位低下的人。因为被说成是"小丑"的密康公乃是西周诸侯国的侯，只不过他母亲把他拿来和天子比，因此成了"小人物"。由于"小丑"这一"小人物"在他母亲的这段话中代表的是"并没有很高的德行、不自量力、无自知之明的人"，因此至今"小丑"一词仍是用来指"不自量力、无自知之明的人"。有时还见人在"小丑"之前冠以"跳梁"，指那种"上蹿下跳、到处捣乱而又成不了大气候的人"。历史也有偶合。一年以后密康公真应了他母亲所说的"小丑备物，终必亡"的话，被恭王给灭了（见《国语·周语》）。"小丑"的用例如陈白尘《宋景诗》："这些跳梁小丑，真正是何足道哉！"此中的"小丑"即指的是"无足轻重的小人物"。

210. "肖像"指的是怎样的"像"？

人们在介绍人的半身免冠照片时常在照片下面注明"×××肖像"。这样就有人以为"肖像"的"肖"与"像"是修饰关系，即"肖"表明的是"怎样的像"。其实这样理解是误解了。"肖像"的"肖"不是修饰"像"的。"肖"与"像"乃是并列关系。"肖"与"像"均是"相像、类似"的意思。如《淮南子·氾论训》："夫物之相类者，世主之所乱惑也；嫌疑肖像者，众人之所眩耀也（特别相像的东西可以引起国君的昏乱，比较相像的东西可以引起众人的迷惑）。"这里用的就是"肖像"的原义。由于"肖像"是"相像"的意思，因此与人的本来面目相像的画像或雕像也称"肖像"。如《聊斋志异·张老相公》："建张老相公祠，肖像其中，以为水神，祷之辄应（建了张老相公祠，把张老相公的雕像放在里面，让他当水神。有向雕像祈祷求助的都能得到应验）。"此中的"肖像"是活用为动词"塑造了雕像放置其中"。后来有了照相，这样介绍是谁的照片或画像时，也用"×××肖像"标明了。

211. "选手""高手"为何用"手"指人?

金文　　小篆　　楷体

"手"是象形字,金文象五指伸开的手掌形。《说文·手部》:"手,拳也,象形。"本义为手掌,即人体上肢腕以下能拿东西的部分。如《诗经·邶风·简兮》:"左手执籥(yuè),右手秉翟(dí)(左手拿着笛子,右手拿着野鸡尾上的羽毛)。"此中的手即是。人做事用手,手能完成许多困难的动作,故又引申指擅长某种技能或做某种事的人。如《北齐书·崔季舒传》:"季舒大好医术……更锐意研精,遂为名手。"杜甫《遭田父泥饮美严中丞》:"回头指大男,渠(他)是弓弩手。"此中的名手指医术高明的人,"弓弩手"指用机械发矢的弓手。

212. 为什么用"八尺"(寻)"十六尺"(常)代指"普通"?

很多人有这样的疑问,"八尺""十六尺"都不是小尺寸,为什么用这种"并不小的尺寸"代指"普通""一般"?这个问题问得有道理。因为,如果用长度表现"普普通通""不显眼",那么比"八尺""十六尺"不显眼的"尺寸"还有很多,为什么单用"八尺(寻)""十六尺(常)"呢?仔细追究此事,原来"寻常"代指"普通"是受了兵家所作的比喻的影响。《左传·成公十二年》:"诸侯贪冒,侵欲不忌,争寻常以尽其民。"这句话说的是乱世的情景:乱世时,诸侯非常贪婪,侵略他国的欲望非常强烈,毫不忌讳。为了争夺小面积的尺丈之地,"争城以战,杀人盈城,争地以战,杀人盈野"(见《春秋左传正义》)。"八尺为寻,倍寻为常",这个长度一般地说不是小尺寸。但是,把这种长度的土地作为"以杀尽人民"为代价去夺取的目标来说,实在是太少太少了。因此,"争寻常以尽其民"这句话即用"寻常"揭露了诸侯的"贪冒"嗜杀之甚，同时也使"寻常"成了"少"的代词。这"寻常"的"少""小"义就为此词后来演变为代指"普通""一般"打下了基础。从后来"旧时王谢堂前燕，飞入寻常百姓家"（刘禹锡《乌衣巷》）、"酒债寻常行处有，人生七十古来稀"（杜甫《曲江》）等用例来看，"寻常"不仅由"少"演变出"普通"的含义（见前诗），同时也演变出"平素"的含义（见后诗）。今天人们常用的"平常"一词也与"寻常"有着密不可分的关系。

213. "牙齿"的"牙"与"齿"同义吗？

不同义。根据南宋·戴侗《六书故》："齿当唇，牙当车。"可知唇后面的称为齿，两颊里的称为牙。由于"齿"排列得比较齐，所以"不能同列"或"不与同列"用"不齿"而不用"不牙"。"牙当车"的"车"是颊车，也称"牙床子"。从上述可知"牙"和"齿"本不相同，但人们平常说话时并不把二者分得很清。即便是在诗中也如此。如韩愈《落齿》诗的"去年落一牙，今年落一齿"。此中的"牙"与"齿"乃是互文并无区别。由于平时说话时没分得很清，这样"牙"与"齿"就似乎同义了。

214. 北京晚报说钱穆学问"淹博"，对吗？

对！"淹"是会意兼形声字。篆文从水从奄（覆盖）会意，奄也兼表声。本义为"浸没，漫过"。如"大水淹了龙王庙，一家人不认识一家人"的"淹"即是。引申指"覆盖"。如"稀谷子，满苗花，清明麦子淹老鸦。"此中的"淹"即是。又引申指"深广，渊博"。如"长才广度，无所不淹。"此中的"淹"即是。"淹博"的"淹"亦用的是此义。"博"是会意兼形声字。金文从十从尃会意。本义为"大"。如"是故诸侯之博大，天子之害也（诸侯大，会欺压天子）。"此中的"博"即是。也指"宽广，横着大"。如"虽有深溪博林,幽涧无人之所,施行不可以不堇(虽然地广人稀,施行起来也不可以不诚敬)。"此中的"博"即是。"淹博"的"博"亦用的是此义。"淹博"即"深广渊博"。北京晚报说"钱穆先生学问'淹博'",正是用的"深广渊博"义,是正确的。

215. "晏驾"的字面义是"死"吗?

不是。如今在电视剧和戏曲中虽然常常可以听到用"晏驾"代指"皇帝死了",但"晏驾"的字面义可不是"死"而是"晚车"或"晚出车"。那么为什么用"晚出车"代皇帝的死呢?先举一个用例:《史记·范雎列传》:"范雎既相,王稽谓范雎曰:'事有不可知者三,有不可奈何者亦三。宫车一日晏驾,是事之不可知者一也。君卒然捐馆舍,是事之不可知者二也。使臣卒然填沟壑,是事之不可知者三也'(范雎当了首相之后,王稽对范雎说:'事情有不可知的三种,有让人无可奈何的三种。君王一旦死去,这是不可知的第一种。你突然死去,这是不可知的第二种。臣子们突然死去,这是不可知的第三种')。"从这个用例中可知"晏驾"乃是"死"的委婉说法或者说是死的忌讳说法。因为君王是应该早起临朝的。如果死了,这拉君王的宫车在早晨就见不到了。因此早晨见不到拉君王的宫车了,即"晚(晏)车(驾)",从而代指"君王死去"。对其他人的死,古人今人也都是忌讳直说的。因此用例中又有"捐馆舍(舍弃了住所)""填沟壑(自谦说自己没有葬身的地方只好填塞在山沟里)"的说法。

此外,对王稽为什么向范雎说上述那一番话作一点说明:王稽是秦国的谒者(接纳宾客,通报传达的官),是王稽把范雎举荐给秦王的。范雎当了秦国首相以后,王稽看范雎并没有举荐自己升官,所以说了引文中的那些话。那些话的意思就是用"人生无常"来讥讽范雎忘了举荐之恩。范雎听了王稽的这些话之后,明白了王的意思,随即奏请秦王把王稽升为"河东守,三岁不上计(三年不用向秦政府报告河东郡内的施政情形,以示信任)。"

216. "谚语"是办丧事的人说的话吗？

这样问问题，问者可能是从"谚语"的字面意义出发的。如从字面意义出发，"谚语"的字面义准确地说应是"守丧的人说的话""率直的话"。"守丧者心情悲痛，一心哀悼死者"，所以说话时说的都是最需要表达的主要意思，不会有半点文饰。正如《孝经·丧家章》所说："孝子之丧亲也……言不文"。"谚语"本是在群众中间流传的固定语句，为什么要用"守丧者的话"代指它呢？之所以用它代指，乃是为了凸显此语的诚实与可信度（它没有文饰）。正是因为此点，所以人们把"谚语"视为"用简单通俗的话反映出深刻道理"的语言。今天人们相信"谚语"，如"世上无难事，只怕有心人"一直在鼓舞着人们前进。古时有的人更把"谚语"相信到痴迷的程度。如贾谊《新书·春秋》中记载着这样一件事：邹穆公宁愿用国家粮仓里的两石粟向老百姓换一石秕来喂鸭，也不愿用粟来喂。有人劝他用粟，他便引用了周代谚语说："囊漏贮中。"这个谚语的意思是说：国家的粮食存放在自己的老百姓那里，也就是存放在自己的国家里。从国家粮仓的角度说，用两石价高的粟换一石价低的秕糠，显然是亏了。但邹穆公相信谚语说的，所以他不考虑国家粮仓的"亏"而非要用价高的两石粟换一石价低的秕糠。这是不是邹穆公相信谚语相信错了，或者说"囊漏贮中"这句谚语不灵了。明眼人一想就知道：如果算国家整体的"大帐"，那么邹穆公没错，"囊漏贮中"也没错。不但没错，还要给邹穆公记"精打细算，物尽其用，避免浪费"的"功"："两石粟"从粮仓拿出虽换给了老百姓，但没落到别国人的手中，因此没浪费；把"两石粟"保住了，只让鸭子吃了一石价低的秕，这是节约了；"用秕喂鸭"更利于鸭的生长，这又是"物尽其用"了。"囊漏贮中"这一谚语指邹穆公做了这么多好事"何错之有"呢！此外，谚语之可信，从《尚书》《诗经》中多有引用亦可证明。如《尚书·牧誓》中有"牝鸡无晨"（母鸡不报晓），《诗经·小雅·小弁》中有"维忧用老"可证。

217. "扬言"的使用有何限制?

某电视台报道了这样一条消息：在日寇侵略我国期间被强抓去为日寇充当慰安妇的妇女，状告日本政府并要求道歉赔偿，但遭到了日本法院的无理驳回。播音人在报道了上述情况之后，接着说"我国的败诉妇女扬言要继续上诉"，而且这"扬言"一词还前后说了两次。看来播音人（或编稿人）是把"扬言"错用了。自古以来"扬言"不外用到两种语境，第一种如《大戴礼记·文王官人》："多私者不义，扬言者寡信。"既是"寡信（不真实）"，可见"扬言"乃是大话，是夸大其词。显然我国妇女说要继续上诉绝非"说大话"。第二种如《汉书·冯奉世传》："莎车遣使扬言北道诸国已属匈奴矣（汉西域莎车国派使节故意对外宣扬北行政区的诸国已经属于匈奴管辖）。"据史实此中的"扬言"乃是以不实之言故意对外宣扬。我国妇女要上诉抗争乃是理之必然。因此既不是"故意说"，又无须"宣扬"。因此这"扬言"的第二种用法亦不适用于我国要继续上诉的妇女。那么被错用的"扬言"改用何词合适呢？笔者认为改为不卑不亢的"表示"即可。

218. "义父""义足"的"义"是假的意思吗？

如果单是理解"义父""义足"的词义可以把"义"理解为"假"的意思。但是如果要求准确地理解"义父"的"义"的词义，那么把"义"理解为"假"就不对了。宋·洪迈《容斋随笔》对"义"有明确的解释："自外入而非正者曰义，义父、义儿、义兄弟、义服之类是也。"也就是说"义"是"外加的"意思。这个"外加的"意思在"义父""义甲"等词中表现得特别明显。"亲父"是每个人都有的。因此"义父"就是"亲父"之外"外加的"父亲。指甲是每个人都有的，但是弹筝和三弦时为了保护指甲则用银、鹿角或玻璃制成"义甲""外加"在指甲上。明·杨慎《升庵诗话》曾谈到这个问题。书中说："其曰义甲者，甲外有甲曰义"。此说亦可为《容斋随笔》作佐证。另外"义父"又可称"干爹",有人说"干"也是"假"的意思。这也是误解了。准确地说"干爹"的"干"乃是"有名无实"的意思。被称为"干爹"的人其实相认前和"干儿"可能没任何关系,更不用说"为爹者"与"为儿者"应有的"血缘关系"了。关于"义甲",商务印书馆《古代汉语词典》1851页即解释为"假指甲",可备一说。

219. "艺人"这个称呼含轻贱之意吗?

"艺人"一词最早出现在《尚书·立政》中。在《尚书》中称"大都小伯、艺人、表臣百司"即"以道艺为表干之臣及百官有司之职",也就是从事学问(道)礼乐射御书数(艺)这方面工作的人。"艺人"是有才能的人,没有任何轻贱之意。在《抱朴子·行品》中还有"创机巧以济用,总音数而并精者,艺人也"之语。说"艺人"是能创设灵巧的装置和音乐、技术都精通的人,也无对"艺人"的贬低之意。韩愈在《原毁》中又称与舜同是"大圣人"的周公为"多才与艺人",可见对"艺人"这个称呼更无轻蔑之意。今天大陆不用"艺人"称演员了(台湾还用,有时艺人还用此词称自己)。有人认为此词含轻贱之义这实在是一个误会。对"艺人"还有解释为"征收赋税的官"的,亦无贬义。

220. 为什么用枪自杀被称为"饮弹"?

确实是这样,媒体报道某人用手枪自杀都爱用"饮弹自尽"或"饮弹而亡",手枪的子弹又不是液体,为什么用"饮"呢?这涉及"饮"的另一义项:"含忍",也就是"含忍着尚未表达出来的事"。由此可知"饮弹自尽"指的不是一般的死啊,而有"含忍着什么恨事或尚未表达出来的事而死"的意思。基于"饮弹"有"含忍着什么事而死"的意思。因此"饮弹而亡""饮弹自尽"不应随便用于一切用枪自杀的人。如盗匪因拒捕而自杀就不应用"饮弹而亡"。因为他们"含忍"的是对他人的仇恨或残忍,他们死有余辜,至于他们还"含忍着什么"而死就不宜再提。而为正义事业而死者可用。因为他们尚有"壮志未酬"。因为他们"自尽"是不得已而为之,或是为了成全大义。在说明他们的死时应把他们的"含忍"表现出来。

221. 为什么"踊跃"一词可形容情绪热烈、争先恐后?

"踊跃"一词可形容情绪热烈、争先恐后,既与"跃"有关,更与"踊"有关。人们熟知的《韩非子·难二》中的一个故事就提到了"踊":"景公过晏子曰:'子宫小,近市,请徙子家豫章之圃。'晏子再拜而辞曰:'且婴家贫,待市食,而朝暮趋之,不可以远。'景公笑曰:'子家习市,识贵贱乎?'是时景公繁于刑,晏子对曰:'踊贵而屦贱。'景公曰:'何故?'对曰:'刑多也。'景公造然变色曰:'寡人其暴乎?'于是损刑五。"齐景公不喜欢别人对他直接进谏,好隐语。晏子是景公的大臣,非常了解这一点,所以晏子随时随地都会用隐语的方式向景公进谏。上面这个故事就是一例。景公去晏子家访问,对晏子说:"你们家住房太小而且离市集近不安静,你们家搬到豫章之圃(齐国风景区)去吧。"晏子听后再拜而拒绝,并且说:"我家贫穷,需要到市集上买便宜东西而且早晚都得去。"景公听了笑着说:"你们家熟悉市集上的情况,知道什么东西贵,什么东西贱吗?"这个时期景公所施行的刑罚很多,所以晏子回答说:"被砍去脚的人穿的那种鞋贵,健全的人穿的鞋贱。"景公问:"为什么?"晏子答:"刑罚多,被砍去脚的人多!"景公面有愁容地说:"我有那么暴虐吗?"于是减去了五条刑罚。由上文可知"踊"乃是被砍去脚的人穿的鞋。"踊跃"就是被砍去脚的人进行跳跃。这种人进行跳跃是有一定困难的。之所以跳起来或连着跳跃,一定是情绪很好或者有什么事抢着去干。这样就使"踊跃"一词可形容情绪热烈、争先恐后了。

晏子用隐语刺激景公减了刑却遭到了韩非的批评。韩非认为"刑多也"

这句话不对，从而也引出了一句名言："夫刑当无多，不当无少（刑罚如量刑准确是无所谓多的，如果量刑不合适，刑罚极少也还是多）"想想韩非的话是颇有道理的。

222."优伶"与"优秀人"为何用同一"优"字？

不错，"优秀"的"优"确实与"优伶"的"优"密切相关，不可分割。那么这是怎么一回事呢？这要从"优"这个字的本义说起。"优"是会意兼形声字。篆文从人从憂（猿猴类动物形），会像猴子一样会表演的人之意。本义为古代的乐舞杂戏演员，也叫俳优。如司马迁《报任安书》："固主上所戏弄，倡优蓄之（本来就是被皇上所戏弄的像伶人一样被蓄养起来）。"此中的"优"即是。由于"优伶"的表演从容美好，因此用作形容词又引申指"胜任有余力"。如曹操《求贤令》："孟公绰为赵、巍老则优，不可以为滕、薛大夫（孟公绰人很廉洁，一切不苟取，做事也规矩不乱。他做赵魏两家的家臣之长是胜任而有力的，但是他不可以做滕、薛两家的大夫）。"此中的"优"即是。由"胜任有余力"又引申指"上等的，非常好的"。如诸葛亮《前出师表》："愚以为营中之事，事无大小，悉以咨之，必能使行阵和穆，优劣得所也（臣我认为营中的事无论大小都可以向向宠咨询。向向宠咨询必能使布阵打仗以及各种情况都得到合适的安顿与处理）。"此中的"优"即是。"优秀"的"优"亦是。由此可知"优秀"的"优"乃是"优伶"的"优"的引申义。

223."尤物"的"尤"是"最好"的意思吗？

这要看"尤物"所在的语言环境，不能一律讲成"最好"的意思。"尤物"语出《左传·昭公二十八年》："夫有尤物，足以移人。苟非德义，则必有祸。"这句话是晋国大夫叔向的母亲说的。叔向要娶夏姬女为妻。叔向母认为娶什么样的女子为妻是一件很严肃的事,因此先向叔向举了"三代之亡,共子之废"的例子。"三代之亡"指的是夏桀因美女妹喜而亡,殷辛因美女妲己而亡,周幽王因美女褒姒而亡。"共子之废"指的是"共子(晋太子申生)被其父宠幸的骊姬废掉太子位并被杀"。叔向母亲举了这些女人误国之事后就说了上面引的话,意思是:你娶了这种不同于常人的人,她足可以改变你的一切。如果娶的人不以德义自持,必带来灾祸。叔向听了这些话以后害怕了,不敢娶夏姬女了。因此从上述《左传》的出处看,"尤物"的"尤"乃是"异"的意思(《十三经注疏》也注"尤"为"异")。那么"尤物"既是"异物",为什么一般地说都被理解为"绝色女子"的意思呢?这是因为"三代之亡,共子之废"都是由"绝色女子"而引起,而这些女子又被叔向母亲用"尤物"一词概括起来了。这样"尤物"后来就有了"绝色女子"义。所以可以这样认为:凡用"尤物"指女子者一律是"绝色女子""美女"义。因为"尤"有"异"的意思,所以一般不用"尤物"指庄重的女子。但"尤物"的含义后来有扩展。如不用此词指女子而指其他的东西,则"尤物"有"最好的东西"的意思。如李清照《金石录后序》:"或者天意以余菲薄,不足以享此尤物耶。"此中的"尤物"即是。

224. "舆论"为什么是公众的言论?

舆 舆

小篆　楷体

"舆"是会意兼形声字。甲骨文是四个手抬一个"车"形,会抬起之意。古代的舆与后来的轿子相似,是没有轮子的,只能抬不能推。后来出现了有轮子的车,轮子上边载物或坐人,车厢仍叫舆。所以"舆"的本义是"抬""扛",如"舆轿而隃领,拖舟而入水(抬着轿子越过山岭,划着船渡水)"。此中的"舆"即是。由"抬"引申指"举"。如《战国策·秦策》:"百人舆瓢而趋,不如一人持而走疾(一百个人举着瓢跑,不如一个人拿着瓢跑得快)。"此中的"舆"即是。这句话是一个比喻,比喻权力不宜分散掌握,令出多门,不如令出一门。由于舆要众人抬,故"舆"又引申指"众""多""众人",如《汉书·陆贾传》:"人众车舆,万物殷富。"此中的"舆"即是"多"。如苏舜钦《诣匦疏》:"朝廷已然之失,则听舆论而有闻焉(朝廷已经做出的错事,听听公众的议论就可以知道)。"此中的"舆论"即是公众的言论。

225. "伛""偻"二词仅指驼背吗?

"伛""偻"二词组成一词时,可以理解为全指"驼背"。如《北京晚报》的京剧广告上所载:"一命而偻,再命而伛,三命而俯",把"偻""伛"分开用时,这两个词就有区别了。"偻"在这里用于表示恭敬,一般地说应今译为"弯腰"。又因"一命而偻"排在了"再命而伛"的前面,"偻""伛"应有程度浅深之分,而此中的"伛"又要今译为"弯腰",故前面的"偻"则应改译为"低头"(即恭敬的程度浅一些)。"三命而俯"的"俯"则应译为"把腰深深弯下"。广告上的这"三命",说的是正考父先后辅佐戴公、武公、宣公三朝,作了上卿。他每一次受命,一次比一次更加恭谨(详见《左传·昭公七年》《史记·孔子世家》)。

226. "宇""宙"是怎样组合成一个词的?

"宇"是形声字。金文从宀(mián,房)于声。《说文·宀部》:"宇,屋边也"。本义为"房檐"。如《诗经·豳风·七月》:"七月在野,八月在宇,九月在户(纺织娘七月份在野外叫,八月在檐下叫,九月份进到屋里)。"由于屋檐下是住处,故词义扩大引申指疆土、国境。如《左传·昭公四年》:"或无难以丧其国,失其守宇(有的没有祸难却失掉了国家，丧失了疆土）。"此中的"宇"即是"疆土"，进而引申即指"天下""世界"。如贾谊的《过秦论》："有席卷天下，包举宇内，囊括四海之意。"此中的"宇"即为"天下"。"宙"也是形声字。甲骨文从宀（房屋）由声。本义为栋梁，如《淮南子·览冥训》："凤凰之翔，至德也……而燕雀佼之，以为不能与之争于宇宙之间（凤凰的飞翔是至高无上的……可是燕雀却轻慢凤凰，认为凤凰不能与它们在屋梁之间飞翔）。"此中的"宙"即是栋梁。由"栋梁"的高大引申指"天空"。如《南齐书·乐志》："功烛上宙，德耀中天。"此中的"宙"即是。由于"宇"与"宙"都有"天下"之义，这样"宇"就引申指"四方上下"，"宙"就引申指"古往今来无限时间的总称"。两者合为一词，除用原义指"屋檐和栋梁"外，还指"天地"。如《淮南子·齐俗训》："往古来今谓之宙，四方上下谓之宇。"王勃《滕王阁序》："天高地迥，觉宇宙之无穷。"此中的"宇宙"即是。

227."造次"为什么是"仓促"的意思？

根据"造"与"次"的常用义项来理解"造次"和"仓促"的意思是有些不好理解。这是因为"造""次"都分别用了平常较少用的义项。首先说"造"，它是用的"突然"的义项。如《大戴礼记·保傅》："灵公造然失容。"这里的"造然"即是"突然"的意思，"造然失容"即"突然变了脸"。其次"次"是用"至、及"的义项。如《史记·酷吏列传》："其治与宣相仿，然重迟，外宽，内深次骨（他处理政事和减宣相仿佛，但处事慎重，决断迟缓，表面宽松，实际用法深刻到骨髓）。"此中的"他"指的是一个叫杜周的酷吏。杜周与减宣二人轮流担任中丞。这段话是说他"用法的严酷"。"次骨"的"次"即用的是"到达"的义项。把"造"与"次"的上述含义合起来即是"突然到"的意思，也引申为"仓促"的意思。如《论语·里仁》："君子无终食之间违仁，造次必于是，颠沛必于是（君子在吃一顿饭的时间里也不会离开仁爱,再仓促匆忙也跟"仁"在一起,再颠沛流离也跟"仁"在一起)。"此中的"造次"即是。今天"造次"还扩展其他的意思。如说"深夜造次",即是"深夜前来打扰";如对自己的人说"不可造次",即是"不可打扰人家"或"不可莽撞行事"。

228. "瞻仰"的对象为什么有限制?

"瞻仰"一词不可轻易用,主要是源于此词的含义与用法有限制。如《国语·鲁语》:"及天之三辰,民所以瞻仰也(日月星辰都是百姓所瞻仰的)。"此中的"瞻仰"是指百姓观看日月星辰的。再如《诗经·大雅·云汉》:"瞻仰昊天,有嘒其星。"此中的"嘒"是"众星貌"。全句的意思是:王仰天见众星顺天而行。从这两个用例可知"瞻仰"均指的是仰面向天上看,这样就使此词含有了"怀着敬意看"的意思。既是"怀着敬意看",当然被看的对象就要有一定的限制。如去看英雄纪念碑、中山陵这样庄严的所在可用。如果去看别的,那一定得慎重考虑能否用此词。

229. 为什么"招待""提倡""给人办事"等词语都可用"张罗"表示?

今天如"让人负责招待某些人",可以说"对某些人你给张罗张罗";如"某件事让人提倡提倡",也可以说"对某件事你给张罗张罗";如"某件事正在操办中",也可说"某件事正在张罗着"。"张"是张开,"罗"是捕鸟的网,这"张开捕鸟的网"与"招待""办事""提倡"何干呢?原来这"干系"在古籍中均有说明:《直语补正》:"俗以与人干事曰张罗,取设法搜索之义。"也就是说,"张罗(网)"是为了抓索从各个方向飞来啄食的鸟,确有"搜索"之意。后来这"搜索"之意除被人们引申为"招待""提倡""给人办事"之外(用例见本文开始),还引申为:(1)"料理",用例为:"要带的东西早点儿收拾好,免得临时张罗。"(2)

"筹划",用例为:"他们正张罗着婚事。"(3)"接待",用例为:"顾客很多,一个售货员张罗不过来。"此外《战国策·东周》中还有这样的话:"譬之于张罗者,张于无鸟之所,则终日无所得矣;张于多鸟处,则又骇鸟矣;必张于有鸟无鸟之际,然后能多得鸟矣。"这段话用的是"张罗"的本义,意在说明:要发起一件什么事,一定要选准最有利的时机,以便有最大的收获。

230. 为什么用"折桂"称得了冠军的人?

运动员得了冠军或某人参加考试得了第一,报纸上常用"折桂"称之。报纸上使用"折桂"这一称呼,是借用了一个比喻。这个比喻来自《晋书·郤(xì)诜(shēn)传》:"武帝于东堂会送,问诜曰:'卿自以为何如?'诜对曰:'臣举贤良对策,为天下第一,犹桂林之一枝,昆山之片玉。'"自汉代起"贤良对策"是皇帝询访政治得失,让人向皇帝直言极谏的一种办法。这"直言极谏"中选者即被授以官职。郤诜的"对策"被晋武帝评为"天下第一"。他自己给自己的"对策"打了两个比方,一个比方是"桂林之一枝"。这样后来人们就用"折桂"比喻科举及第了。再后来又因为传说月亮中也有桂树,这样就把"折桂"与月亮,与月亮中的吴刚、蟾蜍挂上了钩,出现了"蟾宫(月宫)折桂"这样用来比喻考试被录取的成语。如杨显之《潇湘雨》、元代施君美《幽闺记》、《红楼梦》第五回就都用了这一比喻。还有《孽海花》第五回则改变了"折桂"源自《晋书》的说法,直接说"举人是月宫里管的,只要吴刚老爹修桂树的玉斧砍下一枝半枝,肯赐给我们爷,我们爷就可以中举,名叫蟾宫折桂"。今天人们提起"折桂"一词都说"源自月宫的传说",只字不提《晋书》,可能就是受了元代以来的杂剧和小说的影响。

231. "斟酌"为什么有"考虑取舍"的意思?

"斟"和"酌"都既有"倾注"又有"舀取"的意思。而"倾注"与"舀取"要达到"适量"又需要"衡量"与"考虑",不是一下子就能做到的。特别是"斟"有"倒酒不满","酌"有"舀酒较深"的意思。这两者的"一浅一深"又更能体现"为了倒酒适量要进行的衡量考虑过程"。就这样,"斟酌"就引申出了"反复衡量,考虑取舍"的意思。如《国语·周语》:"故天子听政,使公卿至于列士献诗,瞽献曲,史献书,师箴,瞍赋,矇诵,百工谏,庶人传语,近臣尽规,亲戚补察,瞽、史教诲,耆、艾修之,而后王斟酌焉,是以事行而不悖。"意思是:"所以,天子处理政事要高低级官员献呈民间诗歌,乐官献呈民间乐曲,史官献呈史书,国子之官进告诫箴言,无眸子的盲人朗诵,有眸子的盲人吟咏,百工劝谏,平民的议论上达,身边的臣子尽心规劝,宗室姻亲补过纠偏,乐官史官施行教诲,元老重臣劝诫监督,然后天子再反复衡量取舍这些反映,这样政事才能施行而不违背常理"。此中的"斟酌"即是。此外"酌"还有单独用的。如《左传·成公六年》:"子为大政,将酌于民者也。"这说的是,有人对晋国的栾武子说:"你是中军元帅,到底是不是与楚国的公子申、公子成作战,你要考虑民心所向作出决断。"《春秋左传正义》对这句引文中的"酌"即注的是:"取民心以为政",即"考虑"的意思。

232. "知道"的"知""道"是并列关系吗?

金文　　小篆　　楷体

不是。"知"是会意字。甲骨文从口从于(同亏,表声气)从矢,用开口吐词如矢会言辞敏捷之意。本义为"言辞敏捷",引申指"晓得""了解"。如"知之为知之,不知为不知,是知也。"此中的"知"即是。"知道"的"知"即用的是此义。"道"是会意字。金文从行(街道)从首,会在路上行走之意,本义为"道路"。如"蜀道之难难于上青天"。此中的"道"即是。由"道路"又引申指"法则、规律""道德、正义""主张、学说"等。如"即以其人之道,还治其人之身。"此中的"道"指"方法""途径"。"夫舟浮于水,车转于陆,此自然道也。"此中的"道"指"法则"。"道不同,不相为谋"此中的"道"指"主张""学说"。"知道"的"道"即用的是"法则、规律""道德、正义""主张、学说"等意义。因此"知道"乃是"对于事实或道理有认识",也是"知道法则、规律、道德、正义、主张、学说等意义"。由此可知,"知""道"二词是动宾关系,不是并列关系。

233. "执著(执着)"是贬义词吗?

不能一概而论。此词要视其所在的上下文来定它是否贬义。"执著"除是否贬义外,还涉及"著"的读音问题。"著"的本义为拨火棍,读zhù。在宋代此字由草体又分化出"着"字。与"执"组成"执著"时用"着"也可以。但"执著(着)"的"著(着)"读音有改变,读zhuó,"执著(着)"本为佛教用语,指"一心注意于人世间的某个事物而不能超脱,后来泛指固执和拘泥"。所以此词在佛教用语中是贬义词。如《景德传灯录》:"六尘本来空寂,凡夫妄生执着(色、声、香、味、触、法本来是空寂的,凡夫俗子对这六尘固执地进行追求)。"此中的"执着"即是贬义词。但在现代汉语中,在有的上下文中此词又不含贬义。如说"进行研究要有执着的精神",此中的"执着"则不含贬义。需要注意的是:《现代汉语词典》(第6版)已将"执着"列为首选词,因此"执著"是不规范用法。

234. "桎梏"为什么可比喻极度的束缚？

"桎梏"可比喻极度的束缚是源于两个原因。一是这个词语本身的涵义：《易经·蒙》疏"桎梏"为"刑具"，"在足曰桎，在手曰梏"。受刑人把手锁上手铐，把脚锁上脚镣，这对一个人来说自然是极度的束缚。另外一点是此词语常被引申为"严厉的刑罚"用。如《易经·蒙》："发蒙，利用刑人，用说桎梏，以往吝（启发蒙昧，开始要像使用刑罚纠正罪恶那样，这是必要的。但是如果一味地用刑超出了严厉的限度，反而会招来悔恨）。"此中的"桎梏"即指的"严厉的刑罚"；"说"通"脱"，"超出"的意思；"吝"，"悔恨"的意思。"用说桎梏，以往吝。"的意思是："桎梏"已是"严刑"了，再超出它则超出了"发蒙"的需要而走向反面了。由于"桎梏"有上述两种情况，故可比喻"极度的束缚"。

此外还有一个问题，即有的书把"桎"与"梏"的本义解释为"手铐"是不准确的。"桎"是会意兼形声字。篆文从木从至会意，是"兀"的分化字。由于"兀"为引申义所专用，撑在两脚之间的刑具之义则另造了"桎"来表示。《说文·木部》："桎，足械也。"本义为加于犯人两脚上的刑具，犹如现在的脚镣。所以说"桎"是手铐不对。"梏"是会意兼形声字。篆文从木从告（牛触人），会为了防牛触人而套在牛角上的横木之意。《说文·木部》："梏，手械也。"看来《说文》也误解了"梏"。"梏"的本义当为套在牛角上的横木。此义读hé。后来"梏"引申指"手铐"之义，那么则又造了"楅（hé）"指"角械"。"梏"指手铐时则读gù。后来"桎""梏"合起来组词则指束缚犯人手脚的两种刑具。如《吕氏春秋·仲春》："命有司，省囹圄，去桎梏（命令有司衙门，减少关押在监狱中的囚犯，去掉刑具）。"此中的"桎梏"即是。

235. "致仕"为什么是"辞职"的意思?

"致"容易被理解为"给"的意思,"仕"容易被理解为"做官"。"给"与"做官"连起来其含义似乎与"辞职"相距很远,所以这个词不易理解。其实,对这个词的理解偏差只在"致"字上。"致"在这里不是"给"而是"还"的意思,"仕"是"禄位"的意思。"致仕"就是"把禄位还给君主"。"把禄位还给君主"了,也就是把官位还给国家了,因而是"辞职""退休""告老还乡"的意思。如《后汉书·刘恺传》:"永宁元年,称病上书致仕(永宁元年刘恺托言有病给皇帝上书辞职)。"此中的"致仕"即是。"致仕"一词今天在现代汉语中已不用,多是在古装电视剧、戏剧中听到。观众听到后,有人产生困惑是难免的。与"致仕"同义的还有"致为臣"。这"致为臣"的"为臣"即"官职""禄位"。"致为臣"一词比"致仕"出现在更古老一些的年代。如《孟子·公孙丑下》中即有"蚳(zhǐ)蛙谏于王而不用,致为臣而去(蚳蛙向齐王进谏却没有被采纳,蚳蛙就辞职离去了)"的话。因此历史题材的电视剧如演的是春秋战国时期的事,把"辞职"含义的词用"致为臣"表述是合适的。

236. 为什么用"中肯"的"肯"指要害之处?

"中肯"的"肯"说全了应为"肯綮(qìng)",语出《庄子·养生主》:"技经肯綮之未尝,而况大軱(gū)乎!"这句话是一个叫丁的厨师说他宰牛的技术是如何高明的。高明到什么程度呢?高明到能顺着牛骨节空隙进刀,对牛的经络、贴附在骨头上的肉(肯)、筋骨结节处(綮)都碰不到,当然更不碰大骨头(軱)了。那么后来为什么用"肯綮"代指要害之处呢?这是因为"骨""肉""筋"(肯綮)是人和其他动物躯体的主要组成部分,而且自古以来人就用"骨肉"代指人的"躯体(生命)"。"骨肉"能代指人的"躯体(生命)",自然就是很重要的了。用"骨肉"代"躯体"的例子如《礼记·檀弓下》:"骨肉归复于土,命也。"这是一句劝死者亲人不要过分悲伤的话。说的是:延陵季子的长子死了。下葬后亲人哭得很厉害。有人就劝慰说:人的躯体(骨肉)埋入地下,这是很自然的事(命也),不要过分悲伤。因为人的"躯体"是由食土物而生,现在死了还归于土,是很正常的事(译文据《十三经注疏·礼记正义·卷十》)。由于"肯綮"对人和其他动物来说都十分重要。因此后来对"说话或分析事理能说到或分析到要害之处"即用"中肯""中肯綮"表述。如《元史·王都中传》"都中遇事剖析,动中肯綮"即是。

第三章

这些词语有区别

237. "阿谀"与"逢迎"同义吗?

有同义的方面,又不完全同义。"阿"是形声兼会意字。金文从阜(指古人住的洞穴侧墙上供人上下时脚蹬的坑窝),可声,本义为"山弯曲之处"。如"若有人兮山之阿,被薜荔兮带女萝(在风雨交加的一天,神女影影绰绰地出现在山弯的深处,她身穿薜荔衣,腰缠兔丝带)。"此中的"阿"即是。引申泛指"弯曲处"。用例为"周阿而生(在庭院的墙角处生长)"。由"弯曲处"又引申泛指"曲从、偏袒、迎合"。如"法不阿贵,绳不挠曲(法律不曲从有权有势的人,绳墨不曲从弯曲的木头)。"此中的"阿"指"曲从"。"内不可以阿子弟,外不可以隐远人(举荐人时,对内不可以偏袒迎合自己亲近的人,对外不可疏远与自己不沾亲带故甚至关系不好的人)。"此中的"阿"指"迎合"。"阿谀"的"阿"即用的是此义。"谀"是形声字,篆文从言臾声,本义为"谄媚",用甜言蜜语奉承人。如"以不善先人者谓之谄,以不善和人者谓之谀(用不良善的言语引导人,谓之谄;用不真实的言语奉承人,谓之谀)。"此中的"谀"即是。"阿谀"的"谀"亦用的是此义。"阿谀"即"迎合别人的心意,说奉承话"。如"然则怪迂阿谀苟合之徒自此兴,不可胜数也(然则怪诞迂曲阿谀逢迎之人从此就产生了,这种人很多,数不过来)。"此中的"阿谀"即是。

"逢"是会意兼形声字。甲骨文从街道,从相遇会意。古文另加义符止。篆文又从走路,从遇到,会走路相遇之意。本义为"走路相遇",引申泛指"碰上"。如"独在异乡为异客,每逢佳节倍思亲(王维说自己17岁就飘落他乡作游子,每逢节日时加倍地想家。诗中所说的节日是九月初九重阳节)。"此中的"逢"即是。又引申指"迎接"。用例为"道而得神,是谓逢福;淫而得神,是谓贪祸(正直的人遇到了神,是迎接福气;奸邪的人遇到了神,是贪祸)"。又引申指"讨好"。用例为:"长君之恶其罪小,逢君之恶其罪大(帮助君主作恶,这种罪恶会小一些,而君主作恶之后你还给君主所作的恶添油加醋讨好君主,这种罪恶可就大了)。""逢迎"的"逢"要用两义:有的用"迎接"义,有的用"讨好"义。"迎"是会意兼形声字。篆文从走,从对着看,会对着走来之意。本义为"相逢、相遇"。引申指"面对着,向着"。如"待月西厢下,迎风户半开。"此中的"迎"即是。又引申指"前去接"。"笑脸相迎""迎亲"的"迎"均是。再进一步引申指"有意使自己的言行合乎别人的心意,奉承"。如"刘氏多智,善应意承旨(刘氏很机灵,善于迎合人的心意奉承人的意旨)。"此中的"迎"即是。"逢迎"的"迎"也用两义:有的用"前去接"义,有的用"奉承"义。因此"逢迎"(1)指"迎接"。用例为:"千里逢迎,高朋满座。"(2)指"迎合、奉承"。用例为:"他特别善于逢迎揣摩上级领导的心思,大家都替他感到羞耻。"

辨析:"阿谀""逢迎"两语都有"故意迎合别人心意"意思。所不同的是:(1)"阿谀"是用说好听的话迎合,而"逢迎"则可指用说话迎合或用做事迎合以及用说话做事迎合。(2)"逢迎"在文言中还有"迎接"义。

238. "安宁"与"安谧"有区别吗?

甲骨文　　金文　　小篆　　楷体

"安"是会意字。甲骨文从女子坐在房屋内之状,表示静如处女之意。本义为"平静、稳定"。如"安得广厦千万间,大庇天下寒士俱欢颜,风雨不动安如山(让天下的寒士都有房子住,刮风下雨了寒士也不怕,像山那么平静稳定地住着)。"此句中最后一个"安"即是。引申指"徐缓、舒缓"。"安步当车(不慌不忙徐缓地步行,就当乘车一样)"的"安"即是。又引申指"舒适""闲适"。用例为:"倚南窗以寄傲,审容膝之易安

（倚着南窗寄托我傲然自得的心情，更觉得这狭小地方使我平静舒适）。"又引申指"安定坦然"。用例为："不患寡而患不均，不患贫而患不安（不忧愁东西少，而忧愁分配不均；不忧愁贫穷，而忧愁不安定坦然）。""安宁"的"安"亦用的是此义。"宁"是会意字。甲骨文从宀，从皿，从搁板，会房中存放有食物之意。金文另加义符心，突出人心之所愿，表示安宁。本义为"安定、平安"。如"野无遗贤，万邦咸宁（朝廷之外没有不被任用的贤人，全国各处都是安定的）"。此中"宁"即是。又引申指"安静"。用例为："君子斋戒，处必掩身，身欲宁，去声色（君子斋戒身心，即使是在家也不要赤身露体，身心要安静，不可急躁，要停止音乐，不近女色）。""安宁"的"宁"亦用的是此义。"谧"是形声字。本义为"安静""安宁"。如"静谧（安静）""宁谧（安宁）"的"谧"均是。"安谧"的"谧"亦用的是此义。所以"安谧"即"安静"。用例为："平王继位，四境安谧（平王继承王位，全国安静无事）。"而"安宁"则（1）即指"安定""宁静"。用例为："国家安宁，不用兵革（国家安宁，没有战事，武器盔甲弃之不用）。"（2）因古代农耕社会，冬季农事休闲。"安宁"引申指"冬季"。用例为："序临安宁（从季节的顺序上说，已到了一年的冬季）。"

辨析：由于"宁"有突出人心之所愿的意思，所以"安宁"偏重指人心情上的"安静"；"安谧"偏重指环境上的"安静"。

239. 怎样区分"暴发"与"爆发"？

小篆　楷体

"暴"是会意字，篆文有两个来源，一个从日、出、廾（双手）、米、会日出双手举米晾晒之意；另一个从日、出、艹、夲（上举），会大白天出手有所搏击之意。所以它的本义既为"晒"又有"出手（空手）搏击、猛击"之意。这样此字作"晒"用时读pù。如"一暴十寒"的"暴"即是。作"出手（空手）搏击、猛击"用时读bào，如"暴虎冯河"的"暴"即是。"一暴十寒"原指晒十天冻十天植物便不能生长。后来用以比喻学习工作等时常间断，下功夫少，荒废多。"暴虎冯河"字面义是空手打老虎，徒步过大河，用以比喻冒险蛮干。"暴"由"搏击""猛击"又引申指"猛烈""急骤"。如"暴风骤雨"的"暴"即是。由"急骤"又引申指"短促"。如"何殷周之君有道之长，而秦无道之暴也，其故可知也（为什么殷周之君的有道治国能那么长久，而秦国之君的无道治国那么短促，其缘故就可以知道了）。"此中的"暴"即是"短促"。"暴"由"短促"又引申指"突然""猝然"。"暴发"的"暴"即是。"爆"是形声兼会意字。篆文从火暴声，暴也兼表灼热之意。本义为"火星四散，迸裂"，如宗懔《荆楚岁时记》："先于庭前爆竹，以避山臊恶鬼（先在庭院中烤裂竹子使发裂开声，用声音赶走山中恶鬼）。"此中的"爆"即是（《荆楚岁时记》也讲明了"爆竹"一词的来源）。由"迸裂"又引申指"猛然破裂"。"爆发"的"爆"即是。

辨析： "暴发""爆发"二者皆有突发之意。但侧重点与适用范围有差异："暴发"侧重于突发性，多用于大水、山洪、疾病等具体事物的突然发作或突然得势发财。如"6月7日这里山洪暴发，大雨倾盆。"此中的"暴发"指"具体事物的突然发作"。"他通过知道内部消息倒买倒卖，不几天就成了暴发户。"此中的"暴发"指"突然得势"。"爆发"则侧重于猛烈性，多用于火山以及突然发生的爆炸、起义、运动等重大事件或热烈的掌声。用例为："这里的火山爆发，山下的居民赶紧撤离。"此中的"爆发"指"突然发生的爆炸"。"由于反抗秦朝的残酷统治，秦朝末年爆发了农民大起义。"此中的"爆发"指"突然发生的重大事件"。

240. "本义"与"本意"的区别是什么？

金文　小篆　楷体

"本"是指事字。金文从木，根部加粗，指明是根部。篆文整齐化，根部加一横指明。本义指"树根"，泛指草木的根。如"伐木不自其本，必复生（砍伐树不连根砍了，必然还长起来）"。此中的"本"即是。引申指"事物的根源"。用例为："乐者，音之所由生也，其本在人心之感于物也（乐曲是用音响表现出来的，但是它的起源还是因为人的心中对事物有所感触而创作出来的）。""本义""本意"的"本"均用的是此义。"义"是会意字。甲骨文从羊从我，表示用刀具屠宰牛羊以祭祀。本义为"屠宰牛羊以祭祀"。杀牲以祭祀是古代理当办理的不可废弃的大事，由此引申指"公正合宜的事或举动"。如："闻义不能徙，不善不能改，是吾忧也（听到正义的事不能去学习，有不善的举动不能改正，这是我所忧虑的）。"此中的"义"即是。又引申指"字词的意思"。如"望文生义（读书不推求确切的含义，只从字面上牵强附会地进行理解）""顾名思义（看到名称就想到意思）"，两语中的"义"均是。"本义"的"义"亦用的是此义。"意"是会意兼形声字。篆文从心从音，用心音会心思之意，音也兼表声。本义为"心思""心中的想法"。用例为："醉翁之意不在酒，在乎山水之间也（太守与客人来醉翁亭饮酒，从其心中的所想来说并不在酒上，而是在于在这秀丽的山水之间饮酒上，比喻本意不在此而在彼）。"此中的"意"即是。"本意"的"意"亦用的是此义。

辨析："本意"即"心中原来的意思或意图"。用例为："他的本意还是好的，只是说话的方式太不讲究。""本义"指字词的本来的意义。用例为："'兵'的本义是武器，引申指战士、拿武器的人。"

241. "变换"与"变幻"的区别是什么？

"变"是形声字。篆文从攴恋声，本义为"更换""改换"，指性质、状态与原来不同。用例为："穷则变，变则通（事物发展到了极点就要发生变化，发生了变化才会使事物的发展不受阻塞，不受阻塞了事物才能不断发展。说明在面临不能发展的局面时，必须改变现状进行变革与革命）。"此中的"变"即为"更换"。"病变而药不变，向之寿民，今为殇子矣（病情变重了而不换药，先前能够活得很长久的人，如今会变为不到二十岁就死的人）。"此中的"变"即为"改变"。"变换""变幻"的"变"均用的是"改变"义。"换"是形声字。篆文从手奂声，本义为"拿东西换东西""对调"。用例为："尝以金貂换酒，复为所司弹劾，帝宥之（他曾经把武官帽子上带的金珰、貂尾饰品拿来换酒喝，被主管监督的官员弹劾，皇帝没追究，原谅了他）。"此中的"换"就指"以金貂换酒"。"变换"的"换"即用的是此义。"幻"是象形兼会意字。金文象予（梭子）的倒形，会梭子来回投织变化不定之意。本义为"梭子来回投织变化不定"，引申泛指"奇异地变化"。用例为："你说的这些都是你自己不切实际的虚幻的想法，是不可能实现的。"此中的"幻"即是。因此，"变幻"即"不规则地改变"。用例为："河湾里和润润的草地上，密密地丛生着开雪白绒花的芦荻，大雁在高空鸣叫着，排列着变幻不定的队伍。"此中的"变幻"即是。而"变换"则指"事物的一种形式或内容换成另一种"。用例为："他变换了职务之后，不像以前那么嚣张了，贪心也有所收敛。"

辨析："变幻""变换"均指"变化"，只是"变幻"不指一般的变化，是奇异的变化。

242. "标志"与"标示"有何区别？

"标"是形声兼会意字。篆文从木票声，票也兼表上升之意。本义为

"树梢""末梢"。如"上如标枝,民如野鹿(上古时代,在上位的君主恬淡无为,在下位的百姓放荡自得)。"此中的"标"即是(将"标枝"解释为"恬淡无为",根据的是:古人认为树的末梢所在的位置很高,但是它一点儿也显示不出高傲之气)。后来,标又被"幖"借用,有了"做记号""署名""书写"的含义。如"宏性爱钱,百万一聚,黄榜标之(萧宏特别贪财,他把一百万钱堆成一堆,用一块黄木板做上记号。就这样一堆一堆地进行保存)。"此中的"标"即为"做记号"。"夫子可为我标之嘉名,以传不朽(老师可以给我签上他的美名,以便永远传下去)。"此中的"标"即为"署名"。"其东者题曰'天堑云航',督部朱公所标也(东面写着'天堑云航'四个大字,为督部朱公所书写)。"此中的"标"即为"书写"。"标志"的"标"即用的是"做记号"义。"志"是会意兼形声字。篆文从心从之(往),用心所向往会意向、意念之意,之也兼表声。隶变后楷书写作志,上边讹为士。本义为"意向""意念""心情"。如"诗言志(用诗歌表达作者的思想和志趣)。"此中的"志"即为"意向"。"傲不可长,欲不可纵,志不可满,乐不可极(傲慢之心不可以滋长,欲望不可太放纵,长志气不可以有满足的时候,欢乐不可以达到极端)。"此中的"志"即为"意念"。"神志不清"的"志"即为"心情"。又指"记号""标记"。用例为:"襄阳土俗,邻居种桑树于界上为志(襄阳本地有一种风俗:邻居之间种桑树在两家土地的分界线上以为标志)。"此中的"志"即是。"标志"的"志"亦用的是此义。"示"是象形字。甲骨文象用两块石头搭起的简单祭台形,犹如现今农村的供桌或祭台子,用以供奉神主,遂成为神灵的象征。有的上加短横或旁加小点,表示祭洒之物。本义为"祭台""神主"。古人对于自然天象不能理解,他们便祭祀膜拜,以为某些天象是天神显灵。由此示又表示"上天向人显现吉凶祸福的征兆"。用例为:"此是上天示瑞,魏当代汉之象也(这是上天向我们表示祥瑞,这祥瑞乃是汉朝应该灭亡由魏朝替代的征兆)。"又引申泛指"把事物拿出来或指出来让人知道"。用例为:"国之利器,不可以示人(国家能战胜敌人的法宝，不可以显示出来让外人知道）。""标示"的"示"亦用的是此义。

辨析："标示"即"标明""显示"。如"他在地图上画了一条红线，标示队伍可以从这里通过。"此中的"标示"即是。而"标志"则（1）"表明特征的记号或事物"。用例为："这条生产线的建成投产标志着该厂的生产水平将要达到一个新高度。"（2）"表明某种特征"。用例为："这篇作品是作者在创作上日趋成熟的标志。"

243."不孝"与"不肖"同义吗？

甲骨文　　金文　　小篆　　楷体

"孝"是会意字。甲骨文从老从子，象孩子搀扶老人形，表示孝敬老人。本义为"孝敬父母"。后来由本义虽引申出很多意义，但在现代汉语中只见使用本义，其他意义不见使用。因此"不孝"就是"不孝敬父母和至亲长辈"。用例为"你这个不孝之子，将来必有报应！""肖"是会意兼形声字。篆文从肉（月）从小，会细小的肉丁之意，小也兼表声，故其本义为"细小"。如"达生之情者傀，达于知者肖（通达明晓生命实情的人，必是豁达之人；精于技巧的人，必是渺小之人）。"此中的"肖"即是"细小"。此义读xiāo。由小又引申指"细微之物大体相似"。此义读xiào。如"惟妙惟肖（形容描写或模仿得非常好，非常逼真）""肖像（以某一人为主体的画像或相片而且背景没有任何陪衬）"的"肖"即是。"肖"常用作"不肖"，字面义是"不相似"。但从用例看，这个"不相似"多用于"子不如父"。如"丹朱之不肖，舜之子亦不肖（尧之子丹朱与尧不相似，舜之子亦与舜不相似）。"此中的"肖"即指"子不如父"。又指"不好，不孝"。如"不肖子孙"的"不肖"既含"不孝子孙"之意，也指"别的方面不好"。由"不肖子孙"的"不肖"，还引申指"不才"。用例为："悦贤而恶不肖（喜爱贤人讨厌不才之人）。"

辨析： "不孝"仅指子孙不孝顺，"不肖"既有子孙不孝之意，也指子孙品德差、没出息。

244. "部署"与"布置"有何不同？

"部署"与"布置"两词均有"安排"的意思，但在用法上则有严格的区分。"部"与"署"都有"衙门"的义项。所以"部署"的"安排"多指"对人力对任务根据实际情况进行安排"。对这个词语的运用最有名的用例就是《史记·项羽本纪》中的一段话："梁部署吴中豪杰为校尉、侯、司马。有一人不得用，自言于梁。梁曰：'前时某丧，使公主某事，不能办，以此不任用公。'众乃皆伏。"这段话说的是：项梁给吴中豪杰分别安排（部署）职务，有人作校尉，有人作军侯，有人作军司马。但是其中有一个豪杰没给分配地位比较高的职务，这位豪杰就找到项梁这里问不分配职务的原因。项梁说："前些日子某人死了。我让你给他操办后事，你办得不好。所以这次就没分配你。"项梁这样说以后大家都佩服项梁这样做。这段话中的"部署"既说明了"分别安排"的是"人"的职务，又说明了是按"实际情况"安排的。关于"部署"，《汉书·高帝纪》中还有"部署诸将"的话，与前例同义。下面再举一个现代汉语的用例："今天开大会部署全年的工作。"

"布置"则是"分布安排"的意思。如《文心雕龙·书记》有这样一句话："疏者，布也。布置物类，撮题近意（疏是陈列的意思，布置是把事物陈列安排，联系它们的名目，显示它们的内容）。"从这句话中我们可以认识到：（1）"布置"偏重于"对物件对活动进行分配安排"。如"现在请厂长布置工作。"（2）进行安排"要联系实际，显示内容"。如"布置会场"。

245. "草率"与"轻率"有区别吗?

在用法上有区别。"草"是会意兼形声字。石鼓文从艸从早（即皂，栎实形），会栎实之意，早也兼表声。本义为栎实，即栎树的果实。后借作艸指竹木，又指"可做饲料、燃料的茎叶"。由于草（艸）的杂乱，又引申指"粗劣、马虎"。用例为"草（粗劣）鄙之民""草草（马虎）收兵"。"草率"的"草"即用的是此义。"轻"是形声字。篆文从车，巠声。本义为简便灵活的小车。由车的简便灵活又引申出"程度浅""不放在心上""随便""不严肃"等意义。用例依次为"病得不轻""轻诺必寡信（随随便便的承诺必然没有信用，不易兑现）""轻举妄动（轻率从事鲁莽行动）""掉以轻心（轻率不在意）""秦师，轻而无礼必败（秦国的军队，随便又无礼貌必败）"。"率"是象形字。甲骨文象牵引绷紧的大绳。本义为"拉紧的大绳"。由拉紧的绳又引申指"直率""粗鲁""轻易"。用例依次是"坦率、率直、率真""此人豪率好酒（粗鲁好饮酒）""子路率尔而对（子路轻易地进行回答）"。"草率""轻率"的"率"均用的是"轻易、随便"义。这样"草率"即指做事不认真，敷衍了事（侧重马虎）。如"没经过认真讨论，就作了决定，太草率了！""草率从事"这两例中的"草率"均是。"轻率"则指说话或做事随随便便（侧重行动随便）。用例依次是"举止轻率""这样作结论，过于轻率。""这个活儿是细致活儿不可轻率从事。"由此可知："草率""轻率"同义的方面很多。只是有一点：当表述"说话"随随便便时，要用"轻率"而不用"草率"。

246. "刹时"（刹那）与"霎时"同义吗?

"刹"是形声字。篆文从刀，杀省声（"省声"的意思是：省略了形声字声符的笔画。如声符为"殺"，但在"刹"字中仅用了"杀"，省略了"殳"）。本义为梵语刹多罗的省称，意为土，土田，国土。用例为："一佛所化之境，以大千世界为一刹。"此中的"大千世界"是佛教用语：世界的千倍叫小千世界，小千世界的千倍叫中千世界，中千世界的千倍叫大千世界。后来指广大无边的人世。所以全例文的意思是：一佛所教化之境地，以广大无边之人世为一土。又指幡柱，塔顶上相轮等矗立部分。用例为："有刹……刹上有金宝瓶。"又指佛塔、佛教的寺庙。用例为"古刹""宝刹"。又用作"刹那"是梵语译音，指极短的时间。用例为："那个人刹那间不见踪影。"上述意义均读chà声。现代汉语表示"止住"义的"刹"，也用的是此字，只是读音改为"shā声"。其出处可能是借用了"'刹'的'杀省声'"（在汉语中当有的词"有音无字"时，常用"借同音字"的办法）。用例为"刹住歪风邪气""急刹车""刹闸"。"时"是会意兼形声字。甲骨文从日从之（前往），会日月运行已成四时（四季）之意。本义为"季节"。如"好雨知时节，当春乃发生（好雨是知道季节的，春天万物生长，正需要雨水滋润的时候，雨水就来了。这场雨好就好在'知时节'）""不违农时（不违背种庄稼的季节）"。两例中的"时"均是。由季节又引申指"光阴，即物质运动的存在形式，具有客观性和无限性，总是朝着一个方向流逝，且一去不复返"。如"等候多时"的"时"即是。"刹时"的"时"也用的是此义。不过说"刹时"也用的是"光阴"义，会有一点说不通：就是"刹"不论用它的哪一意义，都和"时"搭配不上，无法组出合理的意义。那么这是怎么回事呢？原来是因为"刹时"是由"刹那"演化而来。"刹那"是梵语的译音，指"极短的时间"。"刹时"乃是"汉语与梵语"合璧："刹"乃是梵语的"刹那"，"时"乃汉语的"光阴"。实际上"'刹时'就是'刹那时'"。所以"刹时"也指"极短的时间"。如"此人高来高去，一刹时不见踪影。"此中的"刹时"即是。"霎时"的"霎"，是形声字。篆文从雨妾声，本义为小雨。由于小雨下的时间短，故"霎"引申指"时间短"。"霎"与"时"组词，也指"时间短"。如"一霎时，雨暴风狂，伸手不见五指。"此中的"霎时"即是。由此可知，"刹时""霎时"两词同义。另外需要强调一点，"刹时"中的"刹"读chà，不读shā或shà。

247. "成规"与"陈规"如何区分?

"规"是会意字。篆文从夫从见。古人认为"女智莫如妇,男智莫如夫;夫也者,以智帅人者也(女子中没有人比成年女子更有智慧了,男子中没有人比成年男子更有智慧了;丈夫是什么人?他是用智慧率领人的人)。"故用成人之见解会有法度之意。本义为"法度""法则""章程"。如"释规而任巧,释法而任智,惑乱之道也(解释规矩用虚浮不实之言,解释法律用欺诈巧辩之言,这都是引起惑乱的做法)。"此中的"规"指"准则"。"规行矩步(比喻言行谨慎,安分守己)"的"规"指"法则"。"清规戒律"的"规"指"章程"。"成规""陈规"的"规"均用的是"章程"义。

"成"是会意兼形声字。甲骨文象以斧劈物之状,表示斩物为誓以定盟之意。犹如折箭为誓,歃血定盟一样,是古代发誓的一种风俗。本义为"定盟媾和"。如"郑侯请成于陈,陈侯不许(郑侯请求与陈侯结盟,陈侯不同意)。"此中的"成"即是。引申指"做完,实现预期的目的"。用例为:"道虽迩,不行不至;事虽小,不为不成(道路虽然很近,但是不前往还是不能到达;事情虽然很小,但是不去做还是不能完成)。"又引申指"事物生长发展到应有的完备形态或状况"。用例为:"魏王贻我大瓠之种,我树之成而实五石(魏王给我大葫芦的种子,我把这个种子进行了种植,收获的果实达到五石)。"又辗转引申指"已经完成的,已定的,已有的"。如"成事不说,遂事不谏,既往不咎(已经做过的事不用提了,已经完成的事不用再劝阻了,已经过去的事不用再追究了)。"此中的"成"即是"已经完成的,已定的"之义。"成规"的"成"即用的是此义。

"陈"是会意字。甲骨文从阜(穴居上下脚窝)从土从东(竹笼),会穴居的门庭间摆放有竹笼的过道之意。金文省去土。"陈"的本义为"穴居的门庭间摆放有竹笼的过道"。引申泛指"堂前至院门的通道",是宾主相迎排列之处。用例为:"宫中衖(宫中的小巷)谓之壶,庙中路谓之唐,堂途（厅堂前的道）谓之陈。"又引申指"摆放"。用例为："设规矩，陈绳墨，便备用，君子不如工人（设置圆规和方矩，摆放墨斗和墨绳，灵便使用各种工具，不从事劳动的人不如工匠）。"摆放不动则长久，故又引申指"时间久的，旧的"。用例为："太仓之粟，陈陈相因，充溢露积于外，腐败不可食（太仓的谷子，陈旧的上面再加陈旧的，年年堆积，太多了露出仓外，腐败了不能再吃）。""陈规"的"陈"也用的是此义。"陈规"即"已经不适用的规章制度"。用例为："陈规陋习害人不浅，一定要改变它。""成规"则指"现成的或久已通行的规则、方法"。用例为："咱们能不能打破成规想出一种新的方法来解决这个问题？"

248."成就"与"成果"的区别是什么？

甲骨文　金文　小篆　楷体

"成"是会意兼形声字。甲骨文象以斧劈物之状，表示折物为誓以定盟之意。犹如折箭为誓，歃血定盟一样，是古代发誓的一种风俗。本义为"定盟媾和"。引申指"做完，实现预期的目的"。如"成也萧何，败也萧何（实现让韩信当上元帅目的的是刘邦的重臣萧何，设计使韩信失败杀死韩信的也是萧何）。"此中的"成"即是。引申又指"工作或学习上的收获，事业取得的成果"。用例为"创业与守成，孰难？（创业和把已获得的成果守住不失，哪个难？）""成就""成果"的"成"均用的是此义。"就"是会意字。篆文从京（于高处建亭），从尤（多出），会达到极高之意。本义为"达到极高"，引申指"登上、踏上"。如"明诏不以臣愚驽，急使军就道（皇帝不认为我才能低下平庸，命令我带兵急速踏上征途）。"此中的"就"即是。又辗转引申指"成功""完成"。如"日就月将，学有缉熙于光明（天天有成功，月月有进步，学习有积累达到光明远大的程度）。"此中的"就"指"成功"。"三窟已就，君姑高枕为乐矣（您的三个退身之处已建成，您暂且可以高枕无忧了）。"此中的"就"指"完成"。"成就"的"就"即用的是此义。"果"是象形字。甲骨文象树上结有果实形。金文省为一果。本义为"植物的果实"。如"时雨乃降，五谷百果乃登（及时雨降下，使五谷百果丰收）。"此中的"果"即是。果是开花结实的终局。佛教传入中国后，用"果"对译梵文的"颇罗"（义为木实），遂用以表示"事物的结局"。如"前因后果（佛教指：先前种什么因，后来就结什么果。现在也指事情的起因和结果）""自食其果（自己所造成的恶果由自己承受）"两语的"果"均是。"成果"的"果"也用的是此义。

辨析："成果"即"工作或事业的收获"。用例为："粮食是农民辛勤劳动的成果。我们一定要爱惜粮食，不可浪费。"而"成就"则（1）指"事业上的成绩"。用例为："她在中医药方面成就辉煌，因此获得了诺贝尔奖。"（2）指"完成（多指事业）"。用例为："这些老前辈虽然成就了革命大业，但是仍然虚怀若谷，不骄不躁，愿在公益事业上再做贡献。"注意：由于"粮食"是劳动的成果，所以不用"成就"表示它。

249."筹划"与"筹备"同义吗？

"筹"是形声字。篆文从竹寿声，本义为古代投壶用的竹签子。引申泛指筹码。筹码是计算用的，故用作动词指"谋划"，名词则指"谋略"。用例依次为"请为将军筹之（请您允许我为您进行筹划）。""今天下不耕者二十余万，非经国远筹（如今全国不种地的人二十余万，这种现象可不是治理国家的人应有的谋略。治理国家的谋略应是以务农为本）。""筹划""筹备"的"筹"均用的是此"谋划"义。"划"是会意兼形声字。篆文从刀从画会意，本义为"镰"，读guò。后又指"用尖利物将东西割开（读huá）"以及"预先拟定做事的方法、步骤、安排、谋划（读huà）"。如"出谋划策"的"划"即是"谋划"。"筹划"的"划"即用的是此"谋划"义。"备"是象形兼会意字。甲骨文象箭插入盛箭的器中形。后来经几次引申，使此字的本义成为"谨慎"。如"貌若傥荡不备，然心甚谨密（从外貌看他像是个放任不谨慎的人，可是实际上他的心非常细密谨慎）。"此中的"备"即是。预则立，不预则废，故由谨慎又引申泛指"预先筹划"。如"居安思危，思则有备，有备无患（在平安的时候能够想到可能发生的危险，对可能发生的危险准备了应急措施，这就等于预先有了筹划。预先有了筹划就没有后患）。"此中的"备"即是。"筹备"的"备"即用的是此"预先筹划"义。

辨析："筹划"（1）指"想办法，定计划"。用例为："这里正在筹划建立一所养老院。"（2）指"筹措"。用例为："建养老院需要筹划一笔资金。"而"筹备"即指"为进行工作，举办事业或成立机构等事先筹划准备"。用例为："展览会的筹备工作已经完成，就等待确定开幕日期。"由此可知："筹划""筹备"不同义。

250."出轨"与"出格"同义吗？

两词的本义有很大差别，后起义也有差别。"出轨"语出《礼记·曲礼上》："国中以策彗恤勿驱，尘不出轨（在京城行车要用带叶的竹鞭子轻轻地打马，使车跑得不快，不使尘土飞扬到车辙外面去）。"这段话是讲在京城中行车的礼节的。车进入京城之后，不用鞭子打马，要用带叶的竹帚（"彗"）稍微地接触马体（"恤"），不让马跑快（"勿驱"）。这"不让马跑快"的速度应该是使车速带起的尘土不扬到车辙的外面去（"尘不出轨"）。由此可知："出轨"的本义乃是"尘土飞扬出车辙之外"（古代土路上行车有轧出的车辙）。后来此词的词义有发展，发展出两种用法：第一种，比喻"言语行动超出常规"。用例如"你说的这话可出轨了。"第二种，用为动词指"（火车、有轨电车等）行驶时脱离轨道"。用例如"火车拐弯儿时速度太快，不幸出轨了。""出格"的本义是以前写表章时所指的一种写法,在表章中写到应尊称的名字或词语时要另起一行,抬头书写。这抬头书写即称为"出格"。这种写法至今虽还用,但"出格"这个词却不用了。而是由"另起一行"代指。不仅如此,"出格"也发展出两种用法:一是用来指"越出常规"。用例如"做什么事情都应循规蹈矩,不可出格。"另一是形容人言语行动与众不同。用例如"在这个班中,他的才学是出格的。"

"出轨""出格"相比:(一)两词均可指行为越出常规;不同点是,"出轨"语义稍重,可用此词指不严重的违法行为;而"出格"语义稍轻,不用它指违法行为。(二)"出轨"的"有轨车出轨"义与"出格"的"另起一行"义不能互相代替。(三)"出轨"可明确地定为贬义词。"出格"则有时用为不含贬义的中性词。它的第二例句即是。

251. "处罚"与"惩罚"如何区别?

罚

小篆　　楷体

"处"是会意兼形声字。金文是一个头戴虎皮冠的人靠着茶几坐着的形象。本义为"止息"(坐在那里休息)。如"趋利而作,则日夜不处(干挣钱的事,就日夜不停)。"此中的"处"即是。由"止息"又引申指"决断"。如"咱们分头处理""在正规医院取药需有医生的处方"两例中的"处"都是"决断"之意。由决断又引申指"惩罚"。用例为"处以重刑,慎之又慎(讨论用重刑惩罚时,一定要加倍谨慎考虑决定)"。"处罚"的"处"即用的是此义。"惩"是形声字。篆文从心征声,本义为"鉴戒,警戒"。如"刁民不惩而易为非(不良善的刁民如果不警戒他,他容易干坏事)。"引申指"责罚"。用例为"惩恶扬善(责罚罪恶,宣扬良善)""无恶不惩,无善不显(宣扬)。""处罚"的"处"即用的是此义。"罚"是会意字,从网,从言,从刀,会言语触犯法网要受轻刑之意。本义为"过错、罪过"。如"偷鸡摸狗,是为大罚(干偷鸡摸狗这种事,是大的过错)。"因此"处罚"指对犯错、犯罪之人加以惩治。用例为"无论谁违反了校规都要受到处罚"。而"惩罚"也指"处罚"。用例为"你因为屡教不改,所以要对你从重惩罚"。

辨析:"处罚""惩罚"两词一般地说可通用。如果严格区分两词的用法,从大多数用例看,被"惩罚"的"错误或罪过",要比"处罚"的重一些。

252. "传诵"与"传颂"同义吗?

徽 傳 传

甲骨文　小篆　楷体

两词有相同的方面,又有不同的方面。"传"是会意兼形声字。甲骨文从人从专(转动),会供人转换车马的驿站、驿舍之意,专也兼表声。本义为"供人转换车马的驿站、驿舍、宾馆"。如"秦王度之,终不可强夺,遂许斋五日,舍相如广成传舍(秦王再三考虑,觉得对和氏璧终究不能强夺,于是答应相如自己斋戒五日后再接受和氏璧,先让相如住在广成邑宾馆中)。"此中的"传"即是"接待外交人员的宾馆"。此义读zhuàn。由"驿站传递消息公文"又引申指"一方交给另一方"。如"乐官传视,皆曰:'稀世之珍也。'(乐官们传着看,都说:'这是世上罕见的珍宝啊!')"此中的"传"即是。此义读chuán。"传诵""传颂"的"传"均用的是此义。"诵"是形声兼会意字。篆文从言甬声。本义为"抑扬顿挫地朗读出来"。如"诵诗三百,弦诗三百,歌诗三百,舞诗三百。"此中的"诵"即是。又引申指"述说"。用例为"群臣诵功,请刻于石"。"颂"是会意兼形声字。金文从页公声。籀文改为从页从容会意,容也兼表声。本义为"容貌""仪态"。如"徐生以颂为礼官大夫,传子至孙延、襄(徐生以容貌英俊,仪态大方的关系当上了礼官大夫。这个官职一直传到儿子徐延,孙子徐襄)。"此中的"颂"即是。此义读róng。由"修饰容貌"又引申指"赞扬"。"歌功颂德(赞美功绩,颂扬恩德)"的"颂"即是。此义读sòng。"传颂"的"颂"亦用的是此义。因此,"传颂"即"辗转传布颂扬"。如"全村人传颂着他英勇救人的事迹。"此中的"传颂"即是。而"传诵"则(1)指"辗转传布诵读"。用例为"这首诗曾经传诵一时"。(2)指"辗转传颂称道"。用例为"这位英雄的名字在民间广为传诵"。

辨析:"传诵"的第(1)意义,因为偏义于"诵读",故与"传颂"不能通用;第(2)意义,与"传颂"的意义相同,所以在表述"传诵称道意义"时两词可通用。

253. "醇厚"与"淳厚"的区别是什么?

厚 厚 厚 厚

甲骨文　　金文　　小篆　　楷体

"厚"是会意兼形声字。甲骨文从山岩从酒味醇厚会意。本义为"山陵高厚"。引申泛指"物体上下两面之间的距离大"。如"不临深溪,不知地之厚也(不到深水前看,不知道地层是那样地厚)。"此中的"厚"即是。又引申指"(情谊)深""浓重"。如"深情厚谊(深厚的情意)"的"厚"指"情谊深"。"闻胶西有盖公,善治黄老言,使人厚币请之(听说胶州西部有一位盖公,他精通黄老之说,派人用重金去邀请他)。"此中的"厚"即为"浓重"。"淳厚"的"厚"即用的是此"浓重"义。又指"味道浓厚"。用例为:"夫香美脆味,厚酒肥肉,甘口而病形(香美脆味,浓酒肥肉,虽非常好吃,但吃多了却对身体有害)。""醇厚"的"厚"即用的是此义。"醇"是会意兼形声字。本义为"没掺水的酒"。引申泛指"酒味浓厚"。用例为:"陈人使妇人饮之醇酒,以革裹之,归宋(陈国人派美女拿浓烈的酒给他喝,然后用皮革把他裹起来,送回宋国)。""醇厚"的"醇"亦用的是此义。"淳"是形声兼会意字。本义为"浸于水中慢慢渗下"。引申指"浇灌"。如"钟氏染羽……淳而渍之(钟氏染多彩布时……放入水中浸染)。"此中的"淳"即是。借用作"醇"也指"味道浓厚"。用例为:"淳酒味甘,饮之者醉不相知(味道浓厚的酒,喝醉了自己都不知道)。"又引申用于抽象意义,指"质朴""敦厚"。如"县远官事少,山深人俗淳(这里远离繁华之地,官家的事甚少,深山中人质朴敦厚)。"此中的"淳"即是。"淳厚"的"淳"亦用的是此义。故"淳厚"即指"淳朴"。用例为:"此地风俗淳厚,人杰地灵,真是世外桃源一般。"由于"淳"借用作"醇"了,故"淳厚"在表示"醇厚"的意义时也可以使用。但是在用"淳厚"的"淳朴"义时,只能用"淳厚"而不能用"醇厚"。

254. "篡改"与"窜改"有区别吗?

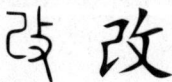

小篆　　楷体

有很大区别。"篡"是形声兼会意字。篆文从厶算声,算也兼表算计之意。本义为"夺取"。如"大国不攻小国,大家不篡小家(官位高的大夫封地不夺取官位低的大夫封地)。"此中的"篡"即是。夺取帝位也称"篡位"。又引申指"根据个人的意见进行歪曲改动"。"篡改"的"篡"即用的是此义。"窜"是会意兼形声字。篆文从穴从鼠,会鼠逃入穴中藏匿之意。本义为鼠逃入穴中。此义读cuān。又引申指"逃匿""放逐""修改"。如"渍墨窜旧史(用浓墨改动了历史)"的"窜"即指"修改"。"窜改"的"窜"也用的是此义。此义读cuàn。"改"是会意字。甲骨文左边从已(蛇,有血水滴下)右边从攴(手持棍),会驱鬼辟邪之意。本义为"变更"。"篡改""窜改"均用的是此义。综合以上可知:"篡改"指"用作伪的手段改动或曲解"。用例为:"你擅自篡改国家政策的条文,其罪不小。""窜改"指"改动(成语、文件、古书等)原文"。用例为:"你不应该窜改古书原文为自己所用。"

辨析:"篡改""窜改"相比,"篡改"的罪行更重。

255. "敦促"与"督促"的区别是什么?

促 促

小篆　楷体

"促"是形声兼会意字。篆文从人足声,促也兼表行动之意。本义为"时间短"。如"年高觉日月益促(年纪大了,感觉日子过得越发地快)。"此中的"促"即是。时间短则紧急,故又引申指"急迫""赶快"。用例为:"太祖乃自力劳军,令军中促为攻具(太祖就亲自去劳军,命令军中赶快制造进攻的用具)。"用作动词又引申指"催""推动"。如"日色促归人(天色不早了,催促你起程)。""敦促""督促"的"促"均用的是此义。"敦"是会意字。金文从手持棍,表有所击,从享(醇厚),会怒斥重责之意。本义为"恼怒""呵斥重责"。如"政令已定,风俗以一,有离俗不顺其上,则百姓莫不敦恶(政策法令已经确定,风气习俗已经一致。如果还有人违背习俗而不顺从自己的君主,那么百姓就没有谁不怨恨厌恶他)。"此中的"敦"即是。又引申指"督促""催迫"。用例为:"充虞曰:'前日不知虞之不肖,使虞敦匠事,严,虞不敢请。'(充虞说:'前些日子您不嫌我没本事,让我负责督促木匠做棺材的事。当时事情紧急,我没敢打扰请示您。')""敦促"的"敦"亦用的是此义。"督"是会意兼形声字。篆文从木从叔(拾取)会意,叔也兼表声。本义为"察视"。如"令者,所以教民也;法者,所以督奸也(发布命令是教导百姓的，法律则是监视奸人的）。"此中的"督"即是。由"细察监视"又引申指"催促"。用例为"督遣勿稽留（催促他们赶紧走不要停留在此）"。"督促"的"督"亦用的是此义。

辨析： "督促"即"监督催促"。用例为："对已经布置了的工作，应当认真检查督促，帮助落实。"而"敦促"则仅指"催促"。用例为："雨季就要到来，请敦促各房管所尽快检查这一地区有多少漏房并加以解决。"

256. "发愤"与"发奋"同义吗？

有同义的方面，也有各自侧重的方面。"发"是形声字。本义有两个，一为射出箭，一为头发。如"度不中不发，发即应弦而倒（考虑如果射不中就不射，射就让箭的标的应弦声而倒）。"此中的"发"即为"射出箭"。由"发射"又引申出"引起""引导"义。如"不愤不启，不悱不发（不到学生努力想弄明白但仍想不通时先不启发他，不到学生心里明白却又不能完善地表达出来时先不引导他）。"此中的"发"即是"引导"。"发愤""发奋"的"发"都用的是这个引申义。"愤"是形声字。篆文从心贲声，本义为"心中郁结""郁闷""想不通"。如前面举例"不愤不启"中的"愤"即"想不通"。"发愤"的"愤"也用的是此义。"奋"是会意字。金文写作奮，会鸟从田间振翅飞起，本义为"鸟振翅飞起"。如今简化为奋。用例为："愿为双鸿鹄（天鹅），奋翅起高飞。"此中的"奋"即是。所以联系前文："发奋"的意思是"振作起来"。用例为："发奋努力，一定要考上名牌大学。""发愤"则指"因激愤而努力"。用例为："发愤忘食，乐以忘忧。"前面曾说"发愤"与"发奋"有同义的方面。这样说的根据是《现代汉语词典》第349页，"发愤"也作"发奋"。另外《汉字源流辞典》还有"发愤"与"发奋"的区别是："发奋"指振作起来去做某事，如"发奋完成一桩大事业"；"发愤"指抒发心中的愤懑，痛下决心去实现某种追求，如"发愤图强"。

257. "法制"与"法治"的区别是什么？

法　法

小篆　楷体

"法"是会意字。金文从人，从口（象征穹庐之居），从水从犍牛，会人收起帐篷，带着牛羊，寻找水草之地而居之意，是古代游牧生活的写照。本义为"逐水草而居"。逐水草而居，就要走走停停，离开旧地去就新居，故引申指"废弃"。如"利不可法，故民流；神不可法，故事之（利益不能废弃，所以百姓为了谋利要来回奔走；神仙不可废弃，所以百姓要供奉他）。"此中的"法"即是。此义读fèi，后来用"废"来表示此义。逐水草而居是游牧时代有规律的生活，由此义又引申指"规范、约束社会生活的条令、规定、规章、制度、条例等的总称。"此义读fǎ。如"故治国无其法则乱，守法而不变则衰（所以治理国家没有法律制度就会乱，死守成法不知随着时代的变化而变化就会衰弱）。"此中的"法"即是。"法制""法治"的"法"均用的是此义。

"制"是会意字。古文从未（枝条繁茂之树）从刀，会用刀修剪枝条之意，里边的小点，象征砍下的枝条。篆文省去小点。本义为"修剪枝条"，引申泛指"截断、切割"。如"是故贤主之用人也，犹巧工之制木也（所以贤明的君主用人，像巧工截木材一样，截得十分合适，用人用得十分恰当）。"此中的"制"即是。由"截断"又引申指"做""造"。用例为："冀州以南，历洪水之变，夏后始制城郭（冀州以南遭遇过洪水的变故。大禹之子夏后启时代开始筑造城）。""做""造"都要有一定的规则，故又引申指"法度""规章""准则"。如"先王之制，大都不过三国之一（按先王的法度，卿大夫的封邑不能超过侯伯国都的三分之一）。"此中的"制"即是。"法制"的"制"亦用的是此义。

"治"是形声字。篆文从水台声。本义为"治理水"。如"禹之治水,水之道也,是故禹以四海为壑(大禹治水,是对水进行疏导,所以以四海为注水的沟壑)。"此中的"治"即是。又引申指"治理""管理"。用例为:"民不足而可治者,自古及今,未之尝闻(老百姓吃不饱肚子而可以把国家治理得很好的,自古至今还没听说过)。""法治"的"治"亦用的是此义。因此"法治"就是"根据法律治理国家和社会"。用例为:"法治是以法治国的政治主张。"而"法制"则是"法律制度体系,包括一个国家的全部法律、法规以及立法、执法、司法、守法和法律监督等。"用例为:"法制在不同性质的国家有不同的表现形式与具体内容。"

辨析: 上面所谈到的"法治"是动词,"法制"是名词。两者无共同之处,不可混用。

258. "反映"与"反应"的区别是什么?

反　反　反

金文　小篆　楷体

"反"是会意字。甲骨文从又(手)从厂(山崖),会以手推转山石之意,本义为"(将物体)翻转过来"。用例为"易如反掌(容易得像翻一下手掌一样)"。引申又指"返回"。用例为:"寒暑易节,始一反焉(冬夏换季一年的时间,才往返一次)。""反映""反应"的"反"均用的是此"返回"义。"映"是形声字。篆文从日央声,本义为"照耀、照射"。如"亭亭(遥远的)晓月映,冷冷朝露滴。"此中的"晓月映"即是"早晨的月亮照射着"。引申又指"因光线照射而显现出"。如"接天莲叶无穷碧(跟天相接的莲叶非常青绿),映日荷花别样红(荷花因日光的照射而显得格外红)。"此中的"映"即是。"反映"的"映"即用的是此义。"应"是会意兼形声字。本义为"认为理当如此,该当"。用例为:"大胆应无惧，雄心誓不回。"理所应当的自然有回复，故又引申指"出声回答"。用例为："劝了半天，她也不应个声。""反应"的"应"即用的是"出声回答"义。因此"反映"（1）指"物体的形象反着映射到另一个物体上"。用例为："美丽的白塔反映在湖面上。"（2）也比喻"把客观事物的实质表现出来"。用例为："这次事故深刻地反映出这个厂从领导人起就安全意识淡薄。"（3）指"把情况、意见等告诉上级或有关部门"。用例为："他们反映的意见很好。"（4）指"肌体接受和回答客观事物影响的活动过程"。用例为："人的心理（感觉、表象、观念、概念、情绪、愿望、意志等）是最高级的反映形式。""反应"则（1）指："肌体受到体内或体外的刺激而引起的相应的活动与变化"。用例为："你太迟钝，他这么讽刺你，你竟然毫无反应！"（2）指"事情所引起的意见、态度或行动"。用例为："他的报告很好，反应强烈。"

辨析："反映"与"反应"的各个义项中只有一种用法容易混淆，即"反映"的（3）与"反应"的（2），需结合例句进行分辨。

259. "分辨"与"分辩"有何不同？

| 甲骨文 | 金文 | 小篆 | 楷体 |

"分"是会意字。甲骨文从八从刀，会以刀分物之义。本义为"把整体变成几个部分，使相互联系的离开"。如"方以类聚，物以群分（**各种方术因种类相同而聚合，各种事物因类别不同而区分**）。"此中的"分"即是"分开"。由于分开容易辨别，故又引申指"辨别""辩白"。如"四体不勤，五谷不分。"此中的"分"即是"辨别"。"分辨"的"分"即用的是此义。"这部著作，随疑分释，有理有据。"此中的"随疑分释"即指"随着有疑问的地方，进行辩白解释。""分辩"的"分"即用的是此义。

"辨"是会意兼形声字。本义为"剖分""区分""分别"。如"之所以立周子为君王,是因为他虽然有兄长但是兄长是个白痴,连什么是豆,什么是麦都不能辨别,所以不能立他的兄长。"此中的"辨"即指"区分"。"分辨"的"辨"就用的是此义。"辩"是会意兼形声字。本义为"治理"。由"治理"又引申指"提出某种理由或根据来阐明是非真伪,争论,反驳"。用例为:"外人皆称夫子好辩,敢问何也?(外人都说孔夫子您喜好辩论,我可以问一问这是因为什么吗?)"此中的"辩"即是。"分辩"的"辩"即用的是此义。因此"分辩"就是"辩白"。用例为:"如今你的罪恶铁证如山,你还有什么可分辩的。""分辨"就是"辨别"。用例为:"这里摆的是五谷杂粮,请你分辨一下,一一说出它们的名称。"

辨析:"分辨"与"分辩"虽音同字近,但用法有异。"分辨"指辨别出事物、道理的不同。"分辩"则指进行辩白以证明道理、事实的正误、真假。

260."肤浅"与"浮浅"同义吗?

意义相同,但又各有侧重。"浅"是形声字。本义为"水不深"。如"深则厉,浅则揭(深水就游过去,浅水就撩起裤脚趟过去,比喻具体情况要具体分析)。"此中的"浅"即是。引申又指"内容浅易或浮在表面不深入"。如"本人才疏学浅,说得对与不对,请多多地包涵。"此中的"浅"即指"内容浅易"。"肤浅""浮浅"的"浅"均用的是此义。"肤"是形声字。篆文从月(肉)卢声,本义为"人的表皮"。如"身体发肤,受之父母,不敢毁伤,孝之始也。"此中的"肤"即指"身体皮肤"。引申又比喻"表面的、浅薄的"。如"末学肤受(学问浅薄,不经根本,像皮肤不经于心胸那样,理解不深)"的"肤"即是。"浮"是会意兼形声字。篆文从水从孚会意,本义为"漂在水(或其他液体)的表面"。用例为:"泛泛杨舟,载浮载沉。既见君子,我心则休(在泛起波浪的小河里，我坐在船上，船儿在水面上忽上忽下。已经见到了心上人，我的心终于平稳安定下来了）。"引申又指"浅薄""不踏实"。如"心浮气躁"的"浮"即是"不踏实"。"浮浅"的"浮"即用的是"浅薄"义。"浮浅"即"浅薄"。用例为："他对戏曲的认识很浮浅，说的话中有许多是外行话。""此书内容浮浅，与序言介绍的相去甚远"。"肤浅"则只指"人的学识浅，理解不深"。用例为："我的学识很肤浅，对您的大作理解不深，所以不愿妄加评论。"从此例中可知："浮浅"和"肤浅"虽都有"浅薄"义，如果说某一本书的内容"浅"，就不用"肤浅"（见"浮浅"例）。

261."隔膜"与"隔阂"同义吗？

有同义的方面，也有不同义的方面。"隔"是会意兼形声字。篆文从阜从古代三足的炊具，会像炊具的三足那样三分之意。本义为"阻断"，不能相通。如"一人之力能隔君臣之间，使善败不闻，祸福不通（一个人的力量能隔断君臣之间的正常联系，使彼此之间听不到好消息和坏消息，也不知道对方是有祸还是有福）。"此中的"隔"即是。"隔膜""隔阂"的"隔"均用的是此义。"膜"是形声字。篆文从肉莫声。本义为"生物体内的薄皮样组织"。如"治肉，除其筋膜，取好者（处理肉，要把筋和薄膜去掉，取用好肉）。"此中的"膜"即是。又引申泛指"像膜一样的东西"。如"塑料薄膜"的"膜"即是。"隔膜"的"膜"即用的是此义。"阂"是形声字。篆文从门亥声。本义为"从门外关门"。用例为："你出去时别忘了从外面把门阂上。"此中的"阂"即是。又引申指"阻断""阻碍"。用例为"伤心百道水，阂目万重山（使人伤心的，是一百道河过不去；使人看不见的，是万重山在阻断）""隔阂"的"阂"也用的是此义。

辨析："隔膜"（1）指"隔阂"。（2）指"情意不相通，彼此不了解"。用例为:"多年不通消息,彼此间隔膜起来。"(3)指"不通晓,外行"。"我对这种技术实在隔膜,你还是另请高明吧!""隔阂"则指"彼此情意沟通上的障碍,思想上的距离"。用例为:"你们俩应该消除隔阂,携手前进。"

262."公布"与"颁布"同义吗?

甲骨文　金文　小篆　楷体

同义。"布"是形声字。金文从巾父声。篆文整齐化,声符父变得不明显了。本义为"麻、葛织物"。如"生民理布帛,所求活一身(老百姓纺织布帛,所追求的就是生存)。"此中的"布"即是。又引申指"当众宣告"。用例为"布告天下(向天下人宣告)""开诚布公(敞开诚心宣布,表明态度诚恳,坦白无私)"。"公布""颁布"的"布"均用的是此义。"公"是会意字。甲骨文从口(器皿)从八(分),会平分器皿中的东西之意。篆文整齐化,盆形讹为厶。本义为"平分"。用作形容词,引申指"没有偏私""平允"。如"外举不避仇,内举不避亲,祁黄羊可谓公矣(向国家举荐官员,举荐外面的人不避讳他是自己的仇人,举荐与自己亲近的人不避讳他是自己的儿子。祁黄羊这样做真可以称得上是公正的人了)。"此中的"公"即是"没有偏私"。用作动词,又引申指"使公开",即让大家知道。用例为"公之于世(向所有世人公布,让大家都知道)"。"公布"的"公"即用的是此义。"颁"是会意兼形声字。篆文从页(人头)从分会意,分也兼表声。本义为"大头",读fén。又被借用表示"分给""赏赐"的意思。此义读bān。如"古之道,五十不为甸徒,颁禽隆诸长者(古代的不成文的规定,五十岁以上的人因为年长不必再亲自去打猎,分猎物时还要分得优厚一些)。"此中的"颁"即为"分"。由"分"又引申指"公布"。用例为:"诏太史局更造新历颁之(下诏书让太史局重新撰写新的历法公布)。""颁布"的"颁"亦用的是此义。"颁布"即"公布"。如"古代每年冬季的11月,天子颁布来年的新历法。"此中的"颁布"即是。

辨析:"颁布""公布"虽然意思相同,但在用法上有区别:"颁布"含庄重的意味,多用于公布国家的法令、命令、政策。一般的公布用"公布"就行了。如"食堂的账目要每月公布一次,以便入伙人了解情况监督检查。"此中的"公布"就不用"颁布"。

263. "功夫"与"工夫"同义吗?

工　工　工　工

甲骨文　金文　小篆　楷体

"功"是会意兼形声字,表示操作和版筑墙,会从事盖房等各种工作。篆文改从力,突出用力做功,故本义当为"从事建筑等各式各样工作"。如"嗟我农夫,我稼既同,上入执宫功(可怜我这个农民,我的庄稼刚收获完,又得去干公家的事)。"此中的"功"即是。又引申指"做事的成效"。用例为"功亏一篑""徒劳无功"。再引申指"修养""造诣"。用例为:"虽欲加功,竟无其暇(虽然想加强修养,最终因没有空闲而作罢)。"此中的"功"指"修养"。"功到自然成。"此中的"功"指"造诣"。"功夫"的"功"即用上述三种意义。"夫"是象形字,甲骨文象头上插簪子的成人形,表示已经成人,故本义为"成年男子"。用例为:"古者丈夫不耕,草木之实足食也(远古时代成年男子不用耕种,草木的果实就足够食用的)。"成年男子要承担各种繁重的工作。因此"夫"又指"从事各种工程的男子、夫役"。用例为"农夫""渔夫"。"功夫""工夫"的"夫"均用此义。"工"是象形字。甲骨文象古人筑墙用的石杵形。就甲骨文看,"工"的本义是建筑用的筑杵(一头粗一头细的大木棒),引申指"各种生产活动,土木建筑项目"。如"土木工程"的"工"即是。又指"一个人一日的工作量"。用例为"磨刀不误砍柴工"。由工作量又引申指"时间"。"工夫"的"工"即用的是此义。总结上文:"功夫"(1)指"造诣"(由"做事有成效的夫役"引申而来)。用例为:"他的书法功夫很深。""却忆往年看粉本,始知名画有功夫。"(2)指"武术"。用例为:"许多外国人来武当山学中国功夫。"(3)指"(做事)所耗费的时间和精力"。用例为:"要想提高阅读能力,必须肯下功夫。""我实在是想到你那里看看,就是不得功夫。""工夫":(1)指"时间(指占用的时间)"。用例为:"他三天的工夫就学会了游泳。"(2)指"空闲时间"(由一天一日工作量引申而来)。用例为:"明天有工夫,再来玩儿吧。""醉里且贪欢笑,要愁那得工夫。"(3)指"特定时间"。用例为:"我当闺女那工夫,婚姻全凭父母之命,媒妁之言。"总结上文可知,两词不同义。

264. "功勋"和"功劳"有何不同?

同是功臣,有的人被称颂为有"功勋",而有的人则被称颂为有"功劳",还有的人是"没有功劳有苦劳"。那么这是怎么一回事呢?原来这与古代把人对国家的贡献分等级有关。古代臣子所立的功劳分等,在文治武力某一方面对建国、卫国、安定国家社稷有重大贡献的叫作勋,在言论方面有贡献的叫作劳,在武力方面有贡献的叫作功,长年积累资历的叫作阅。从"勋""劳""功""阅"的分等中可知:功劳最高的应是"勋"功。建立这种"勋"功的人是极少数人。其他因"出谋划策""战场冲杀""建立国家制度""长年为国辛劳"而立功的人则比较多。那么在古代把怎样的人视为"有勋功"的人呢?下面举出一人,那就是人们所熟知的周公。

周公起初是辅佐武王灭纣王,在推翻商朝建立周朝的过程中有极其重大的贡献。武王死后他又保成王,出师东征平定反叛。成王成年又还政于成王,分封诸侯,营建洛邑东都,制礼作乐,建立各种典章制度。这一切又做到了"在文治武力两方面对安定国家巩固政权有极其重大的贡献"。所以说他是对国家有"勋"劳的代表人物。后来"勋""功"与"劳"所各自代表的那一"等级"的内涵被淡化。"劳""功"可与"勋"搭配成"勋劳""功勋"二词代指"大功劳","劳"与"功"搭配成"功劳"代表次于"勋劳"的"功劳"。此种搭配沿用至今。今天仍用有"勋劳"有"功勋"称颂那些为建国立了大功的人(如开国的十大元帅)。用"有功劳"称颂比"勋劳"次一级的功臣。平常人们说的"苦劳"还不是前面所提到的那个"阅"。那个"阅"的重点是"积月"。而今天所说的"苦劳"则重点在于"苦",在于"跑腿受累"。相形之下"没有功劳,也有苦劳"中的"功劳",还应指的是有一定的成就或建树。

265."沟通"与"勾通"同义吗?

"通"是会意兼形声字。甲骨文从彳(半条街)从用会意,用也兼表声。金文从甬(桶状物),会通达之义,甬也兼表声。篆文另加义符止(脚),以强调走到之意,本义为"达""到达"。如"吾与汝毕力平险,指通豫南,达于汉阴(我和你们竭尽全力铲平险峻的大山,一直通向豫州的南部,到达汉水的南岸)。"此中的"通"即是。由"到达"又引申指"贯穿""连接"。如"今有千金之玉卮,通而无当,可以盛水乎?(如今有价值千金的玉质的酒器,但是它是贯通而又无边际的,用它可以盛水吗?)"此中的"通"即指"贯穿"。"身无彩凤双飞翼,心有灵犀一点通(没有凤凰那样可以比翼双飞的翅膀,形迹无法相亲;但心情却跟犀牛角的中心一样可以通达,彼此能够理解连接)。"此中的"通"即指"连接"。"沟通"与"勾通"的"通"均用的是此义。"沟"是会意兼形声字。篆文从水从冓,冓也兼表声,本义为"田间灌溉排水的水道"。如"广(宽)四尺,深四尺谓之沟。"此中的"沟"即是。用作动词,指"开掘疏通"。"沟通"

的"沟"即用的是此义。"勾"是会意兼形声字。甲骨文从口（表语声），从勾曲，会语调曲折之意。勾本是句的俗写，后来为了区分字义，语句之义仍用"句"表示，曲折之义则用"勾"表示。所以"勾"的本义是"语调曲折"，引申泛指"曲折""弯曲"之意。如"鹰勾鼻子"的"勾"即指"弯曲"。由"弯曲"又引申指"招引"。用例为："数枝黄菊勾诗兴，一串红叶迷仙境（几枝黄菊花引起了赋诗的兴致，一串串红叶又使人在仙境中迷途）。"又经几次引申指"结合在一起""串通"。用例为："外勾敌国，内纠佞臣（这个人从对外部说，他和敌国串通；从对内部说，他又和奸臣们纠合在一起）。""勾通"的"勾"也用的是此义。

因此"勾通"即"暗中串通""勾结"。如"他当内鬼与外人勾通，想把厂内的贵重金属盗出变卖。"此中的"勾通"即是"暗中串通"。"他们几个沟通起来，想把领导架空。"此中的"勾通"即是"勾结"。而"沟通"则指"使两方能通连"。用例是"这里已建起了沟通南北两岸的大桥。""为了加强彼此之间的了解，大家应该多沟通思想。"

266. "姑且"与"暂且"为什么同义？

甲骨文　金文　小篆　楷体

两语只是用法相同。"且"是象形字。甲骨文象雄性生殖器形，由于人类靠生殖繁衍，所以"且"是初民生殖崇拜的体现；且，还是祖的初文。后世墓碑的样子皆是"且"的遗形。本义为"雄性生殖器"。此义读jū。后又引申指"古代祭祀时置放祭品的礼器"。此义后作"俎"。又表示祖先，此义后作"祖"。此外又特指"农历六月"。再后来又用作副词指"暂时"。此义读qiě。如"民劳，未可，且待之（百姓太劳苦了，不可这样下去，暂时等待一下吧！）""得过且过（只要能过得去就暂时过下去）"。两语中的"且"均为"暂时"。"姑且""暂且"的"且"均用的是此义。"姑"是会意兼形声字。金文从女从古,用前代的妇女会婆婆之意,古也兼表声。本义为"丈夫的母亲"。如"未谙姑食性,先遣小姑尝(做出饭来,不知道合不合婆婆的口味,先让小姑子尝一尝)。"此中的"姑"即是。多年的媳妇熬成婆。姑从古代就有前后相接之义,故又用作副词,表示时间短暂,相当于"暂时""将就"。如"君子之爱人也以德,细人之爱人也以姑息(君子爱人,表现为用道德的标准要求人;小人爱人,表现为不为人作长久的打算,而是用无原则的将就要求人)。"此中的"姑"即为"将就""暂时"。"姑且"的"姑"也用的是此义。"暂"是形声字。篆文从日斩声。本义为"时间短"。如"太古之人,知生之暂来,知死之暂往,故从心而动,不违自然所好(上古的人,懂得出生只是暂时地到来,懂得死去只是暂时地离去,因而随心所欲地行动,想做什么都不违背自然规律)。"此中的"暂"即是。"暂且"的"暂"即用的是此义。"暂且"即"暂时"。用例为"父子二人上路之后无非是饥餐渴饮,晓行夜宿,暂且不提。咱们再说另一条线……""姑且"也表示"暂时地"。用例为:"我这里有一台洗衣机,你姑且用着,等有富余钱了,再买新的。"由于"暂且""姑且"同义,所以两词通用。

267."观光"与"观景"有何不同?

"观光"语出《易经·观》:"六四,观国之光,利用宾于王。"下面先分别解释这句话:"六四"是古代人用龟甲蓍草等物推断祸福时所得到的爻象。卦象由长短横道组成。根据《易经》的说法,占得观卦"六四"这一爻象的人,"利用宾于王"即"适合辅佐君王"。对这种推断祸福做法,在古书中有许多记载说是灵验的(如《左传·庄公二十二年》中就以陈国人敬仲为例,证实了这一做法)。"观国之光"是"观察到君王德行的光辉"的意思。既是"观察到君王德行的光辉",为什么用"观国之光"表述呢?

这是因为"由一个国家的风俗民情就可以观察到这个国家的君王的德行如何"。今天我们所说的"观光"即节自"观国之光"。因此"观光"的本义是:"观察君王德行的光辉"。后来至今则把"观光"引申为"观看一个国家或一个地方的风俗民情以及风景"。由此可知:"观光"与"观景"不同。"观光"是对一个国家或一个地方比较全面地看,来这个国家或这个地方观光还有仰慕尊重之意。"观景"则只是"看景","观"的范围小。此外对"观光"之"光"有的书今译为"光荣",总的意思相差不多。最后关于前面那一段引文的今译,各个《易经》专家译法也不同。笔者在这里选《春秋左传正义》的意见,译为:"和君王接近的人能看到君王德行的光辉,看到君王的德行光辉有利于士("宾")献身于王朝。"

268. "光临"与"光顾"有区别吗?

甲骨文　　金文　　小篆　　楷体

有区别。"光"是会意字。甲骨文从火在儿(人)上,会光明之意。本义为"明亮"。如"与天地同寿兮,与日月齐光(与天地同寿命啊,与日月同光辉)。"此中的"光"即是。用作"敬辞"指给说话人带来荣耀。用例为:"光降书辞,曲加劳问(我荣幸地接到了您的来信,委曲您对我进行问候)。""光临""光顾"的"光"均用的是此义。"临"是会意字。金文象人俯身低头流泪状,会哭吊死者之意(今日人们说的"泪涟涟",原本是"泪临临")。篆文变为从卧,品声。隶变后楷书写作臨。如今简化作临。本义为"哭着来到并停留"。如"汉王为义帝发丧,袒(脱去上身的外衣,露出里面的短衣以示尊敬)而大哭,哀临三日(义帝死,汉王给义帝发丧。他脱去上身的外衣,露出里面的短衣大哭,悲哀地在发丧地停留三天)。"此中的"临"即是。此义读lìn。由"哭着来到停留"又引申指"从高处往低处看、俯视"。用例为"如临深渊，如履薄冰（好像站在深渊的边缘，又好像踩着薄冰，比喻心存戒备，非常谨慎小心）"。此义读lín。后遂用为"敬辞"，表示"从上面到来"。用例为："（樊）哙趋拜送迎，言称臣，曰：'大王乃肯临臣。'（樊哙向前下拜迎接，称自己是臣子，说：'大王您肯于降临我这里。'）""光临"的"临"亦用的是此义。"顾"是形声字。篆文从页雇声。本义为"回头看""转头看"。如"瞻前而顾后兮（看看前面，又看看后面，形容考虑事情谨慎周到）。"此中的"顾"即"回头看"。"王顾左右而言他（大王看看左面又看看右面，就不再提原来说的事而说起别的话题了）。"此中的"顾"即"转头看"。又引申指"看望、拜访"。用例为："先帝不以臣卑鄙，猥自枉屈，三顾臣于草庐之中（先帝不认为我低贱，他委屈自己，三次驾临我的草庐请我出山）。"后又发展为敬辞，指"商业、服务行业称服务对象的到来"。如"本店建店30年庆大酬宾！欢迎惠顾本店！""光顾"的"顾"亦用的是此义。

辨析："光顾"即"商家欢迎顾客语"。如商店的出口写有"谢谢再来光顾！"之语。此中的"光顾"即是"欢迎顾客再来"。"光临"是敬辞，"称宾客来到"。用例为："大驾光临寒舍，有失远迎，当面恕罪。""光顾""光临"都有"敬辞"的意味。商家欢迎顾客时可说"光顾"亦可说"光临"。但欢迎的是"宾客"不能说"光顾"。

此外对引文中说的"脱去外衣露出里面的短衣"补充几句："露出里面的短衣"是当时的一种礼节，用以表示对死者的尊敬。

269. "国是"同"国事"吗？

| 甲骨文 | 金文 | 小篆 | 楷体 | 金文 | 小篆 | 楷体 |

不同。"国"是会意字。甲骨文从口（城）从戈，表示以戈守卫城池

（囗）。金文大致相同，只是又多加了两条表示范围的界限，表意更加明确。因为古代的邦国指的就是一座城池及周围的地域，故本义为"邦国"，后来指"国家"。如"夫大国者，难测也，惧有伏焉（大国，是很难推测他们怎样排兵布阵的，怕他们有埋伏在这里）。"此中的"国"即是"国家"。"国是""国事"的"国"均用的是此义。"是"是会意字。金文从日从正，其中短竖象征端直，会日中端直之意，本义为"端直""端正"。由"端直""端正"又引申指"正确"。如"实迷途其未远，觉今是而昨非（实际上我进入迷途还不算远，已认识到回家为是而做官为非）。"此中的"是"即是"正确"。由"正确"又引申指"大计、方针"。"国是"的"是"即用的是此义。"事"是会意字。甲骨文是手持一猎叉从事打猎之状，本义为"从事打猎"。由"从事打猎"又引申为"事情（在古代对于人民来说，打猎是很重要的事情）"。"有志者事竟成""国事"的"事"即用的是此义。因此"国事"即国家的事情。用例为"每个公民都应该关心国事"。"国是"是"国家的大计方针"。用例为"全国人民代表大会代表齐聚北京共商国是。"如果把"国事"视为"国家大事"，那么和"国是"比，"国是"则带有庄重意味。

270. "含义"与"寓意"有何不同？

"含"是会意兼形声字。金文从口从今（饮），会将东西放入口中之意。本义为"将东西放入口中，不下咽也不吐出"。"含饴弄孙（含着麦芽糖，逗弄孙儿，过着闲适的生活）""含英咀华（含着精华咀嚼着精华，细细地品味诗文）"的"含"均是。引申指"包括，存在或藏在里面"。如"窗含西岭千秋雪，门泊东吴万里船。"此中的"含"即是。"含义"的"含"亦用的是此义。"义"是会意字。甲骨文从羊从我（刀锯），表示用刀锯屠宰牛羊以祭祀。本义为"屠宰牛羊以祭祀"。杀牲以祭祀是古代办理的不可废弃的大事，由此引申指"公正合宜的事或举动"。用例为："多行不义，必自毙，子姑待之（尽干不义的事必然自取灭亡，你暂且等待这一时刻的来临）。"又引申指"合乎伦理道德的原则"。用例为："是故君子动则思礼，行则思义（所以君子行动起来就思考这样行动合乎不合乎礼节，做一件事情就思考做这件事合乎不合乎道义）。"由此又引申指"意思"。用例为"望文生义（读书不推求确切的含义，只从字面儿上牵强附会地作解释）""开宗明义（阐明宗旨，说明意思）"。"含义"的"义"用的即是此义。"寓"是形声字。金文从宀（房屋）禺声。本义为"寄居""居住"。如"寓居会稽，以山水文籍自娱（居住在会稽这个地方，以游山玩水和读书创作为快乐的事）。"此中的"寓"即是。由"寄居"又引申指"寄托"。用例为："山水之乐得之心而寓之酒也（对山水之乐，领会在心里，寄托在酒上）。""寓意"的"寓"即用的是此义。"意"是会意兼形声字。篆文从心从音。本义为"心思，心中的想法"。如"今者项庄拔剑舞，其意常在沛公也（如今项庄拔出宝剑进行剑舞，其心思是想借机刺杀沛公）。"此中的"意"即是。引申指"愿望""志向"。用例为"郡中奇其年少而有大意也（郡中人把他如此年少却有这么大的志向引以为奇）"。又引申指"含蓄的意思"。如"诗情画意（诗画中包含的情感和境界的美好）""春意盎然（春天的气息正浓）"这两个成语中的"意"都是比较含蓄的，都是可感觉到但是不容易具体说出的。"寓意"的"意"即用的是此义。

辨析："寓意"即"寄托或隐含的意思"。用例为："何谓寓意？寓意就是借其他事物以含蓄地表达本意，即自己心中的意思。"而"含义"则指"（词句等）所包含的意思"。用例为："这篇文章含义深奥，你有看不懂的地方可以问我。"

271. "欢度"与"欢渡"应该用哪一个dù？

每当"元旦""五一""国庆""春节"的时候，人们都要在家门口挂出写有"欢度（渡）××"的横幅。这样人们不禁要问："这两种写法都对吗?"要回答这个问题确实有些困难。因为"度""渡"两词确实有"同义"的方面:"渡"的本义是"由此岸到彼岸过江河",而"度"的本义虽不是"渡过江河",但它有"跨过空间"的意义(此义是由"度"的"伸长两臂量长短"的本义引申而出的)。"渡""度"两个词,一个有"由此岸到彼岸"义,一个有"跨过"义,就使两个词在运用时容易混淆了(如"羌笛何须怨杨柳,春风不度玉门关""万里赴戎机,关山度若飞"的"度"均是"跨过"而不是"由此岸到彼岸")。既是这样,那么"欢度"与"欢渡"是不是可以并存呢?依我之见,从与"欢度国庆""欢度春节"这个"语言情境"更搭配的角度说,还是应该要"度"而弃"渡"!理由:(一)"度"除有"跨越空间"的引申义外,还有"跨越时间"的引申义,而"渡"则没有"跨越时间"义。如"度日""虚度年华"这些"跨越时间"的词语,都是用"度"而不用"渡"。咱们现在说的"欢度节日",正是"过时间",所以用"度"正合适。(二)"渡江河"的"渡"因为要"经历困难",所以"要费力气地过、要经历一段较长时间地过"。如"渡过难关""过渡时期"这类词语用"渡"而不用"度"就是这个原因。"过节日要过得欢乐"为什么要用这个"渡过难关"的"渡"呢?(三)从省事的角度说,用"度"既避免了"难过",又可省写"三点水",为什么不舍"难"就"易"呢?因此,"欢度节日"还是用不带三点水的"度"吧!

272. "贿赂"与"馈赠"的区别是什么?

"贿"是形声兼会意字。篆文从贝有声,有也兼表具有之意,本义为"财物"。如"以尔车来,以我贿迁(把你的车赶来,把我的财物拉走)。"此中的"贿"即是。用作动词,指赠送财物。如"王以为有礼,厚贿之。"此中的"贿"即是。又引申特指"以钱财收买"。如"吾主以不贿闻于诸侯(我主以不用钱财收买人闻名于诸侯)。"此中的"贿"即是。"贿赂"的"贿"用的即是此义。"赂"是形声兼会意字。篆文从贝各声,各也兼表送至之意，本义为"赠送财物"。如"割国之锱铢以赂之，则割定而欲无厌（割取国家的几文钱赠送给他国，虽然你把钱已经给了他国了，他国会贪欲大增永不满足）。"又引申指"行贿，用财物买通他人"。如"正如明妃恃其貌，倔强不肯赂画师（正如汉明妃仗势自己美貌，不肯花钱收买画师让他把自己画得美丽一些）。"此中的"赂"即是。"贿赂"的"赂"即用的是此义。由此可知"贿赂"乃是双加料的"以钱财收买"，故"贿赂"即"用钱财买通别人"。如"乱狱滋丰，贿赂并行（触犯法律的案件更加繁多，贿赂到处使用）。"此中的"贿赂"即是。"馈"是形声兼会意字。金文从辶从食，会以食物送人。篆文改为从食从贵，贵也兼表给予之意，本义为"以食物送人"。如"诸侯之大夫戍（驻守）齐，齐人馈之饩（活牲口）。"此中的"馈"即是。又引申指"赠送"。如"州县馈送，一概不受。"此中的"馈"即是。"馈赠"的"馈"即用的是此义。"赠"是形声兼会意字。篆文从贝曾声，曾也兼表增加之意，本义为"赠送"，无代价地把东西送给别人。如"我送舅氏，悠悠我思；何以赠之，琼瑰玉佩。（我给舅舅去送行，常常思念我娘亲；用什么东西送给他，美玉琼瑶表我心。）"此中的"赠"即是。"馈赠"的"赠"即用的是此义。由此可知"馈赠"即以东西送人。"馈赠"以东西送人与"贿赂"的双加料地用钱财收买显然有很大区别。

273. "棘手" "辣手" 两个词都有吗？

甲骨文　金文　小篆　楷体

对"棘手"这个词首先要指出的是："棘"读jí，不读là。其次，"棘"为两个不封口的"朿"并列。"朿"者，木芒（由木头碎屑形成的针状物）也，读cì，和"刺"相近（见《说文》）。两个"朿"并列组成

"棘",则是"小枣树丛生"的意思。从字形上看也像丛生的小枣树。但它是会意字,会小枣树有刺。所以"棘(jí)手"形容事情难办,像荆棘刺手一样。其次"辣"由"辛""束"组成。"辛"是形旁,本义是"刑刀"。"束"是声旁,写法也与"束"不同,是封口的。在此字中代表"刺,(là)"并有刺割之意。所以"辛"与"束"组成的"辣",本义乃是"凶狠"。辗转引申之后才有了"辣味"之"辣"。由于"辣"是刺人的味道,所从字面上看,"辣手"也有"刺手"的意思。"辣手"这个词,虽然作名词用是指"狠毒的手段",作形容词用是形容事情难办(见《现代汉语规范词典》)。但是从用例看,大多数人形容事情难办还是用"棘手",而较少用"辣手"。如"这件事情非常棘手""这是个棘手的问题"均是。因为"棘手"没有"毒辣手段"的义项。所以指"毒辣手段"时则用"辣手"。如"此人凶狠,对人下辣手。"此中的"辣手"即是。

274. 为什么不能把"嘉宾"写为"佳宾"?

这是因为"嘉宾"在古典文献上有根据,而且像专名词一样有特定的含义。"佳宾"虽可以解释为"美好的宾客",但与"嘉宾"有特定的含义不同。那么"嘉宾"的特定含义是什么呢?这要从《诗经·小雅·鹿鸣》说起。《鹿鸣》是一首写君主宴请"群臣嘉宾"的诗。据《十三经注疏·毛诗正义》,诗的开头两句为:"呦呦鹿鸣,食野之苹。我有嘉宾,鼓瑟吹笙。"由于鹿有"发现了美味即鸣叫以便引来同伴共食"的特点,所以诗的第一句就用"呦呦鹿鸣,食野之苹(鹿发现田野中有苹草这种美味,就呦呦地叫,以招来其他的鹿共食)"起兴,以引起联想,然后第二句写君主如何对待嘉宾:君主对尊贵的宾客既款待而又用鼓瑟吹笙来为宴饮助兴。由于在《诗经》中用"嘉宾"指"尊贵的宾客"(包括"群臣"),这些宾客都是君主的倚重之人,因此,后来人们就也用"嘉宾"来专指"贵客"了。"佳""嘉"虽同音又都有"美好"义,但不通假,所以不用"佳"代替"嘉"为好。

275. "尖利"与"尖厉"的区别是什么?

"尖"是会意兼形声字。用上小下大会意。本义为"末端细小,锐利"。如"小荷才露尖尖角,早有蜻蜓立上头(荷叶刚露出细细的尖角,便有戏水的蜻蜓停立在上头)。"此中的"尖"即是。"尖利"的"尖"即用的是此义。用作名词指"物体细削的小头儿或突出的末端"。用例为:"武松身边藏了一把尖长柄短背厚刃薄的解腕刀。"又特指"细长的手指"。用例为:"歌彻阳春酒半醺,玉尖搦管蘸香云(唱罢《阳春》古曲,酒已半醉,美人拿起笔来蘸香墨书写)。"又引申指"声音细高而刺耳"。"尖声怪叫""嗓门儿挺尖"的"尖"均是。"尖厉"的"尖"即用的是此义。"利"是会意字。甲骨文从刀从禾,会用镰刀收割禾谷之意。本义为"割禾"。引申泛指"锋利,刀、剑等器物的头尖或刃薄容易刺入或切入"。用例为:"城非不高也,池非不深也,兵革非不坚利也(城墙不是不高,护城河不是不深,兵器盔甲不是不锋利耐用)。""尖利"的"利"即用的是"锋利"义。"厉"是形声字。金文从厂(山石),表示粗糙的磨刀石。本义为"粗硬的磨刀石"。如"黄河如带,泰山若厉(黄河细得像带,泰山小得像磨刀石,喻不可能发生的事)。"此中的"厉"即是。用作动词,指"磨砺"。用例为"钝金必将待砻厉然后利(粗钝的金属必定是等待研磨以后才能锐利)。""磨刀石""磨砺"二义后来另加义符石,写作砺来表示(成语"再接再厉"的"厉"不变)。由"磨砺"又引申指"勉励""激励"。用例为:"臣以弱才,叨窃非据,亲秉旄钺,以厉三军(臣以薄弱之才,受之有愧地担当了我不应该担当的高位,亲自秉持仪仗来勉励激励三军)。"由"激励"又引申指"振奋""高扬"。如"厉精图治(振奋精神,想方设法把国家治理好或把事业办好)"的"厉"即指"振奋"。"铺张扬厉(铺陈渲染,极力高扬)"的"厉"即指"高扬"。"尖厉"的"厉"即用的是"高扬"义。"尖厉"即"声音高而刺耳"。用例为:"寒风尖厉地呼啸着,战马不停歇地嘶鸣。"而"尖利"则(1)指物体"尖锐，锐利"。用例为："狗的牙齿十分尖利。"（2）指"敏锐而深刻"。用例为："他的眼光十分尖利，一眼就看出了对手的破绽。"

辨析： 在使用"声音高而刺耳"这一意义时，"尖利""尖厉"通用。其他义项不通用。

276. "简洁"与"简捷"如何区别？

"简"是形声字。篆文从竹闲声，本义为"古代用以书写文字的狭长竹片"。细分：竹谓之简，木谓之牒，连之为编，编之为册。如"王事多难，不遑自居；岂不怀归，畏此简书（国家多难，巡回御敌不得休息；难道不思念家乡吗？是怕王命难违呀）。"此中的"简"即指简书上的王命（"畏简书"也是个典故，指"公务缠身"）。古代书写于简上十分困难，极需写得简单一些，故"简"又引申指"头绪少，不复杂或由繁多变少"。如"盖叹郦元之简而笑李勃之陋也（我慨叹《水经注》作者郦道元对石钟山记录得简单而又笑李勃对石钟山认识的浅陋）。""删繁就简（删除多余繁琐的部分，力求简明扼要）"两例中的"简"均是。"简洁""简捷"的"简"均用的是此义。"洁"的本字是"潔"，形声字。篆文从水絜声。如今简化借用"洁"来代替"潔"，这样就是从水吉声来表示了。"洁"作为"潔"的简化字，指"清洁，干净"。如"西子蒙不洁，则人皆掩鼻而过之（西子不清洁，身上有不好的味道，人们在她面前经过都捂着鼻子）。"此中的"洁"即是。又引申指"语言简明精练"。用例为："文以辨洁为能，不以繁缛为巧（文章以简明精练为能，不以堆砌华丽辞藻为好）。""简洁"的"洁"亦用的是此义。"捷"是会意兼形声字。篆文从手从动作快会意，本义为"猎获物，战利品"。如"六月，齐侯来献戎捷（六月份，齐侯来进献打仗缴获的东西）。"此中的"捷"即是。又引申指"迅疾""灵敏"。用例为："猿得木而捷，鱼得水而鹜（猿猴得到了树能在树上迅疾地跑跳，鱼得到了水能在水中快速地游）。""简捷"的"捷"亦用的是此义。因此

"简捷"即"直截了当""简便快捷"。如"这个姑娘办事,简捷干脆。"此中的"简捷"即是"直截了当"。"我教给你一种算法,比你用的算法简捷。"此中的"简捷"即是"简便快捷"。而"简洁"则指"(说话、行文等)简明扼要"。用例为:"这篇文章文笔简洁,可谓上乘之作。"

辨析:"简捷"偏义于指"行动","简洁"偏义于指"说话、作文"。

277. 为什么是"简练"而不是"简炼"?

一位作者在他写的文章中把"语言简练"写为"语言简炼"。当有人指出"炼"字是别字时,这位作者不以为然,还辩解说他所写的这"语言简炼"指的乃是"经过'炼句'后写出"的意思;如果把"炼"改为"练",就显示不出"炼句"之意了。确实,要单写"炼句"一词,的确要用这个"炼"字。但是如果写与"简"字搭配的"简练",就不可把"练"写为"炼"了。这是何故呢?是因为在大家有共识的语言交际中没有"简炼"这个词。既没有"简炼"这个词,那么上述那位作者要表达的那番意思要用什么词语表达呢?其实眼前的那个"简练",就可以表达"经过炼句后所写出的文字"的意思。如《战国策·秦一》:"(苏秦)乃夜发书,陈箧数十,得太公《阴符》之谋,伏而诵之,简练以为揣摩(苏秦于是在夜里翻出藏书,摆了数十箱,从中得到了《阴符》这本讲谋略的书。他伏案诵读,精心研摩以求得这本书的真意)。"此中的"简练"即是"精心研摩"的意思。如把"简练"用于表述写作,也是可以包括"精心研究如何遣词造句"的意思的。所谓"语言简练",其实际含义就是"文章的语言被精心推敲斟酌过"。那么为何把"简练"作上述理解呢?原来"简"有"分别选择"的含义,"练"有"(因多次做而)熟"的含义。如《礼记·王制》:"上贤以崇德,简不肖以绌(chù)恶(尊重贤人以提高人们对道德修养的重视,分别比较出不贤的人把他们贬退从而让人们鄙视丑恶)。"此中的"简"就有

"比较选择"的意思。《汉书·薛宣传》:"荐宣明习文法,练国制度(翟方进推荐薛宣说他通晓法令条文,熟练掌握国家制度)"。此中的"练"就是"详熟"的意思。综合"比较选择"和"熟练",就使"简练"有了"精心推敲斟酌"的意思。

278. "交会"与"交汇"同义吗?

甲骨文　金文　小篆　楷体　　甲骨文　小篆　楷体

　　不同义。"交"是象形字。甲骨文从大,象人两腿交叉形。本义为"两腿交叉"。引申泛指"交叉""相错",即方向不同的线或条状物互相穿过。用例为:"哙即带剑拥盾入军门,交戟之卫士欲止不内(樊哙随即带着剑拿着盾进军营门,守营门的卫兵把戟交叉起来阻止不让进)。""犬牙交错(像狗的牙齿那样上下互相交错,形容接界线曲折交叉)。""交会"的"交"也用的是此义。又引申指"相并""合在一起"。如"子交手兮东行,送美人兮南浦(你们拉着手向东走,送美人到南浦去)。"此中的"交"指"相并"。"交加累积,重叠增益。"此中的"交"指"合在一起"。"交汇"的"交"即用的是"合在一起"义。"会"是会意字。甲骨文下面是仓体,上面是仓顶,中间是仓门,从门中还可看到储存的谷粒,用储存谷粒的粮仓来表示聚会之意。金文在仓中加小点,聚合储粮之意更加明确。篆文将仓体讹为日。本义为"储存谷物的粮仓"。引申指"聚合在一起"。用例为"聚精会神(原指把大家的精神智慧聚集起来,后来形容注意力非常集中)""牵强附会(勉强地把不相干的事物拉扯到一起,认为是有联系的)"。"交会"的"会"也用的是此义。"汇"是形声字,是由"彙"与"滙"两个字简化来的。"汇"作为"彙"的简化字,因"彙"原是刺猬。此动物之毛丛聚,故引申指"聚合""聚集"之意。用例为:"乾元殿博汇（广泛地聚集）群书至六万卷。""汇"作为"滙"的简化字，"滙"乃柜类器物，引申指"（河流）会合在一起"。用例为"东汇泽为彭蠡（到东边湖水会合为彭蠡）"。此中的"汇"即是。"交汇"的"汇"也用的是此义。总结上文："交汇"即"水流、气流等聚集在一起"。用例为："长江口因咸水与淡水交汇，鱼类资源十分丰富。"而"交会"则指"会和""相交"。用例为："郑州是京广、陇海两条铁路的交会点，所以在这里转车的旅客特别多。"

辨析："交会""交汇"两词都有"相会"义。但水流、气流相交，因"交叉度"不大，所以要用"交汇"表述而不用"交会"；其他事物相交，交叉度大（像京广、陇海两铁路线确实是彼此相交穿过）则用"交会"表述而不用"交汇"。

279. "结余"与"节余"的区别是什么？

甲骨文　　金文　　小篆　　楷体

"余"是象形字。甲骨文象初民构木为巢所搭的简单茅屋形。金文增加两根支撑，隶变后楷书写作余。如今又作了"剩馀"的"馀"的简化字。但在"馀"与"余"的意义可能混淆时，"馀"的意义则仍用"馀"。如"馀年无多（岁数太大了，剩下的岁月没有多少了）""姓馀的人不能改姓余""秦末人陈馀（叫陈馀的人不能改叫陈余）""《草堂诗馀》"的"馀"也不能简化作"余"。"余"本义为"茅屋"，作"馀"的简化字则为"食物宽裕富足"。（1）作"茅屋"的"余"，读yú。后来余被借用为代词，表示第一人称，指说话人自己，相当于"我"。用例为"岂余身之惮殃兮，恐皇舆之败绩（哪里是怕我自己招祸，而是怕国家失败）"。（2）又指"食物宽裕丰足"。用例为"今力田疾作，不得暖衣余食（如今用尽全力进行劳作,还不能得到暖衣足食)"。(3)用作动词指"剩下""多出来"。用例为"昔人已乘黄鹤去,此地空余黄鹤楼"。(4)用作形容词,指"剩下的""残留的"。如"周余黎民,靡有孑余(周邦剩余的老百姓,已经非常少)。""结余""节余"的"余"既用它的"作动词"义又用它的"作名词"义。"结"是形声字。本义为"用长条物系住或编织"。用例为"临渊羡鱼,不如退而结网(在深渊前羡慕渊中的鱼,不如回家织网然后来捕鱼)"。由编制又引申指"终局"。"归根结底"的"结"即是。"结余"的"结"亦用的是此义。"节"是形声字。本义为"竹节"。又引申指"减少用度"。如"节衣缩食""强本而节用,天不能贫(加强农业生产同时节省开支,这样老天爷也不能让你贫穷)。"两语中的"节"均是。

辨析:"结余"用作动词指"结算后余下"。用例为:"这个月的伙食费结余下了二百元钱。"用作名词指"结算后余下的钱或物"。用例为:"这个月有结余。""节余"用作动词指"因节约而剩下"。如"如果手紧一点,每月可节余三百元。"用作名词指"节余下的钱或东西"。用例为:"我厂把全部节余捐给了灾区。""结余"与"节余"都指"有富余"。但它们的来源不同。如"富余"是由节省而来,表述这种"富余"时要用"节余";如果表述"自然而然剩下的"则用"结余"。

280. "截止"与"截至"的区别是什么?

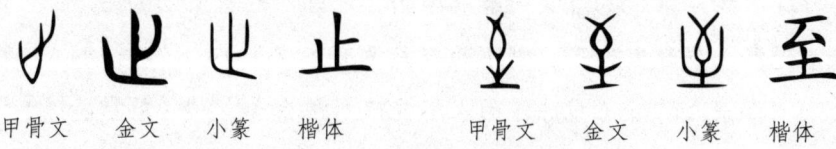

甲骨文　金文　小篆　楷体　　甲骨文　金文　小篆　楷体

"截"是会意兼形声字。篆文从戈从雀,断雀的头会意,雀也兼表声,本义为"割断"。用例为:"病在肠胃,则截断冲洗。"由"割断"又引申出"到一定期限中止、了结"。"截止""截至"的"截"均用的是此义。"止"是象形字。甲骨文象左脚的轮廓形,本义为"脚"。用例为:"其罪甚重，当斩左止，笞（用鞭、杖、板抽打）五百。""脚"是站立的器官，由此引申用作动词，表示停住不动，不再进行。如"此事对我方有利则动，无利则止。"此中的"止"即是"不再进行"。"截止"的"止"即用的是此义。"至"是指事字。甲骨文是远处的箭落到近处之状，表示"到来"，本义是"远箭射到近处地上"。又引申泛指"到""到达"。如"千里跬步不至，不足为善御（骑着马已经奔驰千里，就差一步还没到达；这仍不能算是善于骑马）。"此中的"至"即是。"截至"的"至"即用的是此义。总结前文可知："截至""截止"两词都是指办某事的日期的。"截至"是表明此事"截止到（某个时候）。"用例如"高考报名的时间截至到5月5日"。"截止"是表明此事"（到一定期限）停止"。用例为："高考的报名日期到昨日已经截止。"

281. "界限"与"界线"没区别吗？

"界"是会意兼形声字。篆文从田从介（分隔）会意。《说文·田部》："界，境地。"本义为"不同地域交接的地方，即地界、边界、尽头"。如《孟子·滕文公上》："夫仁政，必自经界始（施行仁政，一定要从划分田界开始）。"此中的"界"即是。"界限""界线"的"界"均用的是此义。"限"是会意兼形声字。金文从艮（人扭头看），从阜（左阝，表示山），会视线被阻隔之意。本义为"阻隔"，引申指"规定范围，限制"。如《世说新语·政事》"敕船官悉录锯木屑，不限多少（命令船官全力收集锯木屑，不限制多少）。"此中的"限"即是"限制"。"界限"的"限"即用的是此义。"线"是形声字。本义为"线缕"。引申指"边际、边缘交界的地方"。如"边境线""海岸线""警戒线"的"线"均是。"界线"的"线"也用的是此义。总结前文："界限"（1）指"不同事物的分界"，多用于抽象事物，表示限度、范围。用例为："对这件事情你既然参加进来了，你就要帮助大家分清是非界限。"（2）指"尽头处"。

用例为:"这个国家充当世界警察的野心是没有界限的。"而"界线"则（1）指"两个地区分界的线",多用于具体事物,表示范围。用例为:"这里有石柱连成的界线,大家都不要跨越过去。"（2）指"某些事物的边缘"。用例为:"这条细细的小溪就是两个村的界线。"

辨析:"界限""界线"在表示"不同事物的分界"时,从用例看有通用的情况。但在表示抽象事物和具体事物时,两词分工比较明确。如"划清是非界限"不见有写为"划清是非界线"的。

282."精练"与"精炼"同义吗?

严格地说不同义。"精"是形声字。篆文从米青声,本义为优质纯净的细米。如"食不厌精,脍不厌细（粮食越精致越好,肉类切得越细越好）。"此中的"精"即是。由"优质纯净的细米"又引申指"（提炼出来的）纯粹部分"。如"燕赵之收藏,韩魏之经营,齐楚之精英,几世几年,剽掠其人,倚叠如山（燕国赵国之奇珍异品,韩国魏国之金银珠翠,齐国楚国之精华瑰宝,都是多少年多少代从人民手中掠夺来的,堆积如山）。"此中的"精"即是"纯粹部分"。"精练""精炼"的"精"均用的是此义。"练"是形声字。篆文从系柬声,本义为"把生丝或织品煮得雪白"。用例为:"墨子看见练丝就哭了。为什么呢?是因为练丝太白,可以随意被染黄,可以随意被染黑。"由于"煮丝"要反复操作,故又引申指"反复操作""学习"。用例为:"养身的人,一定要以把自己的精神练足为宝;治国安邦的人,一定要以集合贤人为国服务为正道。"由于反复练习会越练越"精要",故又引申指"精要、简要"。"精练"的"练"即用的是此义。"炼"是形声兼会意字。篆文从火柬声,柬也兼表拣选之意,本义为"冶炼金石等物质,使纯净或坚韧"。如"良工（铸宝剑的良匠）锻炼经几年,铸得宝剑名龙泉。"此中的"炼"即是"冶炼使坚韧"。"精炼"的"炼"亦用的是此义。因此"精炼"的意思是:提炼精华,除去杂质。用例为:"这些油，还要拿到炼油厂去精炼之后才能使用。""精练"则指"（文章或讲话）扼要，没有多余的词句"。用例为："这篇文章写得很精练，没废话，干净利落。"综上所述可知，"精炼"与"精练"的区别是很明确的。但《现代汉语词典》（第6版）第685页有"'精炼'同'精练'"之语，因此，在考试中还是要用"精练"而不用"精炼"。

283. "慷慨"与"大方"同义吗？

"慷"是形声字。篆文从心亢声，隶变后楷书写作忼，俗作慷，康声，如今规范化用慷来代表此字。《说文·心部》："忼，慨也，从心康声。"《广韵·荡韵》："慷，慷慨，竭诚也。"从《说文》中可知："慷"与"慨"同义，因此不另分析"慨"的字源字义。"慷"与"慨"用作"慷慨"，本义为"情绪激昂""充满正气"，如"憎愠愉之修美兮，好夫人之慷慨（楚王讨厌那些不善言辞的忠贤之臣啊，却喜欢那些小人表面上的激昂慷慨）。"此中的"慷慨"即是"情绪激昂"。"他慷慨陈词，正义凛然。"此中的"慷慨"即是"充满正气"。又引申指"性格豪放"。用例为："性刚毅，慷慨有大节（他性格刚毅豪放，关心国家民族存亡的大事）。"又引申指"感叹"。用例为："高祖（刘邦）乃起舞，慷慨伤怀，泣数行下。"近现代由"豪放"又引申指"大方、不吝啬"。用例为："鲁智深见李忠、周通不是慷慨之人，做事悭吝。"行文至此已知："慷慨"有一个义项"不吝啬"，与"大方"同义。由于"大方"在今日用的词语中多有运用，故把"大方"还有哪些与"慷慨"不同的义项也说一说。"大方"语出《庄子·秋水》："且夫我尝闻少仲尼之闻，而轻伯夷之义者，始吾弗信；今我睹子之难穷也，吾非至于子之门则殆矣，吾长见笑于大方之家（我还听说有人看不起孔子的见闻，轻视伯夷的义举，开始我还不信；现在我看到您是这样无边无涯，无穷无尽，真是传言不虚啊！我要是看不到您是这样无穷无尽，那是太危险了，一定会被天下的有道之士耻笑）。""大方"

即由文中节出,(1)本义为"大道理"。在出处中指"有道之士、博学之人"(也称"方家")。(2)又指"大地"。用例为:《淮南子·俶真训》中的"履大方(踩大地)。"(3)又指"言谈举止自然,不拘束"。用例如"此人举止大方。"(4)指"样式颜色不俗"。用例为:"屋中色调谐调,陈设大方。"由此可知:"慷慨"与"大方"在表述"不吝啬"这一意义时,可通用。使用其他义项时不通用。

284. "考察"与"考查"有区别吗?

甲骨文　金文　小篆　楷体　　小篆　楷体

　　有区别。"考"是象形字。甲骨文与老同形,都象老人扶杖形。本义为"年老"。老人扶杖行走,一步一捣,犹如敲地一样,而敲击又是一种了解情况的手段,故"考"又引申指"观察""调查"。用例依次是"网罗天下旧闻,考其行事(搜集天下以前发生的事,观察前人是怎么做的)。""依古典,考功黜陟(依照古代的奖惩条例,调查人的功过,进行提升或降职)。""考察""考查"的"考",均用的是以上两义。"察"是会意兼形声字。篆文从宀(房屋)从祭,会详究细审之意,本义为"详究细审"。用例为:"善医者,不视人之瘠肥,察其脉之病否而已矣(高明的医生诊病时不看病人的胖瘦,而只是详究细审脉搏中的病情轻重而已)。""考察"的"察"也用的是此义。"查"是会意兼形声字。篆文从木从且(雄性生殖器,象征木桩),会砍剩的残桩之意。后来木旁移到上面,且又被讹为旦,俗遂写作查。本义为砍剩的木桩。此义读zhā。由木桩做木栏,而木栏又有阻碍的作用,因此又引申指"检查",此义读chá。这样"查"就有了"检查、调查"义。如"为了发现问题,而仔细验看称之为查。"此中的"查"为"检查"。"事出有因,查无实据。"此中的"查"为"调查"。

辨析： "考察"指"到现场去实地细致深刻地观察"。用例为："他们到上海去考察菜篮子工程。"而"考查"则指"用一定的标准来检查衡量"。用例为："学校用期末考试考查学生一学期的学业成绩。"

285. "老媪"与"老妪"有区别吗？

从"媪""妪"二词来分，有些区别。但二词分别与"老"搭配后，就不易分别了。"老"是象形字。甲骨文象长发老人形。本义为"年纪大的人"。如"老吾老以及人之老，幼吾幼以及人之幼（尊敬自己家族的长辈老人，从而推广到尊敬别的家族的长辈老人；爱护自己家族的孩子，从而推广到爱护别的家族的孩子）。"此中的"老"即是。用作形容词引申泛指"年纪大"。用例为："鸡犬之声相闻，民至老死不相往来（各家养的鸡犬的叫声都能互相听见，各家虽都离得很近，但是一直到年老死亡了也不相互接触）。""老媪""老妪"的"老"均用的是此义。"媪"是形声字。本义为"对老年妇女的尊称。"如"老臣窃以为媪之爱燕后，贤于长安君（老臣以为太后您疼爱燕后，要超过长安君）。"此中的"媪"指的是赵太后，是尊称。引申泛指"妇女"。"其父郑季，为吏，给事平阳侯家，与侯妾卫媪通（他的父亲郑季是一个没有品级的公务人员，在平阳侯家做事，与平阳侯的妾通奸）。"此中的"媪"即指"一般妇女"。"老媪"的"媪"亦用的是此义。"妪"是形声字。篆文从女區声，本义为"母亲"。如"延年兄弟五人皆有吏才，至大官，东海号其母为万石严妪（延年兄弟五人都有当官的才能，等到兄弟们都当上了大官，东海这个地方称颂他们的母亲为令人尊敬的万石母亲）。"此中的"妪"即是。又引申泛指"妇女"。如"从少妪三十，并着绛紫罗绣袿襦，年皆可十七八许（跟随少女的人有三十多个，都穿着绛紫色的丝罗袿衣，年龄均在十七八岁）。"此中的"妪"即是。"老妪"的"妪"也用的是此义。"老妪"即"老年妇女"。用例为："后人来至蛇所，有一老妪夜哭。"而"老媪"也指"老年妇女"。用例为："此人为一老媪，已不堪为乳母（此人已是一位老女人，不能再做乳母了）。"关于"万石严母"的补充说明：古代做官人的俸禄用"多少石"计算。延年母的儿子都是大官，挣的石数多，可积累为"万石"，所以用"万石"称呼她。"严"在此处是"令人尊敬"的意思。

286. "连接"与"联接"同义吗？

同义。"连"是篆文从辵（辶，走路）从车，会人拉车之意，本义为人拉车。拉着车向前走则先后连接，故又引申"相衔接"。如"天水相连""藕断丝连""血肉相连"的"连"均是。"连接"的"连"即用的是此义。"接"是形声字。篆文从手妾声，本义为两手相触交会。由"两手交会"引申泛指"交合，会和"。如"君子之接如水，小人之接如醴（君子之间相交像水那么平淡，小人之间相交像甜酒那么甜）。"此中的"接"即指"相交"。又引申指"连起来"。用例为："场（晒打粮食的空地）圃（种植蔬菜瓜果树木的园子）相接，树木茂盛。""连接"的"接"即用的是此义。"联"是会意字。篆文从耳从丝，表示以绳贯穿提器具的器耳之意，本义为"连接"。如"联蕙芷以为佩兮，过鲍肆而失香（把香草蕙芷连接起来佩戴在身上啊，经过鲍鱼之肆就失掉了香气）。"此中的"联"即是。"联接"的"联"即用的是此义，故"联接"的意思是"（事物）互相衔接"。用例为："请你把电视线路联接起来，我要看电视。""连接"也是指"（事物）互相衔接"与"联接"同义。"连接"的用例亦可用为"联接"的用例。

287. 是"练字"还是"炼字"？

这两个词语今天都存在，只是解释起来意思有不同，但用法一致。"练字"语出刘勰《文心雕龙》的一个篇章标题："练字"。这个篇章中有这样一句话："是以缀字属篇，必须练择。"从这句话来看，其中的"练"，是与"择"搭配在一起的，就是说与"拣"同义，都是"选择"之义。因此这句话的今译是："因此，运用文字，连缀成篇，必须在字形上加以选择和安排。"由于有这样一句话，所以后来人们在写作时推敲用字，就用"练字"表示"推敲用字和选择用字"之意了。而"炼字"则是后出现的词，由于是指写作时"提炼用字"，与"推敲用字"相同，故用法与"练字"相同。只不过是："练字练句"多见于文言文中。如张表臣《珊瑚钩诗话》："诗以意为主，又须篇中练句，句中练字，方得工耳（作诗要以诗的中心思想为主，其次还要推敲用字写好句子，写句子还要选准词。这样才能写好一首诗）。""炼句炼字"则多见于现代文中。"炼字"还有一说，认为"炼字"与"锻炼"一词有关。《汉书·路温舒传》中讲到秦朝的判案官吏时，说这些官吏把人屈打成招之后，给上级呈的文书怕退回来，就把呈文"锻炼而周内之"。"锻炼"的原义是冶金使精熟。在上面这句话中就是写呈文选字眼时要反复推敲巧妙设词，像冶金使之精熟那样。"周内"即"周纳"，也就是编造罪状故意让人符合犯罪的法律条文。由此"炼字"一词也就随之产生。在《路温舒传》文中还有一句话也说明判案官吏"炼字"要"炼"到何种程度。那么"炼"到何种程度呢？要"炼"到"虽咎繇（yǒu）听之，犹以为死有余辜"。"咎繇"是舜帝的大臣。他特别善于发现执法中的漏洞。但是判案官吏把呈文"炼"得让咎繇听了都以为被判罪的人死有余辜。那样，"呈文"还怎么可能"被退回"呢。

288. "列席"与"出席"有何不同？

"席"是象形兼会意字。在甲骨文中象方席形，本义为铺垫用的方席子。如"孔子无黔突，墨子无暖席（孔子忙碌得等不到火烧黑烟筒就得走，墨子忙碌得等不到把席子坐热就得走）。"此中的"席"即是。古人席地而坐，故又引申指"座位"。如"座无虚席"的"席"即是。"出席"的"席"即用的是此义。"出"是会意字。甲骨文从止（脚）从凵（古人穴居的门口），本义为"自内到外"。如"出其东门，有女如云（出了城东门，有很多妇女）。"此中的"出"即是。又引申指"使到外面"。用例为："余人各复延（邀请）至其家，皆出酒食。"又引申指"来到某处"。用例为："现在两球队队员已出场，比赛即将开始。""出席"的"出"也用的是此义。"列"是会意兼形声字。古文会以刀分解之意，本义为"分解，分开"。后来此义另加义符衣写作"裂"来表示。由"分解"又引申指"人和物排成的横排与直排""陈列"。"列席"的"列"即用的是"陈列"义。因此"列席"指"参加会议（列入有座位的人之中），只有发言权没有表决权"。用例为："学校接到了会议通知，你是列席代表。"而"出席"与"列席"相比，则是既指"参加典礼或会议"，又指"参加会议有发言权和表决权，入场后，会议大厅还有指定给出席人的席位"。用例为："某某大会于2016年5月4日上午9时召开，请你准时出席。"

289."流传"与"留传"有区别吗？

烧	㳅	流		畱	畱	留
金文	小篆	楷体		金文	小篆	楷体

有。"传"是会意兼形声字。甲骨文从人从专（转动），会供人转换车马的驿站、驿舍之意，专也兼表声。本义为"供人转换车马的驿站、驿舍"。此义读zhuàn。由驿站传递消息、公文，又引申指"一方交给另一方"。此义读chuán。如"德之流行，速于置邮而传命（道德的流行，快于通过邮政传达命令）。"此中的"传"即是。进而引申指"把学问、技艺授给别人"。用例为："师者，所以传道、授业、解惑也（老师是用来传授道理，教授学业，解答疑难问题的人啊）。"此中的"传"即是。"留传"的"传"即用的是此义。又进而引申指"散布""推广""播扬"。如"夫得言不可以不察，数传而白为黑，黑为白（听到了某种言论不可以不追查一下

是否属实。因为有些话经过辗转流传之后，白的会被说成黑的，黑的会被说成白的）。"此中的"传"即为"散布"。"功如丘山，名传后世（功绩像丘山那么高，名声能传达到下一代）。"此中的"传"即为"推广"。"名不虚传""以讹传讹"的"传"即为"播扬"。"流传"的"传"即用的是"播扬"义。"流"是会意字。古文从两个水从㐬（胎儿突然生出），会水流急速涌出之意。本义为"水急速流出、移动"。如"流水不腐，户枢不蠹（流动的水不会腐败发臭，门轴儿老是转动所以不会生虫）。"此中的"流"即是"水急流"。"物资交流""空气对流"的"流"即为"移动"。"流传"的"流"也用的是此义。"留"是会意兼形声字。金文从田从卯（剖割），会田间收割遗留之意，卯也兼表声。本义为"田间收割有遗漏"。引申泛指"传下，不带走"。如"城入赵而璧留秦；城不入，臣请完璧归赵（秦国把十五连城交付给赵国入了赵国版图之后，和氏璧就留在秦国；如果十五连城不交付给赵国，请让臣子把和氏璧完整无缺地带回赵国）。"此中的"留"即是。"留传"的"留"亦用的是此义。

辨析："留传"即为"遗留下来传给后代"。如"这不是我的发明创造，是我的祖辈留传下来的秘方。"此中的"留传"即是。"流传"指"传下来或传播开"。用例为："大禹治水的故事，一直流传到今天。"此中的"流传"偏义于"传下来"。"消息很快就流传开了。"此中的"流传"偏义于"传播开"。

290."密码"为何不写为"秘码"？

金文　小篆　楷体

"密"是会意兼形声字。篆文从山丛宓（房屋）会意，宓也兼表声，本义为形状像堂屋的山。如"松柏之鼠，不知堂密之有美枞（松柏树上的鼠，不知道像堂屋的山上还有美丽的冷杉树）。"此中的"密"即是。后被借用以表示"幽深"。"幽深"又引申指"闭、塞""不为外人所知的，不公开的"这一意义。"密码"的"密"，即用的是此义。"码"是后起字。《玉篇·石部》："码，玛瑙，石次玉也。"本义为一种次于玉的矿物。特指"特别约定的秘密编码或号码"。"密码"的"码"即用的是此义。"秘"是形声字。篆文从艸必声，本义为禾稼的香味。后被"祕"借用表示"神"。"神"则莫测，故用作动词指"保守秘密，不公开，不让人知道"。由此可知"密""秘"二字的字义很相近。二字意义相近需要分工。这样就把偏重于幽深的"不公开"的"密"用于"密码"，把另一偏重于神秘的"不公开"的"秘"用于"秘而不宣"。因此"密码"不用"秘"，"秘而不宣"不用"密"。"密码"指"在一定人群中使用的特别约定的秘密编码或号码"。用例为："请你告诉我打开这个计算机的密码，我使一下计算机。"

291. "勉励"与"勉力"的区别是什么？

"勉"是形声字。篆文从力免声。本义为"尽力""努力"。如"吾既言之矣，敢不勉乎？（我既然说了，怎敢不尽力去做呢？）"此中的"勉"即是。又引申指"使自己或他人努力""鼓励"。用例为"不勉己而勉人，难矣哉！（不使自己努力去做而让别人努力去做，这很难做到啊！）""勉励""勉力"的"勉"均用的是此义。"励"是形声兼会意字。本义为"劝勉"。如"皋等率父兄子弟以义相励，有死无二（皋等率领父兄子弟用道义劝勉他，即或死也不能犹豫）。"此中的"励"即是。"勉励"的"励"亦用的是此义。"力"是象形字。甲骨文象犁地的耒形。金文更显示出起土之状。本义为"耒"，耕地的农具。耕地要用力，故引申指"人或动物肌肉活动的效能"。如"力拔山兮气盖世，时不利兮骓不逝（我力大无穷盖过所有的人，但是天时对我们不利，乌骓再不能驰骋向前）。"此中的"力"

即是。"勉力"的"力"亦用的是此义。"勉力"即"努力""尽力"。如"不管做起来有多大困难,你也一定要勉力去做!"此中的"勉力"即是。"勉励"则指"劝人努力,鼓励"。用例为:"这一次我们队虽然得到了冠军,但是带队老师作比赛总结,勉励大家还要继续努力。"

辨析:"勉励"是"劝人努力","勉力"是"努力"。

292. "面世"与"面市"同义吗?

甲骨文　　小篆　　楷体

"面"是象形字。甲骨文象人脸面形,外围为脸的轮廓;脸上最传神的是眼睛,故画一目以表示是脸;本义为"脸"。如"千呼万唤始出来,犹抱琵琶半遮面"的"面"即是。由于"脸"要冲外,又引申指"对着""朝向"。如"北山愚公者,年且九十,面山而居。"此"面山而居"即是"愚公住的房子朝向大山"。"面世""面市"的"面",都用的是"朝向"义。"世"是会意兼形声字。金文是三个"十"递相连接,本义为"三十年"。由"三十年"又引申指"人类生活的时空范围"。"时空范围"很大,就把"天下、人间、社会"都包括了。因此"世"引申可指"天下、人间、社会"。"面世"的"世"即用的是这三者之一的"社会"义。"面世"就是指"作品、产品与世人见面,朝向社会"。用例如"这些旧产品先不要买了,更新换代的新产品即将面世。""市"是会意兼形声字。甲骨文从冂(表示划定的范围)从之(表示前往),本义是"前往集中进行交易的场所、市场"。如"昨日入城市,归来泪满襟;遍身罗绮者,不是养蚕人。"此中的"入城市"即是"进入城中的市场"。"面市"的"市"即用的是"市场"义。"面市"即"(产品)开始供应市场"。用例如"一种新型手机即将面市。"

辨析:"面世"与"面市"的"面"都是指"与世人见面"。而与世人见面的东西,"面市"仅指"产品","面世"则包括"作品"。

293. "末流"与"下流"含义相同吗?

金文　小篆　楷体

"末流"与"下流"两词最原始的意义都指的是"下游"。如《后汉书·傅燮(xiè)传》:"臣之所惧,在于治水不自其源,末流弥增其广耳(臣我最害怕的,是治理水不从源头治理,下游的祸患反倒增大了)。"这里的"末流"即指下游。刘向《烈女传》:"客有人献醇酒一器者,王使人往江之上流,使士卒饮其下流(客人中有人献了一罈醇酒,大王让人把酒倒在上游,让士卒在下游把酒收起来喝)。"这里的"下流"即指下游。但两词的语义后来都得到了发展,其发展又有相同点和不同点。相同点是因为"下游"是上游中游流下来的各种东西的汇集点,因而下游成了众恶所归之处。这样"末流""下流"就都成了贬义词。如《史记·游侠列传》:"此皆学士所谓有道仁人也,犹然遭此灾,况以中材而涉乱世之末流乎?(这些人都是饱学之士认为是有道德的仁人,还要遭到这种灾难,何况那些中等材质的人又赶上了乱世的糟糕时期呢?)"这里的"末流"指的是"乱世的糟糕时期"。赶上了这种时期,那些中等材质的人当然更好不了。再如《论语·子张》:"纣之不善,不如是之甚也,是以君子恶居下流,天下之恶皆归焉(纣王的不善不是像所说的那么严重啊!这就是君子讨厌居于下流的原因。因为你居于下流,什么坏事都要归到你身上,就像人们把什么坏事都归到了纣王的身上一样)。"这里的"下流"即指的是"众恶所归之处"。

"末流"与"下流"语义发展的不同点是:"下流"被人经常用的语义是"地位低微或品行不佳"。如王充《论衡·逢遇》:"或高才洁行,不遇,退在下流（有的人才学高德行好，但是生不逢时，只能退居末等）。"这里的"下流"即指的是"地位低微"，但在现代汉语中多用"下流"指"品行不佳"。用例为："你这个人简直下流无耻。"所以今日要慎用此词。"末流"除也指"末等"外，在现代汉语中则不指"品行不佳"而指"衰落的时期、衰落的学术或水平低的人和事物"，用例为："贵厂的技术水平在全市已处于末流水平。"

294. "漠视"与"忽视"同义吗？

两词小有不同。"视"是会意兼形声字。甲骨文上从示，下从目，会用目看天象之意，本义为"看"。如"非礼勿视（看了就违背礼仪了，不要看），非礼勿听，非礼勿言，非礼勿动。"此中的"视"即是。"漠视""忽视"的"视"均用的是此义。"漠"是形声兼会意字，从水莫声，本义为"沙漠"。如"大漠孤烟直，长河落日圆（浩瀚沙漠中孤烟直上，无尽黄河上落日浑圆）。"此中的"漠"即是。由"沙漠"的"扬沙迷蒙不清"又引申指"不热情，无动于衷"。用例为："他已麻木，对世间哀乐之事，漠然不加喜忧于心。""漠视"的"漠"即用的是此义。"忽"是会意兼形声字。金文从心从勿（"勿"是云层间射出的阳光形，表示变幻不定），会心神不定之意。本义为"心神不定，恍惚"。用例为："喝醉了酒，走起路来忽忽悠悠。"由"恍惚"引申指"不重视，不经心"。如"故天子一跬步，皆关民命，不可忽也（所以作为天子决策走错了半步，都会关系到人民的死活，是千万不可不重视的）。"此中的"忽"即是。"忽视"的"忽"即用的是此义。所以"漠视"与"忽视"两词都是指"看不清，看不到"。"漠视"的"看不到"，是由于"冷淡地对待"引起。用例为："当领导的不可漠视群众的根本利益。""忽视"的"看不到"，则是由"不注意，不重视"引起。用例为："该厂领导忽视安全生产，恐有后患，一定要督促他们学习安全条例然后采取适当的措施。"

295. "谋取"与"牟取"无差别吗？

甲骨文　金文　小篆　楷体

有差别。"取"是会意字。甲骨文从又（手）从耳，会抓到战俘或野兽时割下左耳之意。本义为"割下"。如"狩大兽公之，小禽私之，获者取左耳（捕获到大兽要交公，捕获到小禽可自己收下，捕获后取其左耳，以兹证明）。"此中的"取"即是。又引申指"得到""获得""接受"。用例为："国王疑僧盗宝，衔冤取罪，上下难明（国王怀疑是僧人把宝物盗去，僧人含着冤情获得了罪名，对僧人这样定罪上上下下都说不出个所以然）。"此中的"取"即"获得"。"谋取""牟取"的"取"均用的是此义。"谋"是形声字。篆文从言某声，本义为"咨询"，即与人思考事之难易，商讨对策。如"臣闻之：访问于善为咨，咨亲为询，咨礼为度，咨事为诹，咨难为谋。臣获五善，敢不重拜！（臣我听说：'向善人访求询问就是咨，向亲戚访求询问就是询，咨询礼仪就是度，咨询事情就是诹，咨询困难的解决办法就是谋。'臣得到这五种友善，怎能不再三拜谢！）"此中的"谋"即是。"谋取"的"谋"即用的是此义。"牟"是指事字。古文从牛，上象牛鸣之声气从口出形，表示牛叫声。本义为"牛叫声"。如"牛牟牟地叫！"此中的"牟"即是（今日则写为哞）。由牛叫的声音大又引申指"博大"。用例为："贤者之道，牟而难知，妙而难见（如何能成为一个贤者的道理，太广博了，难以知道；太奇妙了，也难以见到）。"后来被借用指"设法取得""贪取"。如"游居厚养，牟食之民也（游荡闲居什么正事也不做，还要求吃好穿好住好。这种人简直就是不劳而获的人）。"此中的"牟"指"设法取得"。"渔夺百姓，侵牟万民（掠夺百姓，侵犯贪取万民）。"此中的"牟"即指"贪取"。"牟取"的"牟"亦用的是此义。

辨析：由于"牟"有"贪取"义，所以"牟取"所取得的东西不为人所肯定。如"谋求"的是名利、私利，那么表述这种"谋取"时就要用"牟取"而不能用"谋取"。"谋取"则指正当的"设法取得"。用例为："我们要通过正当的途径谋取个人利益"。此外"牟"（1）用于"谋取"义时读móu。（2）用于古地名时读mào，今河南省汤阴县境。（3）用于今地名山东省牟平县和河南省中牟县时读mù。

296. "奈何"与"奈……何"的不同点是什么？

"奈"是会意字。当是由甲骨文烧柴祭天的形象演变而来的，从又（手），从木，从示（祭祀的台子）会手持干柴于祭台前焚烧祭天之意。古文将木改为肉（月），篆文省去手并整齐化，本义为"烧柴焚火以祭天神"。后代的烧香即其遗风（只是将烧木头改为了烧香）。用作动词引申指"对付""处置"。如"一夜炎蒸无计奈，三更风雨领秋回（夜晚的炎热像蒸笼一般无法对付，天到三更时分刮风下雨才带来秋天的凉意）。"此中的"奈"指"对付"。"谁奈离愁得，村醪或可尊（谁能消除离愁，浊酒或许可能处置愁肠）。"此中的"奈"指"处置"。"奈何"的"奈"亦用的是此二义。"何"是会意兼形声字。甲骨文是一人肩上扛戈形，会负担之意。金文另加口（人）以助劳。篆文变成了从人可声，隶变后写作"何"。本义为"担起""扛起"。用例为："牧牛人来了，何（披着）蓑（衣）何（戴着）笠（草帽），背着干粮。"引申指"继承、担任"。用例为："承受祖先之遗德，何（继承着）生命之灵气。"此义读hè。又指"问"。用例为："群臣畏惧，莫敢谁何（没人敢问）。"又被借为代词，表示疑问，指代人或事物。用例为："儿童相见不相识，笑问客从何处来（我回到家乡之后，村中的儿童不认识我，把我当做客人，笑着问我从哪里来）。""问"和"疑问"两义及以下各义均读hé。由此又用作省缩词，相当于"何时""何不"。如"何当共剪西窗烛，却话巴山夜雨时（何时才能相聚，在西窗之下剪亮蜡烛，来追述巴山夜

甲骨文"奈"

雨里我想念你的心情啊）。"此中的"何"为"何时"。"何各言尔志？（何不各自说说你们的志向）"。此中的"何"为"何不"。也用作"奈何"。这"奈何"的"奈"，则表示强调。

辨析："奈何"与"奈……何"的不同点是："奈何"（1）指"怎么办"。用例为："王曰：'取吾璧，不予我城，奈何？'（秦国要是拿了我国的和氏璧，却不给我们十五连城，怎么办？）"（2）指"怎么，为什么"。如"民不畏死，奈何以死惧之？（我们老百姓并不怕死，为什么用死来威胁我们？）"。"奈何令人主拜人臣？（为什么让君主拜臣子？）""奈……何"（1）指"对……怎么办"。如"规有摩而水有波，我欲更之无奈之何。（规律有一定的要求，水有一定的波纹，我想更改它也更改不了。）"（2）指"把……怎么样"。如"虞兮！虞兮！奈若何？（虞姬爱妃呀！虞姬爱妃呀！我应该怎样安置你？）"

297. "年龄"与"年纪"有区别吗？

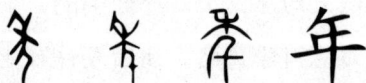

甲骨文　　金文　　小篆　　楷体

有区别。"年"是会意兼形声字。甲骨文从人背禾，会谷物成熟进行收获之意，本义为"谷物成熟丰收"。用例为"五谷皆熟为有年也（古时把五谷丰收称作'有年'或'大有年'）"。由"谷物一年的收成"又引申指"岁数"。如"北山愚公者，年且九十"中的"年"即是。"年轻""年青"的"年"均用的是此义。"龄"是形声字。篆文从齿令声，隶变后楷书写作龄。古无龄字，借"令""聆"表示。到了汉代，另加义符齿写作龄。本义为"岁数"。如"文王谓武王曰：'女何梦矣？'武王对曰：'梦帝与我九龄。'（文王对武王说：'你做了什么梦？'武王说：'我梦见上天给我九十岁的寿命。'）"此中的"龄"即是。"年龄"的"龄"即用的是此义。"纪"是会意兼形声字。金文用己（编结）表示。篆文另加系，成为从系从己会意，本义为"编结系联丝缕的绳"。如"譬若丝缕之有纪，网罟之有纲（譬如丝缕之有头绪，大网之有粗绳）。"此中的"纪"即是。古时又引申指"天象时令的总称"。用例为："五纪：一曰岁，二曰月，三曰日，四月星辰，五曰历数（五种记时的方法：一是年，二是月，三是日，四是北斗星、金木水火土在内的二十八宿、十二辰，五是推算节气的历法）。"又进而引申指"年岁"。如"遐纪（长久的年岁）"的"纪"即是。"年纪"的"纪"即用的是此义。

辨析： "年龄"即"人和动植物已经生存的年数"。用例为："此次招聘的保安员有年龄限制。""根据年轮可以知道树的年龄。""年纪"则也指"（人的）年龄"。"年纪"与"年龄"的差别是：表示动植物的年岁时用"年龄"不用"年纪"。"年纪"仅用来指人。

此外把前面"九龄"的今译补充说明如下：武王答文王说"自己梦见上天给自己九龄"后，文王又问武王："九龄是什么意思？"武王答："九龄是九种福善之事，上天让我去办。"文王说："不对。九龄乃是'上天给你九十岁的寿命'。"因此笔者在前面把"九龄"今译为"九十岁"。

298. "年轻""年青"有不同点吗？

有。"年"指"岁数"的引申义，年龄、年纪。"年轻""年青"均用的是此义。"轻"是形声字。本义为"简便灵活的小车"。由"简便灵活"又引申指"程度浅"。用例为："零雨送秋，轻寒迎节（零零星星的雨送走了秋天，薄薄的寒冷迎来了冬令节气）。""年轻"的"轻"即用的是"程度浅"义。"青"是会意兼形声字。金文从生（植物初生）从丹（表颜色），用植物初生之色会绿色之意，本义是"像春季植物叶子一样的绿色，葱绿色，深绿色"。如"郎骑竹马来，绕床弄青梅。"此中的"青"即是"绿色"。春天是万物生长的季节，故用"青"代表青春，从而"比喻人的青年时期"。"年青"的"青"即用的是此义。

辨析："年轻"指"年纪不大（多指十几岁到二十几岁）"。用例为："他年轻力壮，多往他身上压重担不要紧。""年青"则指"处在青少年时期"。用例为："年青的一代是我们祖国的未来。"如只论"岁数"，两词均可称二十多岁的人。如涉及"青少年时期"，则只用"年青"而不用"年轻"。

299. "凝结"与"凝聚"有何区别？

結　结　　䨪　聚

小篆　楷体　　小篆　楷体

"凝"是形声兼会意字。金文从水从冫会意。异体改为从冫疑声，疑也兼表疑定之意。本义为"水结成冰"。引申泛指"因温度降低或压力增强气体变成液体，或液体变成固体"。如"水蒸气凝成水珠。"此中的"凝"即指"气体变成液体"。"凝结"的"凝"即用的是此义。又引申指"凝积"。用例为："山泽凝暑气，星汉湛（澄澈）光辉（山中的沼泽凝积着暑气，天上的银河澄澈光辉明亮）。""凝聚"的"凝"即用的是此义。"结"是形声字。篆文从糸吉声。本义为"用长条物拴捆或编织"。如"上古结绳而治，后世圣人易之以书契（上古时代没有文字，用把绳子系疙瘩的办法来记事。随着时代的进步，结绳记事不够应用了，后代圣人发明文字以文书契据来替代结绳）。"此中的"结"即是。进而引申指"凝积"。用例为："寒风摧树木，严霜结庭兰（寒风摧残树木，严霜凝积于庭院中的兰花上）。""聚"是会意兼形声字。篆文从众从取，会召集民众相会在一起之意，取也兼表声。本义为"人会集"。如"京师衣冠所聚，身名所出（京师是官员会集的地方，也是人得以扬名显亲的地方）。"此中的"聚"即是。又引申指"集合""集中"。如"方以类聚，物以群分（各种方术因种类相同而聚合，各种事物因种类不同而区分）。"此中的"聚"即是"集合"。"凝聚"的"聚"也用的是此义，故"凝聚"（1）指"气体由稀变浓或变成液体"。用例为："荷叶上凝聚着晶莹的露珠。"（2）指"聚集""积聚"。用例为："这部作品凝聚着他一生的心血。""凝结"则指"由气体变成液体或由液体变成固体"。如"气温下降时，在接近地面的空气中，水蒸气遇冷凝结而成的悬浮的细微水珠，常使人视野模糊不清。"此中的"凝结"指"气体变成液体"。"池面上凝结了薄薄的一层冰。"此中的"凝结"指"液体变成固体"。

辨析："凝聚"偏义于"聚集"，"凝结"偏义于"变化"。两词不通用（分别见用例）。

300. "派生"与"衍生"的区别是什么？

小篆　楷体　　　金文　小篆　楷体

"生"是象形字。甲骨文象地上生出的草木形。本义为"草木滋长"。如"蓬生麻中，不扶而直（蓬草生在大麻中，不用扶就是直的）。"此中的"生"即是。引申泛指"人或动物的幼体从母体中分离（分娩）出来"。用例为："（财物等身外之物）生不带来，死不带去。"又引申指"产出、出现、引发"。用例为："民贫则奸邪生，贫生于不足，不足生于不农（百姓贫困就会做邪恶的事，贫产生于不富足，不富足产生于不务农）。""派生""衍生"的"生"均用的是此义。"派"是会意兼形声字。篆文从水从厎会意。本义为"水的支流"。如"百川派别，归海而汇（百川原来分别都是支流，流到大海就会合在一起了）。"此中的"派"即是。又引申指"系统内的分支"。用例为："显和与阿翁同源别派（显和与阿翁是同一系统的不同分支）。"又引申指"从一个主要事物的发展中分化"。"派生"的"派"即是。"衍"是会意字。甲骨文从水从形,会大水循河漫流之意。本义为"大水循河漫流汇于海"。引申指"动植物滋生繁殖"。如"繁衍(逐渐增多或增广)"的"衍"即是。又引申指"延伸""扩展""推演"。用例为:"东坡酷爱《归去来辞》,既次其韵,又衍为长短句(苏轼酷爱《归去来辞》这首诗,他和此诗并依照此诗用韵的次序,又推演出一首词)。""衍生"的"衍"亦用的是此义。因此"衍生"就是"演变发生"。用例为:"一种简单化合物分子中的氢原子或原子团而衍生的较复杂的产物,称为该化合物的衍生物。"而"派生"则是"从一个主要事物的发展中分化出来"。用例为:"上层建筑是非物质的,是派生的,是由经济基础决定的。"

301. "披露"与"透露"有区别吗?

有。"露"是形声兼会意字。篆文从雨路声,路也兼表路野之意。本义为"露水"。如"蒹葭苍苍,白露为霜(芦苇好茂盛啊,白露变成了霜)。"此中的"露"即是。露水在室外,故引申指"没有遮掩,在房屋之外"。用例为:"农夫小民,盛夏力作,而穷冬暴露(农民在炎热的夏天要全力去劳作,而到了冬天又整个一冬天暴露在外)。"进而指"显现出来""表现出"。用例为:"佛印绝类弥勒,袒胸露乳(佛印这个人非常像弥勒佛,敞胸露乳的)。""披露""透露"的"露"均用的是此义。"披"是会意兼形声字。篆文从手从皮会意,皮也兼表声。本义为"分开""劈开"。如"披沙拣金(分开沙子淘出金子)"的"披"即为"分开"。"披荆斩棘(劈开荆棘斩断荆棘)"的"披"即为"劈开"。又引申指"敞开""显露"。如"有风飒然而至,王乃披襟而当之,曰:'快哉!此风!'(有风飘然而至,大王敞开衣襟迎着风,说:'痛快呀!此风!')"此中的"披"即指"敞开"。"臣愿披腹心而效愚忠(臣我愿意显露我的赤诚之心向陛下尽献忠诚)。"此中的"披"即指"显露"。"披露"的"露"也用的是此义。"透"是形声字。篆文从辵（辶）秀声。本义为"跳"。如"妃知不免，乃透井死（妃子知道逃不过一死，就跳井自杀了）。"此中的"透"即是。也表示"穿过""通过"。如"对酒卷帘邀明月，风露透窗纱（举杯对着明月饮酒时，风露穿过了纱窗）。"此中的"透"即是"穿过"。"透过现象看本质，你与我们本不是同一路的人。"此中的"透"即是"通过"。由"通过"又引申指"暗地里使对方知道"。用例为："你也不早来透个信儿，让我现在措手不及！""透露"的"透"也用的是此义。

辨析："透露"即"泄露""显露"。如"王玉义鬼鬼祟祟地跑来透露内情，邀功领赏。"此中的"透露"即为"泄露"。"他拿到钱以后，脸上透露出满意的神情。"此中的"透露"即为"显露"。"披露"则（1）指"发表""公布"。如"这篇报告文学我们会全文披露。"此中的"披露"指"发表"。"公报披露了会谈的全部内容。"此中的"披露"指"公布"。（2）指"表露"。用例为："昨天我俩见面，我向她披露了我的心迹。"

302."品味"与"品位"的区别是什么？

品	品	品	品		位	位	位
甲骨文	金文	小篆	楷体		甲骨文	小篆	楷体

"品"是会意字。甲骨文从三口，会人多嘴杂之意，本义为"人多嘴杂"。由于人一多就会有各种类型的人，所以又引申指"事物的种类、等级"。"品种"的"品"即指"种类"，"上品"的"品"即指"等级"。"品位"的"品"也用的是"等级"义。"品"用作动词又指"辨别尝试出类别等级的高下"。如"品头论足"就是"辨别人的面容、发型和足的大小"。"品味"的"品"即用的是用作动词的"辨别尝试"义。"味"是会

意兼形声字。篆文从口从未（滋味），本义为"滋味"。如"五味（酸、辛、甘、苦、咸）令人口爽"的"味"即是。又引申指"辨别滋味，体会研究"。"耐人寻味"的"味"即是。"品味"的"味"也用的是此义。"位"是指事字。在甲骨文中，是一个人站立在地上形。本义为"朝廷中群臣排班所处的序列、地方。"如"不在其位，不谋其政"的"位"即是。"品位"的"位"也用的是此义。

　　这样综上所述可知："品味"有四种意义：（1）尝试滋味，品尝。用例为："此酒经专家品味，认为酒质优良。"（2）仔细体会，玩味。用例为："他听到这句话以后，说：'你这话值得我细细品味！'"（3）（物质的）品味与风味。用例为："这包茶叶你跟什么放在一块了？品味已经大受影响！"（4）格调和趣味。用例为："这位作家的作品品味高雅。""品位"有三种意义：（1）过去指官吏的品级、官阶。（2）矿石中有用元素或有用矿物含量的百分率。用例为："此次进口的铁矿石品位比较高。"（3）泛指人和事物的品质、水平。用例为："他的谈吐很有品位。我喜欢和他讨论问题。"特别要提出的是：这"品味"的第三种意义与"品位"的前两种意义，界限分明，不易混用。"品味"的第四种意义和"品位"的第三种意义均可形容人，但不能混用。"品味"的第四种意义只用于表述"人的格调和趣味"。"品位"的第三种意义则只用于表述"人的品质和水平"。

303."品行""品性"有区别吗？

甲骨文	金文	小篆	楷体	小篆	楷体

　　有区别。"品"是会意字。甲骨文从三口会人多嘴杂之意，本义为"人多嘴杂"。"人多嘴杂者"是各种各样的人，因此引申指"人的思想行为方

面的素质、德行、风貌"。如"此人人品甚高""品貌兼优"的"品"即是。"品行""品性"的"品"均用的是此义。"行"是象形字。甲骨文象十字路口形。篆文把它的形状讹变得不像了。本义为"十字路"。引申泛指"道路"。由"道路"又引申特指"表明品质的行为表现"。用例为:"民犹贵禄而贱品(老百姓还是重视所得的俸禄多少而不重视自己的行为修养)。""品行"的"行"也用的是此义。"性"是会意兼形声字。篆文从心从生会意,生也兼表声,本义为"人生而有之的特质"。用例为:"性相近也,习相远也(人生下来所具有的特质都是相近的,而因为每个人后天环境的不同,受不同的教育和熏陶以致每个人的性格就相差很远了)。""品性"的"性"也用的是此义。因此可知:"品行"指"有关道德的行为"。用例为:"此人相貌堂堂,品行端正。"而"品性"则指"品质性格"。用例为:"此人忠诚老实,品性敦厚。"

辨析:"品行"偏重指"人的行为","品性"偏重指"人的性格"。

304. "启发"与"启迪"有区别吗?

昍 启 启
甲骨文　小篆　楷体

两词有相同的方面又有不同的方面。"启发""启迪"的"启"的字源,已见"启用"的条目。这两个词的"启"都是"开导"的意思。用例为:"小学一二年级都是启蒙教育。"此中的"启蒙"就是用基本的入门的知识开导儿童。"发"是形声字。本义为"射出箭"。用例为"万箭齐发""百发百中"。由"发射"又引申指"引导"。用例为"发人深省(引导人深刻而清楚地认识其中的道理)""引发思考"。"启发"的"发"即用的是此义。"迪"是形声兼会意字。本义为"道路"。由"道路"又引申指"引导"。"启迪"的"迪"即用的是此义。综上所述可知:"启发"是"阐明事例,引起对方联想而有所领悟"。用例为:"向学生正面讲清道理,启发他们学习的积极性。""启迪"则仅是"开导"。用例如"前辈要启迪后辈努力进取。"

辨析: "启发"与"启迪"两词都有"启发"义,不同的方面除字面义不同外,"启发"这个词,从它的含义来说,向对方所进行的"启发",要引起对方的联想,使对方有所领悟。另外"启发"还有"阐明发挥"义。用例如"王教授没有系统地讲这本书,而只是对其中的几个篇章作了一些启发。"此中的"启发"即是"阐明发挥"。"启迪"除没有"阐明发挥"义外,从其含义来说对人进行启发的要求,没有"启发"的要求高。

305. "启示"与"启事"同义吗?

对"启事"这个词的误用,主要表现在该写为"启事"的地方被写为"启示"。这种错例在电视字幕上多有出现。首先说"什么是'启示'?""启"者"开发人心,使人得以领悟也"。如《论语·述而》:"子曰:'不愤不启,不悱不发。举一隅不以三隅反,则不复也。'"意思是:孔子说:教导学生不到他冥思苦想而想不通时,不去开导他;不到他想要表达而表达不出来时不去启发他。告诉他一个问题而他不能类推到其他同类问题就暂时先不教他。这段引文中的"启"即是"开发人心,使人得以领悟"。"示"者,"引导也,指示也"。用例为《盐铁论·本议》:"夫导民以德,则民归厚,示之以利,则民俗薄。"意思是:用德去引导人民,人民就归化于宽厚,用利去引导人民,人民就变得平庸轻薄。此中的"示"即是"引导"。因此把"启""示"合起来组词,意思则是"开发教导"或"启发指示"。这"开发教导""启发指示",都是人从读书做事或良师益友那里得来的有益的思想或道理。

其次说"启事"。"启事"是"陈述事情"。如《三国志·魏志·董卓传》:"召呼三台尚书以下自诣卓府启事。"这说的是董卓专权擅乱朝纲,他让三台尚书以下的官员到他家里去汇报说事情。此中的"启"即是"陈述""说明"或"汇报","事"就是"事情"。"启"和"事"合起来组词就是"陈述事情"。比如某单位某人登出或贴出一个"启事",那就是"某单位某人向大家要说一件事情"。某单位要招工,就可发出"××单位招工启事"。在这个"启事"中说明"招工的有关事项"。"某家人遗失了东西"就可发出"寻物启事",说明"东西的特征和如何感谢捡到东西并送还失主的人"。"某家走失了一位患痴呆症的老人"就可发出"寻人启事"。"启事"中要"介绍老人的相貌特征、痴呆程度以及如何和事主联系等等"。由此可知"启事"与"启示"两词虽然读音相同,但含义是有很大差别的,不通用。

306."启用"与"起用"可通用吗?

甲骨文　　金文　　小篆　　楷体

不可通用。"用"是会意字。甲骨文从占卜用的骨板,本义为"根据占卜所显示征兆行事"。引申泛指"使人、物发挥功能"。如"故善用兵者,避其锐气(所以善于用兵的将领,与敌人交锋时要回避敌人战斗力强的方面)。"此中的"用"即是。"启用""起用"的"用",都用的是此"发挥功能"义。"启"是象形兼会意字。甲骨文象以手开门形,表示打开门,本义为"开门"。如"宫门以时启闭。"此中的"以时启闭"即是"按时开门关门"。又引申泛指"打开""开始"。如"难以启齿"就是"难以张嘴(有话不好意思说)"。"启运"就是"开始运"。"启用"的"启"也用的是"开始"义。"起"是形声兼会意字。篆文从走巳声,巳也兼表起始之意。本义为"由躺到坐,由坐到站立"。用例如"黎明即起,洒扫庭除(院落台阶)。"引申指"聘用""提拔"。"起用"的"起"即用的是这两种意义。

总结以上"用""起""启"的意义可知:"起用"有两种意义:(1)重新任用。用例为:"由于这方面的人才短缺,故决定可以起用已退职的那些技术人员。"（2）提拔使用。用例为："要大胆起用和培养年轻干部，使他们敢于担当，敢于负责。""启用"仅指"开始使用"。用例为："由北京到石家庄方向的高铁已建成启用。"由此可知，"启用""起用"不能通用。

307. "器量"与"器宇"同义吗？

金文　小篆　楷体　　甲骨文　金文　小篆　楷体

甲骨文　金文　小篆　楷体

两语有相同的方面，也有不同的方面。"器"是会意字，是甲骨文"丧（喪）"字的简化，从众口，从桑，会众口喧哭于桑树枝下之意。古代丧事用桑枝作标志。因为丧与桑音相同，用法也相同。后来要让它们表意各有侧重，分化为不同的字形"丧""桑"与"器"。有四张口的器，本义为"悲极而哭不出声来"。后被借用为表示器具的词了。如"各种器具的总称"，如"人惟求旧，器非求旧，惟新（人只求旧相识好，器具不求旧的，只求新的）。"此中的"器"即是"后来被借用的那个词"。又特指"古代标志名位、爵号的器物"。用例为："唯器与名不可假于人，君子惜名如惜身（只有标志名位、爵号的器物和名号不能借给人，君子爱惜自己的名号如同爱惜自己的身体一样）。"器物有容量，故又引申指"人的气量、风度"。如"光武之器，包乎天地之外（东汉光武皇帝刘秀的度量包乎天地之外，太大了）。"此中的"器"即是。"器量""器宇"的"器"均用的是此义。

"量"是会意字。甲骨文从东（箱篓一类容器），上有口，表示可以往里面装东西。金文口中加一点，下边置于地上，更明确强调里面可以盛东西。篆文整齐化，下边的"一"（地）变成了"土"。隶变后楷书写作量。本义为"测定容积多少的器具"。如"齐旧四量：豆、区、釜、钟（齐国本来有四种量器：豆、区、釜、钟。四升为一豆，各自再用它们的四倍，最后成为一釜；十釜就是一钟）。"此中的"量"即是。量器都有一定的容量，故又引申指"能容纳或禁受的限度"。"宽宏大量"的"量"即是。又进一步引申指"度量"。用例为："贾生志大而量小，才有余而识不足也（贾生这个人志向远大但是度量很小，才能很高见识却不广）。""器量"的"量"亦用的是此义。"宇"是形声字。金文从宀（房屋）于声，本义为"房檐"。如"权起更衣，肃追于宇下（孙权起来上厕所，鲁肃追着孙权到房檐下）。"此中的"宇"即是。引申泛指"房屋"。用例为："我欲乘风归去，又恐琼楼玉宇，高处不胜寒（我想乘着风到月亮上去，又怕月宫中是高楼大厦，太高处自己经受不住寒冷）。"后来宇的住处的词义被扩大，又引申指"上下四方整个空间"。如"上下四方曰宇，古往今来曰宙。"此中的"宇"即是"宇宙"的"宇"。又特指"风度、仪容"。"气宇轩昂（人的仪表胸襟饱满振奋）""眉宇不凡（朗目疏眉气度不凡）"的"宇"均是。"器宇"的"宇"亦用的是此义。

辨析："器宇"（1）指"度量、胸襟"。用例为："莹子兼，字令长，清素有器宇（莹子兼的字是令长，这个人操行高洁有度量）。"（2）指"仪表、气概"。用例为："安平风度宏邈，器宇高雅（安平这个人风度翩翩，气概高雅）。"而"器量"则仅指"度量"。用例为："大丈夫要有器量，没器量不能容人，如何做大事？"由此可知：如表述人的"外表""风度"时，如"器宇不凡""器宇轩昂（气概不凡）"，只能用"器宇"而不用"器量"。

308. "前锋"等同于"前茅"吗?

肖 肖 前
金文　小篆　楷体

不等同。"前"是形声字,本义当为"剪刀",后被借用指"往面对的方向走"。如"勇往直前""停滞不前"的"前"均是。由"往面对的方向走"又引申指"空间位置在正面的(与'后'相对)"。如"榆柳荫后檐,桃李罗堂前。"此中的"前"即是。又引申指"次序在前的"。如"苟诸侯有欲伐楚者,寡人请为前列焉。"此中的"前"即是。"前锋""前茅"的"前"均用的是此义。"锋"是形声字。篆文从金逢声,本义为"刀剑等兵器锐利的部分""尖端"。如"执宝剑一口,长二尺许,锋利吹毛(将毛置于剑刃上用力一吹即可断开)。"此中的"锋"即是。又引申指"军队居于前列的部分"。如"从讨聊城,与张辽俱为军锋。"此中的"锋"即是。"前锋"的"锋"即用的是此义。"前锋"(一)指先头部队。如"红军的前锋渡过了大渡河。"(二)指篮球、足球比赛中主要担任进攻的队员。两例中的"前锋"均是。"茅"是形声字。篆文从艸矛声,本义为"茅草"。古代楚国行军前哨一旦发现敌情立刻用白茅草做的旗帜向后面发出警告。后来由此就形成了一个成语"名列前茅",用来指"名次在前面的人"。由此可知"前锋"与"前茅"虽均与"军队"有关,但所指有很大的不同。

309. "倾听"与"聆听"有何不同?

"听"是会意兼形声字。甲骨文从耳从口,会耳有所闻,口有所说之意。金文加出了壬(挺立之人)、直、心,用以强调人耳有所闻,心已领悟之意。隶变后楷书写作聽。如今简化借用"听"表示,指"用耳朵接受声音"。如"夜阑卧听风吹雨,铁马冰河入梦来(陆游闲居乡村但为国献身之情不减,夜深时他卧床听到风雨大作,仿佛自己已经在边疆驻守,骑着战马跃过冰河)。"此中的"听"即是。又引申指"听取""取信"。用例为:"君之所以明者,兼听也;君之所以暗者,偏信也(您之所以能很明智,是因为您听从了两方以上的意见;您之所以不明智,是因为您偏听了一方的意见)。""倾听""聆听"的"听"均用的是此义。"倾"是会意兼形声字。篆文从人从顷(歪头)会意,顷也兼表声。本义为"人歪头"。引申泛指"歪斜""不正"。如"端然正己,不为物倾侧(非常正派地端正自己,不被外人外物诱惑而发生偏差)。"此中的"倾"即是。由"倾斜"又引申指"全出来""用尽"。如"农月无闲人,倾家事南亩(农忙的时节没有闲在的人,全家人都到南亩去劳作)。"此中的"倾"即指"全出来"。"倾力相助""倾诉衷肠(毫无保留地说出心里的话)"的"倾"即指"用尽"。"倾听"的"倾"亦用的是此义。"聆"是形声兼会意字。篆文从耳令声,令也兼表听命之意。本义为"倾听""细听"。如"倾耳聆波澜,举目眺岖嵚(低下头去细听波澜的声音,抬起头来远望险峻的高山)。"此中的"聆"即是。"聆听"的"聆"即用的是此义。"聆听"即"听"。由于"聆"有"听命之意",故"聆听"(1)指"听取别人或长者对自己的教诲"。用例为:"聆听前世,清视在下,鉴莫近于斯矣(聆听前世的历史经验,再明察当下的实际情况,要进行借鉴,没有比借鉴前世和当下这两者更近的了)。"(2)指"细心听"。用例为"凝神聆听"。而"倾听"也指"细心地听取"。用例为:"各区区长每月都拿出一天接待群众,倾听群众的意见。"

辨析: "聆听""倾听"都有"细心听"的含义。但用于指上级领导听取下级的意见时,要用"倾听"而不用"聆听"。用于指下级听取上级意见(含长者)时,要用"聆听"而不用"倾听"(参考用例)。

310. "清净"与"清静"有何区别?

"清"是形声兼会意字。篆文从水青声,青也兼表青色之意,本义为"水清澈透明无杂质"。如"水至清则无鱼,人至察则无徒(水太清澈了,就不会有鱼;人太苛察了,就不会有人与之交往)。"此中的"清"即是。"清净"的"清"即用的是此义。水平静则清,故又引申指"安静"。用例为"这里怎么这么冷清?""清静"的"清"也用的是此义。"净"是形声兼会意字。金文从水静声。水静则清亮,故静也兼表意,本义为"清洁,没有尘土、杂质等"。最初此字写为"三点水加一静字"。后来借"净"代指"三点水加一静字"至今。用例为:"窗明几净,胸中有勃勃欲发之文章。""静"是形声字。金文从青(表植物的色彩)争声,本义为"色彩鲜明",引申指"安宁,平静"。用例为:"他走了这么多天也不回个信,让我心中不宁。""平心静气地换位想一想,也就想通了。""清静"的"静"也用的是"平静"义。

综上所述可知:"清净"(1)指"没有事物打扰"。用例为:"你先把这些孩子先带出去玩儿两个小时,让这家里清净清净。等我把这篇文章写完,你们再回来。"(2)指"水清澈透明"。用例为:"一望无际的湖水清净见底。""清静"则指"(环境)安静,不嘈杂"。用例为:"这件事比较复杂。咱们得找一个清静的地方谈谈。"

辨析:"清净"所指的"安静",是排除人为干扰后得来的(见用例),而"清静"所指的"安静",是环境本身自然形成的,不需排除干扰因素(见用例)。

311. "曲解"与"误解"如何区分?

| 甲骨文 | 金文 | 小篆 | 楷体 | 甲骨文 | 金文 | 小篆 | 楷体 |

"解"是会意字。甲骨文从双手,从牛,从角,会两手拔牛角之意,表示在宰牛,小点象征血肉碎屑。篆文又将双手改为刀。本义为"屠宰分割牛"。如"庖丁为文惠君解牛(厨师给文惠君宰牛)。"此中的"解"即是。由"分割"引申指"对问题的分析,注释,讲说"。如"讲解""解释""解读""解答""解题"的"解"均是。"曲解""误解"的"解"均用的是此义。"曲"是象形字。甲骨文象竹柳编的筐、篓等器物局部的剖面形。篆文画出了完整器物的侧面形,并整齐化。由于这个侧面形是弯的,因此借用此字表示弯曲之义。本义为"竹木编的筐篓等器物"。引申借以形容"弯转""不直"。用例为:"犹梓人而不知绳墨之曲直(如同木匠不知道打直线的墨线的直与弯)。"又指"使弯曲""折"。用例为:"饭蔬食饮水,曲肱而枕之,乐亦在其中矣,不义而富且贵,于我如浮云(吃蔬菜粗粮喝白水,弯曲胳膊枕着睡觉,我的快乐就在其中了;不义、富贵等对我来说像浮云一样与我不相干)。"又指"过错""理亏"。如"秦以城求璧,而赵不许,曲在赵(秦国用十五连城换和氏璧,而赵国不允许,那样理亏的一方在赵国)。"此中的"曲"指"理亏"。"是非曲直(正确与错误,无理和有理)"的"曲"指"过错"。"曲解"的"曲"即用的是此义。"误"是形声字。篆文从言吴声。本义为"错谬"。如"曲有误,周郎顾(曲调有错误,周瑜会听出来并且回头关注)。"此中的"误"即是。"误解"的"误"亦用的是此义。

　　辨析:"误解"用作动词指"理解得不正确"。用例为:"你不要误解他,他没有那个意思。"如用作名词指"不正确的理解"。用例为:"这是一种误解。你不要再向别人宣传了。"而"曲解"则指"错误地解释客观事实或别人的原意(多指故意地)"。用例为:"请你不要曲解人家的好意!"由于"曲解"多指故意地错误理解,所以要慎用此词。

312. "祛除"与"驱除"同义吗?

不同义。"除"是形声兼会意字。篆文从阜（地穴上下的脚窝）余声，余也兼表房屋宫殿的台阶，本义为"宫殿的台阶"。如"赵王扫除自迎，执主人之礼。"此中的"扫除自迎"即是"扫了台阶之后出来自己亲自迎接"。由于台阶须沿阶而上，是个弃旧迎新的过程，所以又引申指"去掉"。"祛除""驱除"的"除"都用的是此义。"祛"是形声兼会意字。楷书祛从示去声，去也兼表使离开，除去之意，本义为"祭神以求消祸除灾"。引申指除去（疾病，疑惧，邪祟等）。用例为："迎清风以祛累（疲劳）"。"祛除"的"祛"也用的是此义。"驱"是形声字。篆文从马区声，驱也表驱驰奔跑。本义为"赶马快跑"。用例为"扬鞭驱马奔扬州"。又引申指"赶走"。用例为"驱虫剂"和"我自不驱卿（我不会赶你走）。""驱除"的"驱"也用的是此义。

辨析：虽然"祛除"和"驱除"都有"除掉"义，但"祛"是用祭神的方法消灾，故"祛除"的"除掉"专用于"去疾病"以及古人认为"用祭神的方法"可治的"邪祟、疑惧"等症状。用例为"祝你早日祛除病魔，恢复健康！""驱除"的"除掉""赶走"义，则用的范围较宽，可用于"驱除蚊蝇，避免传染"；亦可用于"驱除邪恶，整顿社会风气"和"驱除不良情绪"。此外"驱除"的"赶走"有一个限制：如果要让"不宜居留在某地的人离开，特别是犯了法的外国人"，则不用"驱除"，而用"驱逐"。

313. "取消"与"取缔"同义吗?

有细微的不同。"取"是会意字。甲骨文从又（手）从耳，会抓到野兽或战俘时割下左耳之意。本义为"割下"。如"虽及胡耇，获则取之，何有于二毛（虽然涉及很老的敌人，只要是俘虏了他，就割下他的左耳，不要管他们已头发斑白）。"此中的"取"即是。又引申指"强力抢夺"。如"秦人伐晋，取武城。"此中的"取"即是。"取消""取缔"的"取"均用的是此义。"消"是形声兼会意字。篆文从水肖声，肖也兼表变小之意。本义为"冰雪融化"。如"时雪不降，冰冻消释（到此季节应该降的雪不降，冰冻也融化了）。"此中的"消"即是。用作动词引申指"使不存在"。用例为："登兹楼以四望兮，聊暇日以消忧（登上高楼向四处观望，权且借着登楼之日来消除忧愁）。""取消"的"消"亦用的是此义。"缔"是形声兼会意字。篆文从丝帝声，帝也兼表结扎之意。本义为"系结得很牢固，不可解开"。如"结而不可解者曰缔（系上而解不开叫作缔）。"此中的"缔"即是。由结在一起，又引申指"（牢固）结合"。用例为："合从缔交，相与为一（战国时，齐楚燕韩赵魏六国联合相交，成为一个整体）。"那么"取缔"的"缔"用的是"系结""结合"的哪一意义呢？笔者的回答是：哪一意义都不是。"取缔"乃是日语借用词，指"取消""关闭"。后来又有所规范，指"明令取消或禁止"。如"上级主管部门暗访非法行医进行取缔。"此中的"取缔"即是。而"取消"则指"使原有的制度、规章、资格、权利失去效力"。用例为："你无理由地逾期不报到，所以取消你的入学资格。"

辨析："取消"的对象，（1）是"原有的"。如"不合理的规章制度"。（2）是"本来可以有的"。如"入学资格"。"取缔"的对象，不一定是"原来有的"。凡是国家或地方政府不允许有的，都可以"取缔"。

最后再补充一点：例句中的"合从缔交"指：战国时秦国最强大。苏秦游说齐楚燕韩赵魏六国联合抗秦。秦国在西，六国地连南北。南北为纵，故六国联合谓之合纵。

314."全力"与"鼎力"用法相同吗？

| 甲骨文 | 金文 | 小篆 | 楷体 | 甲骨文 | 金文 | 小篆 | 楷体 |

有区别。"力"是象形字。甲骨文象犁地的耒形。金文更显示出起土之状。本义为"耒",耕地的工具。耕地要用力,故引申指"人或动物肌肉活动的效能"。如"吾力足以举百钧而不足以举一羽(我的力量足以举一百个三十斤,却不足以举一根羽毛)。"此中的"力"即是。引申泛指"身体器官的效能"。用例为:"度德而处之,量力而行之(依照道德的标准处理事务,衡量自己的实力办理事情)。""全力""鼎力"的"力"均用的是此义。"全"是象形字。古文象一套完整的玉饰形,上象系玉,下象悬垂饰物。如今规范化,以全为正体。本义为"一套完整的玉饰"。引申指"无瑕疵的纯玉"。如"天子用全(天子的那一级别用毫无瑕疵的纯玉)"的"全"即是。又引申指"完备无缺失"。用例为:"上为天子而不骄,下为匹夫而不惛,此之为全德之人(在上能位尊天子而不骄傲,在下是普通老百姓而不郁闷。这样的人才是道德完备的人)。"由"无缺失"又引申指"整体"。如"全神贯注(全部精神精力集中在一起)""百科全书"的"全"即是。"全力"的"全"亦用的是此义。"鼎"是象形字。甲骨文象鼎形。鼎为古人的烹煮食器,一般三足两耳大腹。本义为"古食器"。如"子公怒,染指于鼎,尝之而出(郑灵公煮甲鱼给大夫们吃,单单不给子公吃。子公很生气,把手指伸进煮甲鱼的鼎里蘸了蘸汤然后尝了滋味就退出来了)。"此中的"鼎"即是。相传大禹收九州之金铸成九鼎,遂成为传国之宝。国灭则鼎迁。由此,这鼎就成了帝业、王位、政权的象征。因此又用鼎表示"显赫""大"之意。如"大名鼎鼎(形容名气很大)"的"鼎"即指"盛大"。"鼎力"的"鼎"也用的是此义。"鼎力"是"敬辞","大力"的意思。此词多用于请人帮助或向人表示感谢。用例为:"多蒙鼎力协助,非常感谢!"而"全力"则指(1)"全部力量和精力"。用例为:"我们一定竭尽全力做好这一工作。"(2)"用全部力量和精力"。用例为:"出水芙蓉牌洗衣机,是我们全力打造的品牌。"

辨析:"鼎力""全力"都有"大力"的意思。但无需"致敬"时不用"鼎力"而用"全力"。

315. "权利"与"权益"同义吗?

甲骨文　金文　小篆　楷体　　甲骨文　金文　小篆　楷体

小有不同。"权"是形声字。本义为"黄花木"。由于秤须有木头杆儿，故把"权"借用来表示"秤"（还有一种说法是表示秤锤）。"秤"有秤砣，由"秤砣"又引申指"金属锤"，由"金属锤"又引申指"公民或法人依法应行使的权利和应享受的利益"。"权利""权益"的"权"均用的是此义。"利"是会意字。甲骨文从刀从禾，会用镰刀收割禾谷之意，本义为"割禾"。"割禾"需用锋利的刀，故又引申泛指"锋利"。用例为："此去不知会有怎样的遭遇，你必须带上利剑以防不测。"此中的"利剑"即"锋利的剑"。由"锋利"又引申指"快捷"。用例为："假舆马者，非利足也，而致千里（坐车骑马，不用脚快跑，就可以到达千里之外）。"由于有"锋利""快捷"这样一些"好处"，故"利"又引申指"好处"。用例为"天时不如地利（出兵打仗气候条件好，也不如地理环境有利于我方）"。"权利"的"利"即用的是此义。"益"是会意字。甲骨文从皿（盆），上为水会水流出盆外之意，本义为"水满溢出"，引申泛指"水涨"。如"你从井中打水不见井水少，不打也不见井水益。"此中的"益"即是"水涨"。水满溢出，说明水太充足了，故又引申用作名词指"好处"。用例为："凡所做的事有益于人的就能成立，站得住脚；无益于人的就不能成立，站不住脚。""权益"的"益"即用的是此义。所以"权利"指"公民与法人依法行使的权力和享受的利益。"用例为："我是中华人民共和国公民，我有选举国家代表机关代表的权利。""权益"指"应该享受的不容侵犯的权利"。用例如"国家保护公民的合法权益。"此中的"权益"即是。

辨析："权利"与"权益"的相同点是都可指"享受的利益"。但用法却不相同:"权利"是法律用语,当表述"公民参加国家管理的基本政治权利"时,必须用"权利"表述而不能用"权益"。如所举的"权利"的用例:公民的选举权也必须用"权利"表述,不能把"权利"改为"权益"。

316. "融化"与"溶化"的区别是什么?

甲骨文　金文　小篆　楷体

"化"是会意字。甲骨文从人(正人)从匕(倒人),会变化之意,本义为"变化",即事物形态改变。如"明月楼高休独倚,酒入愁肠,化作相思泪。"此中的"化"即是"变化"。"融化""溶化"的"化"均用的是此义。"融"是会意兼形声字。甲骨文上从虫下从土,会冰雪消融,春气升腾,蛰虫蠢动之意,本义为"冰雪等化为水"。如"太阳出来了,冰雪逐渐消融"的"融"即是。"融化"的"融"也用的是此义。"溶"是形声兼会意字。篆文从水容声,溶也兼表广纳之意,本义为"水面广大的样子"。后来又用以表示"冰雪等化为水"和"某种固体在水中或其它液体中溶解"。用例为"糖溶于水中"。"融""溶""化"三个词分别组合后,"融化"指"(冰雪等)变成水"。用例为"大地回春,冰雪融化"。"溶化"则(1)指"(固体)溶解"。用例为"请问金子能在王水中溶化吗?"(2)同"融化"。

辨析:在表示"冰雪化为水"这一点上,"融化"与"溶化"没有区别,而在表述"固体被溶解"这一点上,只能用"溶化"而不能用"融化"。

317. "融洽"与"融合"的区别是什么?

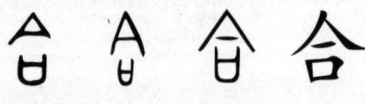

甲骨文　金文　小篆　楷体

"融"字上文已讲，本义为"冰雪等化为水"。如"楼雪融城湿，宫云去（距离）殿低（楼上的雪融化了使全城都是湿的，宫殿上空的云彩距离宫殿屋顶很近）。"此中的"融"即是。又引申指"几种不同的事物合成一体"。如"水乳交融（水和乳汁融合在一起，比喻关系非常融洽或结合得十分紧密）""融会贯通（把各方面的知识或道理融汇、贯穿起来，从而得到系统透彻的理解）"两语中的"融"均是。"融洽""融合"的"融"均用的是此义。"洽"是形声兼会意字。篆文从水合声，合也兼表相和之意。本义为"沾湿""浸润"。如"好生之德，洽于民心（心怀仁义而爱惜生命的美德，滋润着人民的心）。"此中的"洽"即是。由"浸润"引申指"两相融合，和睦""协调一致"。如"辞之辑矣，民之洽矣（政令协调了，人民也就和睦了）。"此中的"洽"指"和睦"。"四夷（天下各地）皆洽欢"的"洽"即"协调一致"。"融洽"的"洽"即用的是此义。"合"是会意字。甲骨文从容器盖儿，从口，会容器盖儿与器体相扣合之意。本义为"扣上""对拢"。如"蚌方出曝而鹬啄其肉，蚌合而箝其喙（蚌正在张开贝壳晒太阳，而鹬鸟啄蚌贝壳内的肉，蚌立刻合起贝壳夹注鹬鸟的嘴）。"此中的"合"即是。引申指"聚在一起，结成一体"。用例为"人有悲欢离合，月有阴晴圆缺，此事古难全"。"融合"的"合"亦用的是"聚合"义。

辨析："融合"即"几种不同的事物合成一体"。用例为："要能融合各家的长处，形成自己独特的长处。"而"融洽"则指"彼此感情好没有抵触"。用例为："来支援的干部与本地干部相处得很融洽。"此外"融合"也作"融和"。

补充一点：引文中所提到的"鹬"，是一种水鸟。它到天要下雨时即鸣叫。古人认为这种水鸟知天时。

318. "商榷"与"商议"有何区别?

㓂 㑒 啇 商

甲骨文　金文　小篆　楷体

"商"是象形字,象古代一种双柱三足大腹的酒器形。本义为酒器。此义后作觞。后又被借用表示古代的一种计时单位,指漏壶中箭上所刻的单位,一刻叫一商。由这"一刻叫一商"的"量度",又引申指"计议""讨论"。如"请前来见面,有事相商"的"商"即是。"商榷""商议"的"商"均用的是此义。"榷"是形声字。本义为"独木桥"。又通"榷",指"研讨商议"。如"或与学士商榷古今(有的人和学士研讨商议古今大事)"的"榷"即是。"商榷"的"榷"也用的是此义。"议"是会意兼形声字,本义为"与人交谈"。如"街谈巷议""无可非议"的"议"即是。又引申指"评议是非"。用例为:"天下有道,则庶人不议(国家治理得很好,老百姓对国家不评议是非)。""商议"的"议"也用的是此义。总结上文:"商榷"指"商讨不同意见"。用例为:"这个问题值得商榷。"而"商议"则指"为了对某些问题取得一致的意见而进行讨论"。用例为:"这个问题如何解决,要好好商议一下。"

辨析:如讨论的是不同的意见,用"商榷";讨论的不一定是不同意见,用"商议"。

319. "师父"与"师傅"有差别吗?

"师父"与"师傅"是同义词但有差别。(一)这两个词都有"师",这是两个词的第一个相同点。(二)这两个词中的"父"与"傅"都是男子的美称。因此意义很相近。如《春秋谷梁传·隐公元年》:"父,犹傅也,男子之美称也(父,同傅,是男子的美称)。"

此例句把"父"与"傅"的相同点一起说了。因此从指"老师"这一点来说,"师父"与"师傅"同义。但是"父"除是男子的美称之外,还是对老年男子的敬称,因此"师父"又是"老师"的尊称。从今天人们对"师父""师傅"两词的使用情况来看,(1)"师父"多用于称自己最尊敬最亲近的老师,"师傅"则用于泛称的"老师"(如工厂里互称"张师傅、李师傅、王师傅";在街上向人问路,如果对方是工人模样的人,也会称人为师傅)。(2)小说或电视剧中特指"帝王及诸侯之子的老师"时称"师傅"不用"师父"。

320. "时局"与"局势"的区别是什么?

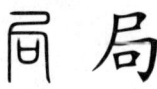

小篆　　楷体

"局"是会意字。篆文从尺(表示人腿)从口(表范围),会人腿受限制而屈曲之意,本义为"屈曲""弯曲"。如"谓天盖高,不敢不局(说天如何如何高,但是遭此乱世,走路也不敢不弯腰)。"此中的"局"即是。又特指"棋盘"。如"画纸为局,截木为棋(在纸上画一张棋盘,截取木头块做棋子)。"此中的"局"即是。由于下棋有对阵的形势,故又用以比喻"事物的形势、情态、处境"。如"当局者迷,旁观者清(作为当事人往往因为对利害得失的考虑太多而不客观迷惑不解,作为在旁边看的人由于客观所以很清楚地知道如何办)。"此中的"局"即指"处境"。"时局""局势"的"局"均用的是此义。"时"是会意兼形声字。甲骨文从日从之(前往),会日月运行已成四时之意,之也兼表声,石鼓文改为从寺,变成左右结构,本义为"节令""季节"。如"好雨知时节,当春乃发生。"此中的"时"即是。又特指"比较长的一段时间""过去""现在或将来"。引申指"当前""现在"。如"应时""时事""时下"的"时"即是。"时局"的"时"即用的是此义。"时局"即"当前的政治局势"。如"时局稳定,人民安居乐业。"此中的"时局"即是。"势"是形声兼会意字。篆文从力埶声,埶也兼表种植生长之意,本义为"生长旺盛",引申泛指"强力"。如"今飞蓬遇飘风而行千里,乘风之势也。"此中的"势"即是。又引申指"事物发展的趋向"。如"善战者因其势而利导之。"此中的"势"即是。"局势"的"势"亦用的是此义。"局势"即(政治军事等)一个时期内的发展情况。如"此地的局势越来越严峻。"此中的"局势"即是。

321."试验"与"实验"的区别是什么?

"验"是形声字。篆文从马佥声。本义为"马名"。此义未见用。后来被借用指"检验""试验"。如"上使人微随验,实无所见(皇上使人跟着他进行检验,实际未发现什么可疑之处)。"此中的"验"即是"检验"。"实验"的"验"即用的是此义。"赵高欲为乱,恐群臣不听,乃先设验(赵高想作乱犯上,又恐怕群臣不顺从他,就先做试验)。"此中的"验"即为"试验"。"试验"的"验"即用的是此义。"试"是形声字。篆文从言式声。本义为"使用"。如"兵革不试,五刑不用(兵器甲胄不再使用;墨刑在额头面颊刺字,劓刑割鼻,剕刑断足,宫刑破坏生殖功能,大辟刑处死等五刑也不使用)。"此中的"试"即是。由开始使用,又引申指"按预想的非正式地去做"。用例为:"日高人渴漫思茶,敲门试问野人家(中午行路在途中口渴想饮茶,就敲开路边人家的门试着向人家讨水喝)。"又引申指"考查""检验"。如"试玉要烧三日满,辨才须待七年期(考查玉的优劣要用火烧三日之后才能识别出,辨别人的才能高低需要任用他七年之后才能知晓)。"此中的"试"即是。"试验"的"试"也用的是此义。"实"是会意字。金文从宀(房子)从田从贝(货币),会房中充满钱粮之意。隶变后写作實,如今简化作实。本义为"充满,没有空地"。如"仓廪实而知礼节，衣食足而知荣辱（粮仓中谷物满满国家昌盛，这样人就会去学习礼节；人的衣食充足，就会知道何为光荣何为耻辱）。"此中的"实"即是。充满则不虚，故又引申指"客观存在的事物或情况"。用例为："盛名之下，其实难副（名声很大，而人具有的实际才能成就却和名声不相符）。"又引申指"核实"。用例为："众人以为虚言，吾将举类而实之（众人以为是假话，我将要一类一类地去进行核实）。""实验"的"实"亦用的是此义。

辨析："实验"即"为了检验某种科学理论或假设而进行某种操作或从事某种活动"。用例为："实验是指科学上为阐明某一现象而创造特定的条件，以便观察它的变化结果的过程。""试验"则指"为了查看某事的结果或某物的性能而从事某种活动"。用例为："这种办法经过试验后确定管用，即进行推广。"

322. "收集""搜集"同义吗？

甲骨文　　金文　　小篆　　楷体

不同。"集"是会意字。甲骨文从隹从木，会鸟栖止树上之意，本义为"群鸟栖止在树上"。如"众鸟集荣柯，穷鱼守枯池（众鸟集聚在看似繁荣的大树上，走投无路的鱼死守在枯池中）。"此中的"集"即是。又引申泛指"聚合"。用例为："群贤毕至，少长咸集（群贤全部来到，年少的年长的都聚合在一起）。""收集""搜集"均用的是此义。"收"是会意兼形声字。篆文从手持刑杖，从纠结，会拘捕犯人之意。本义为"逮捕""拘押"。如"衡下车，治威严，整法度，阴知奸党名姓，一时收禽，上下肃然，称为政理（衡上任以后，威严治理，整顿法度，暗中查访奸党的名姓，很快就把奸党分子捉拿归案。这样一来，全地区的官员百姓，对衡肃然起散,也使全地区的政令非常通达)。"此中的"收"即是。又引申指"把散开的东西聚拢归置好"。用例为"禹收九牧之金,铸九鼎,象九州(大禹收集九个州的长官交上来的铜,铸成了九鼎,用九鼎象征九州)"。"收集"的"收"亦用的是此义。"搜"是会意兼形声字。篆文从手从叟会意,搜也兼表声。本义为"求""寻求"。如"寻坠绪之茫茫,独旁搜而远绍(钻研那些久已失传的古代儒家学说,广泛地寻求发掘和继承它们)。""王安丰选女婿,从挽郎搜其胜者(王安丰选择女婿,从那些出葬时唱挽歌的少年中找优秀的人才)。"两例中的"搜"均是。"搜集"的"搜"亦用的是此义。所以"搜集"即"到处寻找(事物)并聚集在一起"。用例为:"请你帮助搜集一下反对的意见,然后告诉我。"而"收集"则为"使聚在一起"。用例为:"请把各研究室的甲骨文资料收集起来。"

辨析: "搜集""收集"都有"收拢"义。"搜集"要收拢的东西何处存在并不明确,需要寻找;而"收集"要收拢的东西何处存在则比较明确(参见用例)。

323."舒服"与"舒畅"同义吗?

舒		服		
小篆	楷体	甲骨文	金文	小篆 楷体

在用法上有不同的方面。"舒"是会意兼形声字。篆文从舍从予(投梭),会伸展之意。本义为"伸展""展开"。如"延颈而鸣,舒翼而舞(伸长脖子鸣叫,展开翅膀起舞)。"此中的"舒"为"伸展"。"众乡老展脚舒腰拜,那大汉挪身着手扶(众位乡老错开脚伸展腰下拜,那位大汉赶紧挪动身躯过来扶)。"此中的"舒"为"展开"。由此又引申指"畅快"。用例为:"夫人在阳时则舒,在阴时则惨,此牵乎天也(人在春夏时节则畅快,在秋冬时节则凄惨,这与天时有牵涉)。""舒服""舒畅"的

"舒"均用的是此义（有人认为这两个词的"舒"与"伸展"有关，不是这样）。"服"是会意字。甲骨文从人，从手，从凡（盘），会人端盘操办事务之意。由于形近，金文把盘字弄错变成了舟字，成了人操舟了。本义为"做事""从事"。如"农服田力穑，乃亦有秋（农民进行田间劳动，只有努力耕种才会有好收成）。"此中的"服"指"做事"。"有事，弟子服其劳（长辈有时需要服侍，作为后辈的要去帮忙）。"此中的"服"指"从事"。经辗转引申又指"顺从"。用例为："哀公问曰：'何为则民服？'孔子对曰：'举直错诸枉，则民服；举枉错诸直，则民不服。'（哀公问：'怎样做可以使百姓顺从？'孔子回答说：'选用正直的人，罢黜邪曲的人或把正直的人提拔出来放在邪曲的人之上，这样百姓就顺从了；如果把邪曲之人提拔出来放在正直的人之上，那样百姓就不会顺从'）""舒服"的"服"即用的是此义。"畅"是形声兼会意字。本义为"通达"。如"畅行无阻""文笔流畅"的"畅"均是。引申指"舒适""痛快"。如"莫问四肢畅，暂取眉头开（先不要管四肢舒适不舒适，目前最重要的是让眉头打开，别发愁了）。"此中的"畅"指"舒适"。"酣畅淋漓（形容表达得非常痛快，非常充分透彻）"的"畅"指"痛快"。"舒畅"的"畅"即用的是"痛快"义。

辨析："舒畅"即"开朗愉快，舒服痛快"。用例为："车窗打开了，凉爽的风吹进来，使人非常舒畅。""舒服"则（1）为"身体或精神上感到轻松"。用例为："你买的床板床垫都挺合适，睡在上面很舒服。"（2）为"能使身体或精神上感到轻松愉快"。用例为："睡在窑洞里让人感到比睡在楼房里舒服多了。""舒服""舒畅"的不同在于："舒畅"偏义于开朗愉快，所以形容"心情"时用"舒畅"而不用"舒服"。"舒服"偏义于轻松愉快。所以"睡得很舒服"就不说"睡得很舒畅"（睡眠状态不会感到开朗）。

324. "熟悉"与"熟习"同义吗？

习 習 习

甲骨文　　小篆　　楷体

"熟"是会意兼形声字。楷书从火从孰，是孰的后起字，本义为"食物加热到可以吃的程度"。用例为："从河中捞上来的荤腥之物，必须做熟以后再吃以免中毒。"由"做熟"又引申指"时机成熟"。如"清华北大似难攀，功成业熟有何难（上清华北大念书似乎高不可攀，但学习到功成业熟之时，这就不是难事了）。"此中的"熟"即是"上清华北大的时机成熟"。后又引申指"因接触得多，而了解知道得清楚"。如"此人久经战阵，熟知兵法，对他不可等闲视之"的"熟"即是。"熟悉""熟习"的"熟"亦均用的是此义。"悉"是会意字。篆文从心从釆（辨别），会心里辨识清楚之意，引申泛指"详细知道"。如"来函敬悉"。此中的"悉"即是"详细知道了"。"熟悉"的"悉"即用的是此义。"习"是会意字。甲骨文从羽（翅膀）从日，会鸟在空中反复练习飞翔之意，本义为"鸟反复练习飞翔"。用例为"小鹰出窝，学习飞翔"。由"反复练习"又引申指"深入了解"。用例为："谁习计会，能为文收责于薛者乎？（谁熟悉会计工作，能为我到薛地收债？）""熟习"的"习"即用的是此义。

辨析："熟悉"（1）指"知道得很清楚"。用例为："我熟悉这里的情况。你放心，这事我知道怎么办！"（2）"了解，使知道得很清楚"。用例为："咱们就在这个场地比赛，你们先熟悉一下场地。"而"熟习"则指"（对某种技术和学问）学习得很熟练或了解得很深刻"。用例为："他对这门业务很熟习。""熟悉"与"熟习"两词都有"了解得很深刻"义。但两词所了解的"对象"有不同。"熟习"所了解的对象，限于"技术和学问"。如了解"场地的情况"则不用"熟习"而用"熟悉"。"熟悉"的"了解"多由"接触"得来；"熟习"的"了解"多由"学习研究"得来。

325. "树立"与"竖立"用法有别吗?

竖 竖   立 立 立 立
小篆 楷体　甲骨文 金文 小篆 楷体

差别很大。"立"是指事字。甲骨文从大（正面人形）从一（表示地），用以指明一个人站在地上不动之意，既表示站立，也表示站立的地方。本义为"站着不动"。如"一人冕，执刘，立于东堂（一个人戴着礼帽，手执斧钺，立在东堂之上）。"此中的"立"即是。引申泛指"竖起"。用例为："是犹立枉木而求其景之直也（这好像竖起一根弯木头而要求影子是直的）。""竖立"的"立"亦用的是此义。又引申指"建树，成就"。用例为"吾十有五而志于学，三十而立（我十五岁立志学习，到三十岁有所成就）"。"树立"的"立"即用的是此义。"树"是会意兼形声字。本义为"木本植物的总称"。如"山居不营世利，年老以树为巢而寝其上（住在山里不追求尘世间的利益，年纪大了把树当成家住在上面）。"此中的"树"即是。引申指"种植"。用例为："树橘柚者，食之则甘，嗅之则香；树枳棘者，成而刺人（种植橘子柚子，吃它就感到甜美，闻它也感到很香；种植臭橘和酸枣，等它长成了刺会扎人）。"进而引申用作抽象意义，则指"建立"。用例为："树德务滋，除恶务尽（树立道德风尚越发扬光大越好，铲除凶恶越彻底越好）。""树立"的"树"也用的是此义。"竖"是会意兼形声字。篆文从操作，从豆（高脚食器）会意，表示如豆样坚立，豆也兼表声。本义为"直立，使直立"。如"竖大拇指"的"竖"即是。"竖立"的"竖"也用的是此义。

辨析："竖立"即"物体垂直，一端向上，一端接触地面或埋在地里"。如"请你在门前竖立一根旗杆。"此中的"竖立"即是。而"树立"则是"建立（多用于抽象意义的好事情）"。用例为："要树立典型，让大家学习。""我们要大力树立助人为乐的好风尚。""树立""竖立"不可混用，请见举例。

326. "题词"可以写成"提词"吗?

不可以。"题词"作动词用是"为表示纪念或勉励而题写一段话";作名词用是"题写的留作纪念或勉励的话"。因此"题词"不是"提笔写词"。另外真把"题词"写成了"提词",读者也不会理解为"提笔写词",而会理解为"给正在演出而忘了台词的演员'提词'"。之所以把"为表示纪念或勉励而题写一段话"称为"题词",是因为"题"乃是"额头"(脑门儿)的意思。一个人身体最尊贵的地方当是"额头"。所以不管是过去还是现在,人们对"题词"都看得很重,要把它放在刊物或其他地方的显要地位,就像额头在脸上的地位一样。所以如用"提"代替"题",是表示不出"题"所含有的这一重要意义的。此外,"标题""题目"的"题",也都与"题"是"额头"有关。因此"标题""题目"也都要占据文章文本的重要位置。再有《韩非子·解老》中有"是黑牛也而白题"之语。这句话中"白题"的"题"也指"额头"。全语的意思是"这头黑牛却是白额头"。

327. "挑战"与"挑衅"有同义的方面吗?

没有。"挑战"是"挑动敌人出战"的意思。如《国语·晋语三》:"公令韩简挑战,曰:'昔君之惠也,寡人未之敢忘。寡人有众,能合之弗能离也。君若还,寡人之愿也;君若不还,寡人将无所避。'(晋惠公命令韩简派使者向秦军挑战,说:'过去秦君对我的恩惠,我不敢忘记。我有众多的将士,能集合他们而不离散。秦君如果退兵回去正是我所希望的,如果不退兵,我也不会避让。')"从晋惠公挑战的话中可知:既然秦君曾有恩于惠公,惠公为何还要向秦军挑战呢?这在挑战前书中有交代,原来是因为秦军来进攻晋国是嫌晋惠公不报恩(晋惠公流亡时依靠过秦国,回国继位时烦劳过秦国,晋国饥荒时秦国又卖给过粮食),而晋惠公之所以要向秦国挑战,是因为"今我不出击,归必狃(niǔ).一夫不可狃而况国乎!(现在我不迎击秦军,他们回去以后必定会经常来犯。匹夫尚且不可受人轻侮,何况一个国家呢!)"由此可见此处的"挑战"乃是"先向对方求战"。今天"挑战"的含义有扩展。如"自己面临着难题不易解决,也会委婉地说'面临着挑战'",即"挑动自己出战"去解决困难。

"挑衅",首先此词中的"挑"不是"挑动"而是"挑起"。用例为:"你把帘子给挑起来。""衅"则是"缝隙"。如"涂衅必周(涂窗户缝必须把所有的缝隙全涂严)。"此中的"衅"即为"缝隙"。由"缝隙"又引申指"裂痕""争端"。"挑衅"即"借端生事,引起冲突或战争"。用例为:"你们这是毫无理由的武装挑衅,奉劝你军赶紧退回分界线!"

综合上述可知:"挑战"与"挑衅"没有同义的方面。

328. "停止"与"停滞"有区别吗?

有区别。"停"是形声兼会意字。篆文从人亭声,亭也兼表不动之意,本义为"止住不动,中止,止息"。如"停车坐爱枫林晚,霜叶红于二月花。"此中的"停"即是。"停止""停滞"的"停"均用的是此义。"止"的字源同"截止"的"静止"义(见"截止"条)。用例为"人莫鉴于流水而鉴于止水(人不要用流水照镜子而要用止水照)"。此中的"止"即是。"滞"是形声兼会意字。篆文从水带声,带也兼表固结之意,本义为"水凝结不动",引申泛指"停留"。用例为:"鸟在空中,若翔若滞。"

辨析: "停止"指"不再进行"。用例为:"暴风雨停止了。""停滞"指"因受到阻碍,不能顺利地运动和发展"。用例为:"要大鼓干劲,改变目前这种生产停滞的状态。""停滞"与"停止"两词虽都有"停留"义。但停留的原因有所不同。"停止"的"停留"是已进行了一个阶段之后停留了下来(见用例)。而"停滞"则是"因为受到阻碍,不能顺利地前进了而停留下来"(见用例)。

329. 凡"同事"都可用"同袍"代指吗？

甲骨文　金文　小篆　楷体

这要看是什么"同事"。香港电视台报道：有一个警察情绪失控用枪打伤了另一名警察。电视台在屏幕上打出的标题是"警员情绪失控枪击同袍"。笔者认为这个标题是把"同袍"一词用对了。为什么这样说呢？这要从"同袍"的本义说起。"同袍"语出《诗经·秦风·无衣》："岂曰无衣，与子同袍。王于兴师，修我戈矛，与子同仇（谁说没有衣服？咱俩合穿一身战袍。大王发兵打仗，快磨我们的戈矛，把共同的敌人征讨）。"从这个出处中可知："袍"首先指的是"军人用的战衣"。其次这个词的含义中，是包括长衣、斗篷和披风的，白天可以穿，夜间可以盖，是军人行军时必不可缺之物。所以"同袍"就是"军人同事、战友"。两个人同是军人、警察或其他武装人员，彼此之间才可称"同袍"。其他行业的人就不用"同袍"而用"同事"。其次，由于"与子同袍"表现了友爱之情，所以"同袍"又可比喻友爱。又由于在"无衣"的同一首诗中还有"岂曰无衣，与子同泽"的诗句，故军人也有用"同泽""袍泽"相称的。

330. "推脱"与"推托"的区别是什么？

"推"是形声字。本义为"向外用力使物体移动"。如"长江后浪推前浪，一辈新人换旧人。"此中的"推"即是。"推脱""推托"的"推"亦均用的是此义。"脱"是形声字。篆文从月（肉）兑声，本义为"肌肉消减"，引申指"骨肉剥离"。用例为："作战受伤，他的左膝之下的筋骨尽脱。"由"剥离"又泛指"离开"。用例为"鱼不可脱于渊"。"推脱"的"脱"亦用的是此义。"托"是会意兼形声字。本义为"用手推物"，引申指"用手掌或物体等推举东西"。用例为:"庄客托出一桶盘,四样菜蔬,一盘牛肉。"由"推举"又引申指"借故推诿"。用例为:"为君,厚藉敛而托之为民,近谄谀而托之用贤,远公正而托之不顺,君行此三者则危(你作为君王,向老百姓横征暴敛,却说这横征暴敛是为了老百姓;亲近信任阿谀逢迎之臣,却托口这是任用了贤良之臣;远离公正,却说这讲公正的道理不顺。一个君王像你这样做,你的君位就很危险了)。""推托"的"托"也用的是此义。

辨析:"推脱"即指"推卸(把自己应负的责任或事推给别人)"。用例为:"你是一厂之长,生产出了问题,你怎么能推脱责任?""推托"则指"借故拒绝"。用例为:"这事是你应该办的事,不应该借口办起来困难就推托不办!""推脱"与"推托"虽都有"往外推"的意思,但"往外推"的理由有所不同(分析用例即可知)。

331. "蜕化"与"退化"可通用吗?

ᔐ ⺄ ⺄ 化

甲骨文　　金文　　小篆　　楷体

不可。"化"是会意字。甲骨文从人(正人)从匕(倒人),会变化之意。本义为"变化"。如"明月高楼休独倚,酒入愁肠,化作相思泪。"此中的"化"即是。"蜕化""退化"的"化"均用的是此义。"蜕"是形声字。篆文从虫兑声。本义为"蝉、蛇等脱下的皮"。如"景曰:'予,蜩甲也,蛇蜕也,似之而非也。'(我,就如同寒蝉脱下来的壳、蛇蜕下来的皮,跟那本体事物相似却不是那事物本身。)"此中的"蜕"即是。用作动词,又指"蝉蛇等动物脱皮"。用例为:"蝉饮而不食,三十日而蜕(蝉只喝水不吃东西,三十天脱皮)。""君子之学如蜕,幡然迁之(君子之学习如同蝉蛇蜕皮,要有由量到质的变化)。"此中的"蜕"亦是。由此又引申指"变化""变质"。用例为:"忽然蜕作多花蝶,翅粉才干便学飞(忽然变成了多花的蝴蝶,翅膀上的粉还没干就学起了飞舞)。""退"是会意字。古文从辵从日从夂(脚趾朝下的左脚),用天天走得慢会后退之意,篆文改为从彳。隶变后写作退。本义为"向后移动"。如"见可而进,知难而退,军之善政也(见到可以进攻的时机则向前进攻,知道前进和停留有困难时就后退。这是行军作战的好谋略)。"此中的"退"即是。"退化"的"退"即用的是此义。

辨析:"退化"即(1)指"生物体在进化过程中某一器官变小,构造简化,功能减退甚至完全消失"。用例为:"鲸、海豚等的四肢成鳍状,仙人掌的叶子成针状,虱子的翅膀完全消失,这些都是退化的现象。"(2)泛指"事物由优变劣,由好变坏"。用例为:"这个胶皮圈的弹性退化了,请你给我换一个。""蜕化"则由虫类脱皮被借用指"事物向坏的方面变化"。用例为:"此人在商业大潮的涌起中,思想蜕化,目无法纪,走上了犯罪的道路。""退化""蜕化"两词都有"由好变坏"的意思。但指人"腐化堕落"时用"蜕化"而不用"退化";表述其他"由好变坏"义时,用"退化"而不用"蜕化"。

332. "威望""威信"有区别吗?

威	威	威			望	望
金文	小篆	楷体	甲骨文	金文	小篆	楷体

小有区别。"威"是会意字。金文从女从戉(斧类武器),表示掌有生杀之权的妇女,即婆婆,本义为"婆婆,丈夫的母亲"。由此引申指"尊严""强大的力量,使人敬畏的权势"。如"君子不重则不威,学则不固(君子不庄重就没有威,学得的知识也不巩固)。"此中的"威"即指"尊严"。"大风起兮云飞扬,威加海内兮归故乡(大风刮起来呀,反对势力像

乌云四散纷飞；我的声威遍布天下呀，今儿把老家回）。"此中的"威"即指"使人敬畏的权势"。"威望""威信"的"威"均用的是此义。"望"是会意字。甲骨文从臣（眼睛）从壬（人立在土堆上），会人站在土堆上举目远望之意，本义为"举目向高处远处看"。如"独上高楼，望尽天涯路。"此中的"望"即是。由"极目远望"又引申指"声誉、名声"。用例为"先达德隆望尊（有德行学问的前辈德行好声誉高）""德高望重"。"威望"的"望"也用的是此义。"信"是会意字。金文从人从口，篆文改为从言，用人口所言会真实之意，本义为"言语真实"。如"信言不美，美言不信（真实的语言不华丽，华丽的语言不真实）。"此中的"信"即是。由"言语真实"又引申指"信用"。用例为"言而有信""我店的经营方针是遵守诚信。""威信"的"信"即用的是此义。

因此，"威信"即"威望和信誉"。用例为："此人到任以来，身先示范（自己处处先做出榜样），言出法随（法令一经公布就严格执行，如果违反就严加惩处），威信大增。"而"威望"则指"声誉和名望"。用例为："他在艺术界享有很高的威望。"

辨析："威信"与"威望"的区别是："威信"可涵盖"威望"。

333. "违反""违犯"两个词哪个语义重？

金文　小篆　楷体　　小篆　楷体

"违犯"的语义重。"违"是会意兼形声字。金文从辵（辶）从韦（相背）会意，韦也兼表声，本义为"离开，避开"。用例为："有淖于前，乃皆左右相违于淖（有泥泞在前面，于是偕同左右的人离开泥泞）。"由"离开"又引申指"背离""不依从"。用例为："不违农时，谷不可胜食也（种庄稼不违背节气，按时下种按时收割，收获的粮食会多得吃用不尽）。"违反""违犯"的"违"均用的是此义。"反"是会意字。甲骨文从又（手）从厂（山崖），会以手推转山石之意，本义为"将山石翻转过来"。后指"翻转"。如"易如反掌"的"反"即是。"违反"的"反"即用的是此义。"犯"是形声字。篆文从犬汜声，本义为"侵害""侵犯""进攻"。如"水火之所犯犹不可救，而况天乎？（水灾火灾给人造成的侵害都救不了，何况是天灾呢？）"此中的"犯"即是。"违犯"的"犯"也用的是此义。"违犯"即"违背和触犯国家的（法律等）"。用例为："你私贩毒品，违犯了国家的禁毒令，所以要逮捕你！"而"违反"则指"不遵守、不符合（法则、规程）"。用例为："你违反了校规，所以学校才给你记过处分。"

辨析：当表述"违背和触犯了国家法律"的事时，用"违犯"而不用"违反"；当表述"不符合法则、规程"的事时，用"违反"而不用"违犯"（分别见用例）。

334. "委屈"与"委曲"可通用吗？

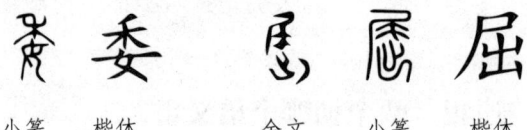

小篆　楷体　　金文　小篆　楷体

不通用。"委"是会意字。甲骨文从女从禾，是古代秋收时妇女截取割倒堆在地上的谷穗的丰收景象，用以会禾谷堆积之意，本义为"禾谷堆积"。用例为："是故军无辎重则亡，无粮食则亡，无委积则亡（因此军队没有军用物资就灭亡，没有粮食就灭亡，没有草料就灭亡）。"用此义时读wēi。由庄稼收割在地堆积，又引申指"堆积"。"堆积"又经引申指"曲折""不得伸展"。"委屈""委曲"的"委"全用的是"曲折""不得伸展"义。此义读wěi。"屈"是形声字。金文从尾出声，本义为"尾巴盘曲于身后"，引申指"盘曲""变弯曲"。用例为"能屈能伸（在条件不利时能委屈忍耐，条件有利时能施展才能）""屈指可数（弯着手指一数就数得出来，说明很少）""屈"的"盘曲"义如用于抽象意义，又引申指"低头服从""冤屈"。"委屈"的"屈"即用的是此义。"曲"是象形字。甲骨文象竹、柳编的筐、篓等器物局部的剖面形。篆文画出了器物的侧面形并整齐化。隶变后楷书写作曲，借用以表示弯曲之意。篆文还有一个简形，用以表示器具，当是器的初文，故其本义为"竹木编的筐篓等器具"。由筐篓的弯曲圆环形又引申指"弯转""弯曲"。用例为："曲径通幽处，禅房花木深（弯弯曲曲的小路通往幽静的地方，僧人住的禅房就在这花木丛的深处）。""委曲"的"曲"也用的是此义。

综上可知，"委曲"有三种意义：（1）作形容词，"形容（曲调）婉转""形容（道路、河流等）弯弯曲曲"。用例为："这支曲子曲调婉转委曲十分好听。""委曲的溪流从小山旁向东流去。"（2）指"事情的底细与原委"。用例为："谢谢你告诉我这件事情的实情委曲！"（3）指"勉强服从"。用例为："你对他不要委曲迁就。他这样对待你实在不公平！"而"委屈"则（1）指"受到不应有的指责和待遇"。用例为："干这件事的不是我。你批评我，我感到委屈。"（2）指"使人受到委屈"。用例为："对不起！委屈你了！"

辨析："委屈"与"委曲"虽音近又有一字相同。但从意义上说，无共同之处。而在对两个词的使用中，"委曲"的意义不容易被"委屈"错误代替。"委屈"的意义却容易被"委曲"错误替代。此点应引起注意。

335."无聊"与"无赖"同义吗？

不能说同义，只能说两词最初有相同的方面，即都有"无所依赖"的意思。如《汉书·元帝纪》："关中有无聊之民，非久长之策也。"这里的"无聊之民"就指的是由于"无所依赖"因而"无以为生"的百姓。这些百姓为什么"无所依赖"了呢？是因为他们根据国家的要求，被迫迁离了自己的"先祖坟墓之地""破业失产,亲戚别离"所致。所以《元帝纪》认为关中之地有了这样的"无聊之民",会发生暴乱,让这种情况存在,对国家来说非长久之计,应该加以解决。"无聊"有这种含义,同样"无赖"也有这种含义。如《史记·高祖纪》:"始大人常以臣无赖,不能治产业,不如仲力。"这句话是刘邦当了皇帝会见群臣为他父亲祝寿时说的话。意思是说:当初父亲常常认为我是没有才能,无所依赖,不能置产业的人,不如弟弟老二能干。言外之意就是今天我却当上了皇上。后来"无聊""无赖"各自向不同的方向发展:"无聊"(1)指"由于清闲无所寄托而烦闷"。用例为:"他因为没事可干,所以感到无聊。"(2)指"(言谈行动等)没有意义而让人讨厌"。用例为:"你们这些人张嘴就是吃喝穿戴,闭嘴就是汽车房子,太无聊了!"而"无赖"则(1)指"放刁撒泼,蛮不讲理"。用例为:"输了就是输了,要认输!别耍无赖!"(2)指"游手好闲,品行不端的人"。用例为:"你的儿子老是和一些流氓无赖在一起混。你还不赶紧管管!"

辨析: "无聊""无赖"在文言中有同义的方面。后来因向不同方向引申,在现代汉语中就不同义了。由于"无所寄托",时常没有情趣,因此"无聊"由"没有情趣"又引申出一个义项,即指那些没有情趣的言论或行为。

336. "希望"与"期望"的不同点是什么?

期 期 期

金文　小篆　楷体

"望"在"威望"条中我们已接触到它的"举目远看"义。由"举目远看"又引申指"期盼""希冀"。如"人苦不知足,既平陇复望蜀(人苦于不知足,既平定了陇地,还希望再平定蜀地)。"此中的"望"即是。"希望""期望"的"望"也用的是此义。"希"是会意字。篆文从巾从爻

（交织篱笆形），会像篱笆一样织得稀疏的麻布之意，本义为"麻布织得不密"，引申泛指"稀疏""不密"。用例为"楚越之地，地广人希"。又引申指"稀少"。用例为"物以希为贵"。少见之物，人所企求，故又引申指"盼望""企求"。用例为"敬希指正（恭敬地盼望给指出错误，进行改正）""尚希笑纳（还企求您高兴地收下）"。"希望"的"希"即用的是此义。"期"是形声字。篆文从月其声，本义为"约定时间见面"。如"期我乎桑中，要我乎上宫，送我乎淇之上矣（和我相约在桑中这个地方，邀我会面在上宫这个地方，还到淇上这个地方把我送）。"此中的"期"即是。由约定时间见面又引申指"希望""等待"。如"良禽择木而栖，良马期乎千里（优秀的禽鸟选择理想的树木作为自己栖息的地方，良马期望能得到驰骋千里的机会，两句话均比喻优秀的人才应该选择发挥自己才能的地方工作）。""富贵非吾愿，帝乡不可期（富贵不是我想要的，飞升仙境是没有希望的）。"两例中的"期"均是"希望，等待"。因此"期望"即"对未来的事物或人的前途有所希望和等待"。用例为："期望这条铁路早日通车。""大家推荐我到那里工作，我一定好好干，决不辜负大家的期望。"而"希望"则（1）指"心里想着达到某种目的或出现某种情况"。用例为："他从小就希望做一名科学家。"（2）指"希望达到某种目的或出现某种情况"。用例为："这个希望不难实现。"（3）希望所寄托的对象。用例为："青少年是我们的未来，是我们的希望。"

辨析："期望"与"希望"都有"希望"义。其不同点是"期望"既有"希望"的意思，又含有"等待实现"的意思。"希望"的"等待实现"的意思，没有"期望"浓。如上述"期望"的用例就含有"等待"的意思。

337. "泄露"与"泄漏"有什么不同？

"泄"是形声字。篆文从水世声，本义为"古水名"，即今之安徽省六安地区的汲河。此义读yì。又指"疏通"。此义读xiè。如"禹泄七十川，大利天下（大禹治水疏通了70多条大河，使天下非常受益）。"此中的"泄"即是。由"疏通"又引申指"液体气体排出流出"。用例为："天下之水，莫大于海，万川归之，不知何时止而不盈（天下的水流，没有比海再大的了，许多河流都要流入大海，无休无止，但大海却从未满得装不下过），尾闾泄之，不知何时已而不虚（泄海水之处往外排水，无休无止，但海水却从未见减少过）。"此中的"泄"即是。"泄露""泄漏"的"泄"均用的是此义。"露"是形声兼会意字。篆文从雨路声，路也兼表路野之意，本义为"露水"。如"深秋到了，露水变成了霜。"此中的"露"即是。露水在外面，故又引申指"没有遮拦，在房屋之外"。用例为："农夫小民，盛夏力作而穷冬暴露（农民在炎热的夏天要尽力地劳作，整个冬天又暴露在外）。""泄露"的"露"即用的是此义。"漏"是会意兼形声字。本义为"屋漏"，即雨水从房顶渗下滴到屋内。如"床头屋漏无干处（床头被屋顶漏下的雨水浸湿再没有干燥的地方）。"此中的"漏"即是。又引申指"泄露"。如"走漏了消息"的"漏"即是。

辨析："泄露"与"泄漏"从意义与用法上说可通用。但在表达上如果要求更严谨些，那么"泄漏"指"（液体气体等）漏出"。用例为："管道破裂，石油大量泄漏。"而"泄露"则指"不应该让人知道的事情让人知道了"。用例为："他被开除，是因为他泄露了公司的商业机密。"

338. "心机"与"机心"同义吗？

汉语中确实有些词语的两个语素颠倒次序后其语义不变。如"介绍""绍介"即是。但"心机"与"机心"则不同。这是两个含义完全不同的词语。先说"心机"。"心机"即是"心思""谋略"。如"他为了把这个买卖维持下去，可以说费尽了心机。"此中的"心机"指"心思"。"你别看她年龄不大，她可有心机了！"此中的"心机"指"谋略"。

"机心"语出《庄子·天地》:"吾闻之吾师,有机械者必有机事,有机事者必有机心。机心存于胸中,则纯白不备(我听我的老师说,有用机械的地方必然有变化取巧的事,有变化取巧的事就必然有变化取巧之心,有变化取巧之心于胸中,就不具备纯洁朴素的品质)。"这段话涉及一个故事:子贡路过汉阴看到一位老人挖地道通入水中,抱着瓦罐汲了水出来浇园,极其费力而功效很小。子贡问老人为什么不使用此地有的一种功效很高的汲水机械。老人就说了引文的话,意思是:之所以不用省力的机械浇园,是怕伤了自己纯洁朴素的品质。这里所说的"机心",其含义是"利用机械取巧省力之心"。此"机心"因与浇园老人的"崇尚自然"的观点相违背,所以老人不愿意有这种"机心"。后来此词被引申,用来指"智巧变诈的心计"。这种"心计"自然是"阴暗心理"的产物。因此"机心"就成了贬义词。如某人被指为"有机心",那么这个人很可能就是"耍手段玩弄权术"的人,贬义甚浓。因此"机心"与"心机"不同义。

339. "欣赏"与"鉴赏"可通用吗?

𩙿 㒫 欣

甲骨文　小篆　楷体

不可。"欣"是会意兼形声字。篆文从欠(张口出气)从斤(斧头),会劳动中击节而歌的喜悦之意,本义为"喜悦""快乐"。如"欣然自喜""欢欣鼓舞"的"欣"即是。由"欣喜"又引申指"爱慕"。用例为:"夫欣黎黄之音者,不䑛蟪蛄之吟(爱听黄丽鸟鸣叫声音的人,听寒蝉叫时也不会皱眉头)。""欣赏"的"欣"也用的是此义。"赏"是会意兼形声字。在甲骨文中是酒器形。古代赏赐有功之人要赐以酒宴,以示尊荣,故本义为"奖励""赐予""赠予"。如"无功不赏,无罪不罚"的"赏"即是。由"奖励"又引申指"称许、赞扬"。如"善则赏之,罪则罚之"的

"赏"即是。"欣赏""鉴赏"的"赏"均用的是此义。"鉴"是会意兼形声字。金文是一人低头于盆中照影形,本义是"古代盛水的大盆"。如"卫灵公有妻三人,同鉴(泡在一个大盆里)而浴。"此中的"鉴"即是。盆中盛水可用来照视,又引申指"镜子"和"仔细看、审查"。如"铜鉴,可以正衣冠(铜镜,可以照着把衣服穿整齐,把帽子戴正)。"此中的"鉴"是"镜子"。"鉴微可知兴废(仔细看仔细审查细微的现象,可以小中见大,知道国家要兴旺还是要灭亡)。"此中的"鉴"即"仔细审查"。"鉴赏"的"鉴"也用的是"仔细看"义。

总结上文:"鉴赏"即指"仔细看和欣赏"。用例如"听说你买了一幅字画,不知真假,请拿出来我帮你鉴赏一下。"此中的"鉴赏"即指"又仔细看同时又赏玩"。而"欣赏"则有两种意义:一指"认为好,喜欢"。用例为:"他很欣赏这种欧式建筑风格。"二指"享受美好的事物,领略其中的情趣。"用例为:"我们班新添了一门课外活动——音乐欣赏。"

辨析:两词都有"赏玩"之意。"鉴赏"除"赏玩"外,还要"仔细看,进行审查"。

340. "须臾"与"片刻"同义吗?

| 甲骨文 | 小篆 | 楷体 | 甲骨文 | 金文 | 小篆 | 楷体 | 小篆 | 楷体 |

同义。"须"是象形字。金文象人脸上长胡子形,本义为"胡子"。如"我堂堂须眉,诚不若彼裙钗(我这个堂堂男子,实在比不上那位妇女)。"此中的"须"即是(由于只有男子长胡须,如与"裙钗"对比着说,"须眉"即指"男子")。胡须等到一定的年龄必当长出,故引申指"等待"。如"招招舟子,人涉卬否,人涉卬否,卬须我友(摇手相招的船

夫，人们渡河我停留。人们渡河我停留，我在等待我的朋友）。"此中的"须"即是。"须"慢读极易读成"须臾"，故"须臾"又由"等待"引申指"稍微等一会儿"。如"其王年少，智寡才轻，好须臾之名，不思后患（他们的王年纪小，无智无才，喜好一时的名声，不思考此后可能带来的祸害）。"此中的"须臾"即是。"臾"是会意字。金文象双手拖一无头死人之状，会揪拖之意，本义为"捆着拖拉死囚"，也指"人积病死在狱中"。大概埋死人的土地多肥沃，故又用以表示"肥沃"。如"臾壤"即是"肥沃的土壤"。遍查"臾"的各个义项，"臾"没有与"短时间"相关的义项，只有与"须"组成"须臾"时，才有"时间很短"的意思。"片"是象形字。甲骨文象从一端观看的古代版筑土墙时所用的版和立柱的横断面形，本义为"筑土墙用的夹板"。用作名词，引申泛指"平而薄的东西"。如"瓦片""雪片"均是。用作动词，指"把东西剖分"。如"我食此不尽，可四片破之（我吃它不能全吃完，可以把它分成四片吃）。"此中的"片"即是。由"剖分"引申用作形容词，又指"简短的""不全的""零星的"。用例依次是："立片言而居要，乃一篇之警策（用简短的语句所概括出的要领，乃是一篇文章中最深刻涵义最丰富的语句）""枕上片时春梦中（在枕上所做的断断续续的春梦中），行尽江南数千里""只言片语（简短零碎的语言材料，也形容语言和文字极少）"。"片刻"的"片"也用的是"短暂"义。"刻"是形声字。篆文从刀亥声，本义为"用刀子等锐器在竹木玉石或金属上雕出文字、图形或痕迹"。如"刻削之道，鼻莫如大，目莫如小（雕刻的道理，体现在雕刻鼻子时先刻得大一些留有余地，然后再求准确的小；雕刻眼睛时先刻得小一些留有余地，然后再求准确的大）。"此中的"刻"即是。又特指"古代计时器漏壶的刻度，一昼夜共一百刻"。一刻等于现在的14.4分钟。如"春宵一刻值千金（春天的夜晚时间特别宝贵，一刻即值千金）。"此中的"刻"即是。又引指"短时间"或"泛指时间、时候"。如"刻不容缓（时间特别紧迫，一刻也不能拖延）"的"刻"即是"短时间"。"片刻"的"刻"即是"时间"。因此"片刻"即"短时间",与"须臾"同义。如"请稍候片刻,我去去就来"。此中的"片刻"即是。

341. "需要"与"须要"同义吗?

金文　小篆　楷体　　金文　小篆　楷体

"须"与"需"二字古代都有需要之义,有时可通用。如《三国志·蜀书·诸葛亮传》:"亮遗命葬汉中定军山,因山为坟,冢足容棺,敛以时服。不须器物(诸葛亮留下的遗言是希望葬在汉中定军山,依着山势造筑坟墓,坟穴刚好能够容纳棺木即可。入殓时所穿的衣服就用当时穿的衣服,不需要任何陪葬的物品)。"此中的"须"即是"需要"的"需"。但时至今日,"须"与"需"的意义与用法都有明确分工了:"须"指"必要、应当";"需"则指"应当有"。如"须要"即指"一定要"。用例为:"教育儿童,须要耐心。"用作"需要",指"一定要有"。用例为:"身体好,需要一个锻炼过程。""需要"还可指"对事物的要求"。用例为:"从群众的需要出发,我们一定备齐日常用品。"用作"必须",指"事理或情理上一定要",只能修饰动词不能修饰名词。用例为"知识必须通过学习获得。"用作"必需",指"一定要有的",可修饰名词。用例为:"当司机,一定在上岗前学好有关的必需的知识。"

342. "谣言"与"流言"的区别是什么?

甲骨文　金文　小篆　楷体

"言"是会意兼形声字。言与音同源，甲骨文从口，上象箫管乐器形，会口吹乐器之意，本义为"吹奏乐器"。吹奏乐器与说话皆表现为有意义的声音，故引申指"说""陈说"。如"桃李不言，下自成蹊（桃树李子树不向路人招引，但是到桃李树下的人很多，时间长了把树下踏出小路）。"此中的"言"即是。又引申指"议论""谈论"。用例为："言耕者众，执耒者寡（谈论耕种之事的人很多，真正用犁耕地的人很少）。""谣言""流言"的"言"均用的是此义。"谣"是会意兼形声字。楷书从言从䍃会意。《尔雅·释乐》："徒歌谓之谣（没有音乐伴奏，仅是随口唱出的押韵的话叫做谣）。"本义为"民间流行的，没有音乐伴奏，可以随意唱出的韵语"。如"观政听谣，访贤举滞（观察政治治理情况，听取民间歌谣的反映，访查贤人，把滞留在朝廷之外的贤人举荐入朝）。"此中的"谣"即是。由"韵语之谣"又引申指"凭空捏造的没有根据的消息"。用例为："众女嫉余之蛾眉兮，谣诼谓余以善淫（众小人嫉妒我眉如蚕蛾之美好，造谣诬谤我行为不正当）。""谣言"的"谣"也用的是此义。"流"是会意字。古文从林从㐬（胎儿忽地一下子生了出来），会水流急速涌出之意，本义为"水流急速涌出"，引申泛指一切液体涌出，移动。如"孤帆远影碧空尽，惟见长江天际流（孟浩然要去扬州，李白送他。孟浩然坐的船渐渐远去，船帆的影子渐渐小了，最后看不见了，只见天际碧空长江东流，水天一色）。"此中的"流"即是。又特指"虚浮，无根据的"。用例为："堂上流尘生，庭中绿草滋（正房中飘浮着尘土，庭院中绿草滋生）。""流言"的"流"也用的是此义。所以"流言"指"没有根据的话（多指背后议论、诬蔑或挑拨的话）"。用例为"流言蜚（飞）语""某人非常缺德，他净在背后散布流言"。"谣言"指"没有事实根据的消息"。用例为："要信正规报纸上登的消息，不要信网上散布的谣言。"

　　辨析："谣言"指"虽无事实根据但公开说出或写出的"。"流言"则多指"背后议论，诬蔑或挑拨"的话。

343. "以至"与"以致"的用法有何不同？

| 甲骨文 | 金文 | 小篆 | 楷体 | 甲骨文 | 金文 | 小篆 | 楷体 |

"以"是象形兼会意字。甲骨文是巳（胎儿）的倒文，即头朝下的胎儿，表示已经成形，要降生了。金文另加人旁以强调其为胎儿，故本义为"已成形的胎儿"。胎儿借母体而成，由母体而生，似母体之形，故用作动词引申指"凭借""仗恃"。如"天与人同道，欲知天，以人事（天是怎样的和人是怎样的一样，要想知道天是怎样的，那么以人事是怎样的作样板进行分析即可知天）。"此中的"以"即是"凭借"。又经过演变，"以"又用作连词表示并列或相承关系。"以至""以致"的"以"，则均表示相承关系。"至"是指事字。甲骨文是远处的箭落到近处的地上之状，表示到来。本义为"远箭射到眼前地上"。引申泛指"到达"。用于抽象意义，指"达到"。用例为："上至领导，下至员工，明天都要去参加植树活动。""以至"的"至"即用的是此"达到"义。"致"是会意兼形声字。甲骨文从人从至，会人送达之意。经过演变写成致。本义为"献出，送给，送到"。引申指"使到达，招来"。如"勤劳致富"的"致"即指"因为勤劳而招来富足"。"以致"的"致"也用的是"招来"义。

辨析："以至"的意义是"直到"，表示在时间、数量、程度、范围上的延伸。最典型的例子是："实践，认识，再实践，再认识，这种形式，循环往复以至无穷，而实践和认识之每一循环的内容，都比较地进到了高一级的程度。"此中的"以至"即表"延伸"。"以至"用在下半句话的开头，表示由于上文所说的动作、情况的程度很深而形成的结果。如"他非常专注地在面壁沉思，以至有一辆急救病人的病床车从他身后快速经过他都没发觉，而此病床上躺的人却是他最要好的朋友。"此中的"以至"即表"结果"。"以致"虽也用在下半句话开头，但表示的是下文是上述原因所招来的结果。而且多指

"不好的结果"。如"养不教,父之过。你对他只养不教,以致使他如今犯了这么大的错误。""他事先没有充分调查研究,以致做出了错误的结论。"两例中的"以致"均是。因此"以致"这个词要慎用。

344. "引荐"与"引见"的区别是什么?

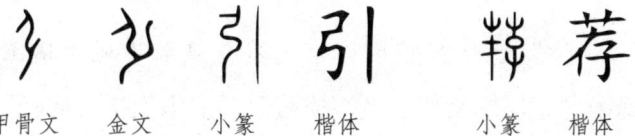

甲骨文　金文　小篆　楷体　　小篆　楷体

"引"是会意字。甲骨文从弓从大(人),会人开弓欲射之意。金文将人形复杂化,省略了弦,本义为"拉开弓"。如"林暗草惊风,将军夜引弓"的"引"即是。由"拉开"又引申泛指"拉""牵动"。用例为"左右欲引相如去(秦王的左右侍从想把蔺相如拉走)"。又引申指"带领"。用例为"引狼入室(比喻主动把坏人或敌人带进来)""引人入胜(吸引人进入美妙的境地)"。"引荐""引见"的"引"均用的是此义。"荐"是会意兼形声字。金文从廌(牛)从艸(茂草),会兽畜在草地上边走边吃草之意,是古代游牧生活的写照。本义为"兽畜边走边吃草"。"荐"又指"荐草"。"荐草"在古代祭祀时要用它。由此"荐"又引申指"平时不用杀牲畜只用其他祭品的祭祀"。祭祀要进献祭品。由"进献"又引申指"推举""介绍"。用例为"诸侯能荐人于天子(诸侯能把人才推举给天子)""毛遂自荐(毛遂是战国时赵国公子平原君的门客,他向平原君推举自己。后来即用此语比喻自告奋勇,推举自己)"。"引荐"的"荐"即用的是此义。"见"是会意字。甲骨文从儿(人)从目,用人突出的眼睛,会看到之意,本义为"看到"。"所见所闻""视而不见"的"见"均是。"引见"的"见"也用的是此义。

辨析: "引见"即"引人相见,使彼此认识"。如"我想和他交个朋友,请你给我们引见引见。"此中的"引见"即是。而"引荐"则指"推荐"人做某事。用例为："他这个人德才兼备，是我需要的人才。你把他引荐给我吧。""引见"仅指"引人相见"认识认识；"引荐"则指"不一定见面，但要被引荐人给对方工作或做事"。

345. "隐晦"与"隐讳"同义吗？

不同义。"隐"是会意兼形声字。篆文从阜（地穴墙上的脚窝）从筑，会筑墙掩蔽之意。本义为"筑墙掩蔽"。引申泛指"掩蔽""藏匿"。如"舜好问而好察迩言，隐恶而扬善（舜能虚心向人请教，即或是浅近的话也必认真体察。听到不合理的恶言便隐藏起来，听到合理的善言便加以宣扬）。"此中的"隐"即是"掩蔽"。又引申指"瞒着不说"与"深藏的"。如"董狐，古之良史也，书法不隐（董狐，是古之优秀的史者。他能按实写历史不进行隐瞒）。"此中的"隐"指"隐瞒不说"。"隐患""隐疾""隐情"的"隐"均指"深藏的"。"隐晦"的"隐"用的是"深藏"义。"隐讳"的"隐"用的是"隐瞒不说"义。"晦"是形声字。篆文从日每声。本义为"农历每月的最后一天"。用例为："朝菌不知晦朔（朝菌这种小虫朝生暮死，不会知道月末到月初第一天的情况），蟪蛄不知春秋（蟪蛄即寒蝉，它只能活四、五周，故不知道春季秋季）。"由于晦日这一天月亮隐匿，夜间黑暗，故又引申指"昏暗不明"。用例为："列星殒坠（坠落），旦暮晦盲（早晚昏暗不明）。""隐晦"的"晦"亦用的是此义。"讳"是形声兼会意字。金文从言韦声，韦也兼表相违背之意。本义为"避忌"。如"平时讳言武备，寇至而专责守臣，可乎？（平常避忌说准备打仗的事，等到敌人已经打进来了却责备守将。这样做可以吗？）"中的"讳"即是。"隐讳"的"讳"即用的是此义。

辨析： "隐讳"即"有所避忌而隐瞒不说"。用例为："他从不隐讳自己的缺点与错误。"而"隐晦"则指"意思模糊，不明显"。用例为："他这首诗写得太隐晦了，我读不懂。"

346. "优雅"与"幽雅"的区别是什么?

| 甲骨文 | 金文 | 小篆 | 楷体 |

"雅"是形声字。篆文从隹牙声。隶变后楷书写作雅,是"乌"的后起形声字,是"鸦"的异体字,是"疋"的借字。本义为"乌鸦",读yā。如"雅噪暮云归古堞(城上如齿状的矮墙),雁迷寒雨下空壕(乌鸦在太阳落山时鸣叫着回到城上齿状的矮墙内,大雁在寒冷的秋雨中迷茫而落入到深壕中)。"此中的"雅"即是乌鸦的"鸦"。古时又被借用以表示"古代的一种乐器,状如漆筒"。此义读yǎ。西周朝廷上用"雅"演奏的乐曲也称"雅"。如"雅者,正也,言王政所由废兴也。政有大小,故有大雅焉,小雅焉(雅,是正的意思,是讲王政何以兴何以废的缘由的。政务有大小,所以有大雅、小雅之分)。"此中的"雅"即是。雅乐用于朝廷,故又引申指"正统的""合乎规范标准的"。如"子所雅言,诗、书、执礼,皆雅言也(孔子所说的话都是规范的标准语,他诵读《诗经》《尚书》,主持礼仪都说标准语)。"此中的"雅"即"合乎规范、标准"(标准语指以陕西语音为标准音的周王朝的官话)。由"规范、标准"又引申指"高尚,高洁,不粗俗"。用例为"无伤大雅(对高尚、高洁等主要方面没有伤害)""温文尔雅(态度温和,举止文雅)"。"幽雅"的"雅"即用的是此义。由"高尚"又引申指"美好、艳丽"。用例为:"景玄性宽和,仪貌雅丽,有才学(景玄这个人待人宽和,容貌美丽而且有才学)。""优雅"的"雅"既用此义又用"文雅"义。

"优"是会意兼形声字。篆文从人从忧(猿猴类动物形),会像猴子一样会表演的人之意,忧也兼表声。隶变后写作優,如今简化为优。本义为"古代的杂技演员",即"俳优"。用例为:"吃而能谈,俳谐似优(他口吃但很健谈,滑稽诙谐像杂技演员)。"由演员表演的从容、美好又用作形容词,指"胜任有余力"。用例为:"孟公绰为赵、魏老则优,不可以为滕、薛大夫(孟公绰做赵氏魏氏的家臣能胜任,不能当滕国和薛国的大夫)。"由此又引申指"上等的,非常好的"。用例为:"必能使行阵和睦,优劣得所也(必定能使军队和睦团结协作,有将才的和没有将才的都能够发挥自己的才干)。""优雅"的"优"亦用的是此义。"幽"是会意兼形声字。甲骨文从火从絲(细丝),用火照细微会隐暗之意。金文将火讹为山,就成了山谷隐暗了。本义为"隐蔽不显"。如"上幽险,则下渐诈矣(在上位的隐蔽不显,会渐渐影响下级,使下级变得欺诈难测)。"此中的"幽"即是。由"隐蔽"又引申指"清静"。用例为:"哀吾生之无乐兮,幽独处乎山中(感叹我这一生没有欢乐啊,一直隐蔽独处在山中)。"由"清静"又引申指"高雅、闲适"。用例为:"小姐端然在此,异香袭人,幽姿如故(小姐端端正正地坐在这里,异样的香气袭人,高雅的姿态跟以前一样)。""幽雅"的"幽"即用的是此义。

辨析:"幽雅"指"幽静而雅致"。用例为:"她的住房和房中的陈设布置都十分幽雅。"而"优雅"则指"优美雅致"。如"他的演奏优雅动听。"此中的"优雅"偏义于"优美雅致"。"他举止优雅,态度谦和。"此中的"优雅"偏义于"优美高雅"。由于"幽雅"有"幽静"义,所以"幽雅"只形容环境住所。"优雅"则形容不含"幽静"义的其他"雅致"。

347. "预定"与"预订"有区别吗?

小篆　楷体　　金文　小篆　楷体

有区别。"预"是会意兼形声字。篆文从页(人头)从予(送出),会头向伸向前之意,本义为"头伸向前",予也兼表声。由"头伸向前"

又引申指"事先准备"。如"于是太子预求天下之利匕首（锋利匕首），得赵（国）人徐夫人（人名）之匕首。"此中的"预"即是。"预定""预订"的"预"都用的是此义。"定"是会意字。甲骨文从宀（房屋）从正（前往），会到房中止息之意，本义为"止息""安居"。如"当尧帝之时，大水泛滥，民无所定。"此中的"民无所定"即是"老百姓没有止息安居的地方"。由"止息""安居"又引申指"明确了以后不再改变"和"约定"之意。如"总而言之，人死了之后盖上棺材盖了，对这个人的是非评价才有所定。"此中的"定"即是"不再改变的定论。""别再改了，咱们就这么定了。"此中的"定"即是"约定"。此外还有"规定"义。用例为"定期出版""你给我定任务吧，一天让我完成多少？"此中的"定"即是。"预定"的"定"即用以上所谈到的"约定"义和"规定"义。"订"是形声兼会意字。篆文从言丁声，丁也兼表钉住之意，本义为"评议""评定"。如"两刃相割，利钝乃知；两论相订，是非乃见（两个刀都割一种东西，哪个刀锋利，哪个刀粗钝，一割便知；对两种理论，都进行评议，哪个是，哪个非就可以显示出来）。"此中的"订"即是"评议"。此外，又可用作"定"，指"约好确定下来"。"预订"的"订"即用的是此义。联系前文："预订"指"预先订购"。用例为："奥运会开幕式的入场券须预订。""预定"指"预先规定或约定"。用例为："从现在的工程进度看，我们一定能完成预定计划。"此中的"预定"指"预先规定"。"这项工程预定在明年完成。"此中的"预定"指"预先约定"。

辨析：（1）"这项工程"例，之所以是"预先约定"，是因为工程项目在施工过程中情况多变，无法规定完工日期，只能"预先约定"。制定计划，应该有预期目标，故"预定计划"多先规定完成计划的日期。（2）"预定""预订"两词都有"预先"，这是它们的相同点。不同点是："预定"指"预先规定和约定"而"预订"则仅指"预先订购东西"。

348. "原型"与"原形"有何区别?

原　原　原

金文　小篆　楷体

"原"是会意字。金文一形从厂（山崖）下有穴形，从泉，用山崖下有泉水从穴中流出形，会水源之意。金文二形上从足从田，中间像一个动物，左边与下边合起来表示动物出没的原野，本义为"水流源头"（把"原"写为"源"是后来的事）。如"犹衣服之有冠冕，木水之有本原（如同穿衣服头上得戴帽子，树和水都得有本源）。"此中的"原"即是。又引申指"最初的，开始的"。如"原始""原本"的"原"均是（这个意义本作"元"。因嫌与元朝之"元"相混，明朝以后就改为"原"了）。"原型""原形"的"原"都用的是"最初"义。"型"是形声兼会意字。篆文从土刑声，刑也兼表法式之意，本义为"铸造器物的土模子"。如"明镜之始下型，朦然未见形容（明镜刚下到模子里时，模模糊糊照不出身形与面容）。"此中的"型"即是。由于"模子"铸出来的产品都是一模一样的，故又引申指"法式""式样"。如"人思奉典型（人都想遵循典型去做）。"此中的"型"指"法式"。"流线型"的"型"指"式样"。"原型"的"型"即用的是"式样"义。"形"是形声字。汉碑作荆（形），从彡（饰纹）井声，本义为"实体"。又引申泛指"形状"。如"兵无常势（阵势），水无常形"的"形"即是。"原形"的"形"也用的是此义。

辨析："原形"即原来的形状，本来的面目（含贬义）。如"这下子这小子可现了原形了！以后他不论怎样再唱高调，也没有人信他的了。"此中的"原形"即是。"原型"指"原来的类型或模型，特指叙述性文学作品中塑造人物形象所依据的现实生活中的人"。如"上一个格子中摆的是原型产品。下一个格子中摆的是经过改造的新产品。这样摆着，是为了让人对比着看。"此中的"原型"指原来的类型。"有人说曹寅是《红楼梦》中贾宝玉的原型。此说值得商榷。"此中的"原型"即是"特指"。

349. "增值"与"增殖"的区别是什么？

"增"是会意兼形声字。金文同曾，篆文另加义符土从曾会意，曾也兼表声。本义为"加多""添加"。如"东家之子，增之一分则太长，减之一分则太短（东家之子太漂亮了，把他增加一分就太长了，把他减掉一分就又太短了，说明他现在的样子正好合适）。"此中的"增"即是。"增值""增殖"的"增"均用的是此义。"值"是会意兼形声字。篆文从人从直会意，直也兼表声，本义为"安排，料理"。由"安排料理得当"又引申指"恰当""合宜"。如"昔九品论人……诚多未值（以前用把人分为九品，即上上、上中、上下；中上、中中、中下；下上、下中、下下的分法评论人……实在不够恰当）。"此中的"值"即是。又特指"价格与物品相当"。用例为："钗值几何，先夫之遗泽也（钗子价值多少是无法评价的，因为它是先夫遗留下来的恩惠）。"也指"价格""价值"。用例为："赏值如此之重，余实不感受（您赏的东西价值太高了，我实在不敢接受）。""增值"的"值"亦用的是此义。"殖"是形声字。篆文从歹（残骨）直声。本义为"脂膏久而腐败"。此义今日已不用。其基本义为"生育""生长"。如"同姓不婚，恶不殖也（同姓的人不通婚，怕的是不能生育）。"此中的"殖"即是。"增殖"的"殖"亦用的是此义。

辨析："增殖"即"增生""繁殖"。用例为："这种圈养方法增殖率较高。"而"增值"则指"资产或商品价值增加"。用例为："他买商品房是为了增值。"

350. "掌握"与"把握"有何不同？

"握"是形声字。篆文从手屋声。本义为"用手攥住"。如"何故怀瑾握瑜而自令见放为？（是什么原因让你谨守美好的美德而却被流放呢？）"此中的"谨守"即指"用手攥住"。"把握"的"握"即用的是此义。"握"又引申指"控制"。如"且握权则为卿相，夕失势则为匹夫（早晨握有权力就是大夫宰相，晚上失去权力就是平民百姓）。"此中的"握"即指"控制"。"掌握"的"握"即用的是此义。"掌"是形声字。篆文从手尚声。本义为"手掌"。如"掌上明珠（原比喻钟爱的女子，后来多指受父母疼爱的儿女，特别是女儿）""易如反掌（容易得像翻一下手掌）"，两语中的"掌"均是。引申指"手"。用例为："家多藏书，且勤于掌录，祕阁之钞逾万卷（家中藏书很多，而且勤奋地抄录，所以藏书阁中所藏的手抄书超过万卷）。"由"手"又引申指"主持""管理"。用例为："晋侯谓韩无忌仁，使掌公族大夫（晋侯认为韩无忌这个人仁义，所以让他主持公族大夫的工作）。""掌握"的"掌"亦用的是此义。所以"掌握"即"主持""控制"。如"会议时间由你掌握，一个要求，一定要把问题议论清楚！""把"是会意兼形声字。篆文从手从巴（蛇），会像蛇一样握持之意，巴也兼表声。本义为"握持"。如"明月几时有，把酒问青天（月亮是什么时候开始有的？我举起酒杯向青天发问。其实发问者苏轼并非不知道此问题，只是他因妻子亡故又与当时的领导政见不合，借问这样的问题发泄郁闷而已）。"此中的"把"即是。"把握"的"把"即用的是此义。

辨析： "把握"（1）指"拿"。用例为："作为司机一定要把握好方向盘，不能疏忽大意。"（2）指"抓住（抽象的东西）"。如"何时射击，必须把握好时机"中的"把握"即是。（3）指"成功的可靠性（多用在'有'或'没'后面）"。如"此次，与这样的弱队比赛获胜还没有把握吗？"此中的"把握"即是。而"掌握"则（1）指"了解事物，因而能充分支配和运用"。用例为："你身为领导，一定要掌握原则，不可随便许诺。"（2）指"主持，控制"。用例为："会议时间由你掌握，不过有一个要求，就是一定要把问题讨论清楚。"

351. "甄别"与"鉴别"有何不同？

"甄"是会意兼形声字。金文从宀（房屋），从土，从攴（手持工具）从缶，会手持工具在房屋内制作陶器之意。本义为"制作陶器"和"制作陶器所用的转轮"。如"如丝之在缲，陶之在甄（有如蚕茧在抽出合并而成的生丝中，陶器在制作陶器的转轮中）。"此中的"甄"即指"制作陶器的转轮"。由转轮能制陶器，引申指"造就"。用例为："古往今来，邈矣悠哉，寥廓惚恍，化一气而甄三才（古往今来的历史，确实是太久远了！广远而又令人感到恍惚，从开天辟地时的混沌一气而造就出天地人三才）。"又引申指"考查""识别"。用例为："忠诚及狙诈，淆混安可甄（忠诚与奸诈混淆在一起了，怎么能识别出来）。""甄别"的"甄"也用的是此义。

"别"是会意字。甲骨文从刀从骨，会用刀剔骨上之肉之意，本义为"分解肉与骨"。如"犹工匠者斫削凿枘也，宰庖之切割分别也（像工匠砍削凿出榫头，像厨师把肉切割分别处理）。"此中的"别"即是"分解骨与肉"。由"分解"又引申指"区分""明辨"。用例为："知国之安危臧否，若别白黑（他能知道国家的安危好坏，像分辨黑白那么容易）。""甄别""鉴别"的"别"均用的是此义。"鉴"是会意兼形声字。金文是一人低头于盆水中照影形。后来另加了义符金，说明此时已经有了金属铜盆。篆文整齐化，成了从金从监会意，本义为"古代盛水的大盆"，做浴器或盛东西用。盆中盛水可用来当镜子，这样又引申指"铜镜"。用例为："铜鉴，可以正衣冠（铜镜，可以照着端正衣服和帽子）。"由"铜镜可照视"又引申指"仔细看，审查"。用例为："是以师旷觇风于盛衰，季札鉴微于兴废（因此师旷能从南北的乐曲里察看出晋、楚士气的高涨与低沉，季札能从《诗经》乐章的演奏中，鉴别出周室和诸侯各国的兴盛与衰亡）。""鉴别"的"鉴"亦用的是此义。因此，"鉴别"即"辨别（真假好坏）"。用例为："我这里有一幅古画，请帮我鉴别鉴别。""甄别"则指"审查鉴定（优劣真伪）"。用例为："甄别行状，因上书（审查区分每个人的行为生平，根据审查的结果上书说明）。"

辨析："鉴别"与"甄别"虽都有"区分真伪好坏"义，但如"考核人的能力、品质、历史生平"则用"甄别"而不用"鉴别"；"区分东西的好坏真伪"则用"鉴别"而不用"甄别"。

此外前面提到"说明这时已有金属铜盆"的"这时"，指的是何时呢？指的是：从商代后期到周代。先秦称铜为金。所以后人把古代铜器上的文字叫金文。

352. "镇静"与"镇定"同义吗？

"镇"是形声字。篆文从金真声，本义为"覆压""重压"。如"化而欲作，吾将镇之以无名之朴（万物在自然变化中萌生了私欲，我将用无知无欲无形的质朴来覆压它）。"此中的"镇"即是。由"压物"后的稳定又引申指"安定""安抚""安静"。用例依次为"镇国家，抚百姓（安定国家，抚慰百姓）。""镇定"的"镇"也用的是此"安定"义。"援奉诏西使，镇慰边众（马援奉皇帝命出使西疆，安抚边疆民众）。""镇心安神（使心情安静，精神平稳）"。"镇静"的"镇"也用的是此"安静"义。"静"是形声字。金文从青（表植物色彩）争声。本义为"色彩鲜明"。引申指"青春明丽"。如"与夫妖姬静女，莫不毕集（年少艳美青春明丽的女子，没有不来的）。"此中的"静"即是。又引申指"安宁"。如"静言思之，不能奋飞（静心细想这些，恨不能高飞远去）。"此中的"静"即是。"镇静"的"静"也用的是此义。"定"是会意字。甲骨文从宀（房屋）从正（前往），会到房中止息之意。本义为"止息""安居"。如"俄顷风定云墨色，秋天漠漠向昏黑（不久风停了黑云布满天空，秋天广大无际的天空渐渐暗了下来）。"此中的"定"即是"止息"。又引申指"安稳"。"心神不定""痛定思痛（悲痛之后，再回想痛苦的情景，含有令人感慨深思之意）"的"定"均是。"镇定"的"定"也用的是此义。因此"镇定"

（1）即"遇到紧急情况不慌不乱"。用例为："敌军已攻入城门，大将军得报后，镇定自若，指挥如何利用巷战杀伤敌人的有生力量。"（2）"使镇定"。用例为："他竭力镇定自己，以免情绪冲动犯错误。"而"镇静"则（1）指"情绪稳定或平静"。用例为："在大家的追问下，他故作镇静，思考怎样自圆其说。"（2）指"使镇静"。用例为："她现在情绪不稳，先给她服一点镇静剂吧？"

辨析："镇定""镇静"两词都有"不慌不忙"义。如果严格区别，"镇定"用于表述"遇到非常紧急情况下的'不慌不忙'"。"镇静"则用于表述"一般情况下的'不慌不忙'"。

353. "震动"与"振动"的用法有何不同？

"动"是会意兼形声字。金文从重（一个带有刑罚标志的人背着竹篓形）从土，用一个背重物的人站在地上会背得起来之意。古文另加义符辵（辶），以突出背得动。篆文改辵为力，表示用力把东西背起来，重也兼表声。隶变后楷书写作動，如今简化作动。本义为"背起来"引申泛指"改变事物原来的位置或状态"。如"拟之而后言，议之而后动（先设计出草稿然后发表出来，进行讨论之后再付诸行动）。"此中的"动"即是。又指"使事物原来的位置或状态进行改变"。用例为"惊天动地（使天地为之震惊，形容影响极其重大或意义伟大）""兴师动众（发动军队，出动大批兵力）"。"震动""振动"的"动"均用的是此义。"震"是会意兼形声字。篆文从雨从辰，会春雷一声蛰虫苏醒之意，辰也兼表声。本义为"霹雳、疾雷"。如"大雨震电（既下大雨，又有疾雷闪电）"的"震"即是。由响雷动天地又引申指"剧烈地颤动"。用例为："后数日驿（政府的文书）至，果地震陇西，于是皆服其妙（过了几日，政府的文书送到，果然陇西地震了，于是大家都佩服他的判断奇妙）。""震动"的"震"即用的是此义。"振"是形声兼会意字。篆文从手辰声，辰也兼表举动之意。本义为"救拔""挽救"。如"是以委肉当饿虎之蹊,祸必不振矣(这是把肉放在了饿虎行走的路上,必然引来大祸而不能挽救)。"此中的"振"即是。又引申指"举起""摇动"。如"五月斯螽动股,六月莎鸡振羽(五月份螽虫的两条腿相互摩擦发出声响,六月份纺织娘振动着翅膀叫)。"此中的"振"指"举起"。"新浴者振其衣,新沐者弹其冠(刚洗完身体的人穿衣服时必定摇一摇衣服,刚洗完头的人带帽子时必定弹一弹帽子)。"此中的"振"指"摇动"。"振动"的"振"即用的是"摇动"义。因此"振动"指"物体通过一个中心位置,不断作往复运动"。用例为"摆的运动就是振动"。而"震动"则(1)指"颤动,使颤动"。用例为:"春雷震动着山谷,雨丝飘然而下。"(2)(重大的事件、消息等)使人心不平静。用例为:"汶川地震的消息震动全国,各地纷纷掀起为汶川募捐救灾的高潮。"

辨析:"振动"与"震动"都有"动",使用时"振动"用于小的"动","震动"用于大的"动"(参考用例)。

354. "质疑"与"置疑"的区别是什么?

甲骨文　小篆　楷体

"疑"是会意字。甲骨文象一人持杖站在半条街上左右张望之状,表示犹豫不行之意。金文又加上义符止(脚)和义符牛,以强调因寻牛而行止不能确定。篆文又将张望之人讹为匕、矢,省去半条街,将寻牛改为寻子。本义为"犹豫不行""无法确定""难以解决"。如"任贤勿贰,去邪勿疑(任用贤良之人不要对他有二心,铲除邪恶不要疑惑不定)。"此中的"疑"为"犹豫"。"博闻而自乱,多知而自疑(见识广了自己会感到杂乱,知道的东西多了自己会难于判断哪个对哪个不对)。"此中的"疑"为"无法确定"。"疑难问题"的"疑"为"无法解决"。"质疑""置疑"的"疑"均用的是"疑难无法解决"义。"质"是会意字。篆文从贝（财物）从相抵，会以财物相抵之意，本义为"以财、物、人相抵作保证，即抵押"。如"长安君质于齐，齐兵乃出（长安君到齐国做人质，齐国才出兵了）。"此中的"质"即是"以人作抵押"。又用作动词指"问""诘问"。用例为："余立侍左右，援疑质理（我站在先生旁边，向先生提出疑问，聆听先生分析道理）。"此中的"质"即是。"质疑"的"质"即用的是此义。"置"是形声兼会意字。篆文从网直声，直也兼表搁放之意。本义为"释放""赦免"。如"若罪责难除，必在不置（如果罪名难以解脱，那么必在不被释放之列）。"此中的"置"即"释放"。"俞州县举贤才，黜贪残，置租赋，抚孤穷，伸冤滥，禁奸盗（命令州县官衙要向国家举荐贤良人才，罢免贪官污吏，免除赋税，抚恤孤寡贫穷之人，为含冤者申冤，囚禁奸邪盗贼）。"此中的"置"即"免除"。又引申指"搁置"。用例为："以君之力，曾不能损魁父之丘，如太行、王屋何？且焉置土石？（凭您的力气，还不能削低魁父这座小山，又能把太行王屋这样的大山怎么样？况且往什么地方放置泥土石头呢？）"因此"置疑"即"有疑问"。用例为"此做法不容置疑""他的这个设计太完美了，无可置疑"。而"质疑"则指"提出疑问"。用例为："几个博士生正在向导师质疑问难。"由此可知，"置疑"与"质疑"有很大的区别。此外还要注意一点："置疑"多用于否定式（见用例）。

355."逐步"与"逐渐"有区别吗？

甲骨文　金文　小篆　楷体

有很细微的区别。"逐"是会意字。甲骨文上边从鹿或从猪，下边是只脚，会追赶野兽之意。金文另加半条路以突出追赶。篆文整齐化成为从追赶，从豕会意。本义为"追赶野兽"。引申泛指"追赶""追击"。如"下视其辙，登轼而望之，曰：'可矣。'遂逐秦师（曹刿下车看车辙，登上车凭依车厢前面供人扶的横木远望，然后说：'可以进攻了。'于是追击秦国军队）。"此中的"逐"即是。又引申指"追随"。用例为："各有分地，逐水草移徙（每一个部落都有分的地，各部落都是追随着哪里有水草就迁徙到哪里）。"又引申指"一一顺序挨着"。如"逐字逐句"的"逐"即是。"逐步""逐渐"的"逐"均用的是此义。"步"是会意字。甲骨文从一前一后的左右两只脚（止），会行进之意。隶变后楷书写作步。注意：步字右下没有一点。如果有一点就成了人有六个脚趾头了。本义为"用脚行走"。如"晚食以当肉，安步以当车（把晚吃饭当做有肉吃，因为晚吃饭会饿得慌，不慌不忙地步行当作有车坐）。"此中的"步"即是。古代也指"左右脚各迈一次"。如"弃甲曳兵而走，或百步而后止，或五十而后止，以五十步笑百步，则何如？（丢下盔甲兵器而逃走，有的逃跑了一百步停下，有的逃跑了五十步停下，然后逃跑五十步的笑话逃跑一百步的，怎么样？）"此中的"步"即是。"逐步"的"步"亦用的是此义。"渐"是形声字。篆文从水斩声。本义为"古水名，即今之浙江"。后被借用指"逐步发展"。如"天地不能顿为寒暑，必渐于春秋（天地不能一下子就冷了或者就热了，必定是由春和秋逐步发展而来）。"此中的"渐"即是。"逐渐"的"渐"亦用的是此义。"逐渐"即"渐渐"。用例为："天色逐渐暗了下来。""逐步"则指"一步一步地"。用例为："工作逐步开展起来了，大家都有信心把工作做好。"

辨析："逐步""逐渐"都有一点一点发展的意思。"逐步"由于是"一步一步地"，故多指"人的行动的发展"；"逐渐"则不一定指"人的行动的发展"。如"天色逐渐暗下来了"，可用"逐渐"，不可用"逐步"。

356. "遵守"与"恪守"的区别是什么?

金文　小篆　楷体

"守"是会意字。金文从宀（房屋，表示官府）从寸（有分寸之手，表法度），会依法掌管官府职事之意。本义为"依法掌管官府职事"。引申指"官吏应尽的职责"。如"我无官守，我无言责也（我没有官吏应尽的职责，因此我也就没有提出意见的责任）。"此中的"守"即是。又引申指"遵循""遵照"。用例为："乃命太史守典奉法（就命太史官遵照制度依法办事）。""遵守"与"恪守"的"守"均用的是此义。"遵"是形声字。本义为"顺着""沿着"。如"遵海而南，放（流放）于琅琊（沿着大海向南流放到琅琊古郡）。"此中的"遵"即是。引申指"依从"。用例为："帝太甲既立三年，不明，暴虐，不遵汤法（皇帝太甲即位当皇帝三年，昏庸，暴虐，不依从商王朝开国君主成汤的法度办事）。""遵守"的"遵"亦用的是此义。"恪"是会意兼形声字。金文从房屋，从门口，从口（说话），从各（有人到来），会出门迎接客人到来之意。篆文改为从心从客，会恭敬待客之意。本义为"恭敬"。如"温恭朝夕，执事有恪（温和恭敬早和晚，主持工作更恭敬）"的"恪"即是。"恪守"的"恪"即用的是此义。"恪守"即"严格遵守"。用例为："请你放心！我对我的许诺一定恪守不渝。"而"遵守"则为"依照规定行事，不违背"。用例为："驾驶车辆必须遵守交通规则。"

辨析："恪守"与"遵守"都有"遵守"的意思。那么两词可不可以混用呢？从准确表达的角度说，是不混用的。"恪守"多用于对某事需要自己进一步表态。如回答自己是否实现承诺，自己是否保持中立等问题时，会用到此词。至于遵守交通规则可不可以用"恪守"？一般情况下不必。因为交通规则只按照规定做就够了，无需进一步表态。